中国职业技术教育学会
智慧文旅职业教育专业委员会推荐用书

专家指导委员会主任　**杜兰晓　姜玉鹏**
总主编　**韩玉灵　邓德智**
副总主编　**石媚山　李岑虎**

| 研学旅行管理与服务系列教材 |

YANXUE LÜXING SHICHANG YINGXIAO
研学旅行市场营销

第2版

主　编　**石媚山**
副主编　**朱丽男　郑晓堂　杨　栋　周海磊**

北京·旅游教育出版社

研学旅行管理与服务系列教材
专家指导委员会、顾问、编委会

专家指导委员会

主　　任： 杜兰晓（浙江旅游职业学院校长）

　　　　　姜玉鹏（青岛酒店管理职业技术学院校长）

委　　员：（排名不分先后）

　　　　　陈佳平（河南职业技术学院文化旅游学院院长，二级教授，享受国务院政府特殊津贴专家）

　　　　　程　冰（桂林旅游学院继续教育学院院长，广西中小学研学旅行学会副会长）

　　　　　魏巴德（亲子猫＆研学猫董事长）

　　　　　王亚超（北京中凯国际研学旅行股份有限公司董事长）

　　　　　丁海秀（旅游教育出版社副社长）

　　　　　姜福炎（文化和旅游部人才中心研学旅行指导师高级考评员）

　　　　　郭海峰（资深媒体人，《跟着课本去旅行》节目制片人）

顾　问

　　　　　吕龙根（北京第二外国语学院教授）

编委会

总 主 编： 韩玉灵（北京第二外国语学院教授，中国旅游人才发展研究院执行院长）

　　　　　邓德智（浙江旅游职业学院教授）

副总主编： 石媚山（青岛酒店管理职业技术学院文旅学院院长）

　　　　　李岑虎（文化和旅游部人才中心研学旅行指导师考评员）

委　　员：（按姓氏笔画顺序排列）

王　彬	王　慧	王　霖	王立龙	王亚娇	王先波	王春梅
王雪艳	毛　欣	仇晓岚	邓鹏飞	占　飞	叶伟军	叶娅丽
申建伟	田张珊	由　杰	仪孝法	边喜英	邢琦娜	吕佳蔚
朱丽男	朱海峰	朱嘉奇	乔海燕	伍　欣	任　鸣	刘　芬
刘　筱	刘　斌	刘亚男	刘庆安	刘佳蓉	刘胜海	刘雁琪
池　静	汤　静	孙芳真	苏建宏	巫常清	李　旭	李　娌
李　婷	李凤堂	李秋君	李胜桥	李冠瑶	李媛媛	杨　栋
杨乃桂	杨崇君	肖　靖	吴　桐	吴家旅	何东萍	谷　音
辛宇杰	宋　扬	宋垟竹	张　浩	张　丹	张　栋	张双军
张会臣	张明月	张晓旭	张楗让	张慧婕	陈　超	陈　苇
陈芸先	陈俊华	陈凌凌	武　猛	林诗佳	林莉雯	尚明娟
罗　瑛	岳继萍	周　俊	周　航	周海磊	郇宜秀	郑晓堂
赵　明	赵双全	赵东勋	赵芳鋆	赵晓芳	胡　磊	侯小刚
侯晓宇	侯雪艳	俞小红	施美彬	秦晓林	袁秋菊	贾玉芳
夏　军	钱　钧	徐　彬	徐　峰	徐倩文	殷　鹏	高　霞
郭小汇	郭艳萍	席忠华	唐　波	黄丽春	曹银玲	袭黄丽
常冬冬	章永平	梁　东	梁媛媛	韩丽英	程　冰	程慕斌
焦昱安	楼历月	甄培莺	甄鸿启	裴　炜	廖延斌	谭　慧
潘晓琳	薛兵旺	霍　炜	魏莉霞			

《研学旅行市场营销》编委会

主　编

石媚山（青岛酒店管理职业技术学院文旅学院院长）

副主编

朱丽男　郑晓堂　杨　栋　周海磊

编委

韩丽英　李胜桥　张慧婕　刘　芬　陈　超　刘　筱　李秋君

出版说明

自 2016 年 11 月 30 日，教育部等 11 部门联合出台《关于推进中小学生研学旅行的意见》以来，研学旅行作为教育新形式、旅游新业态在国内蓬勃发展，成为教育和文旅行业的新增长点。但在迅速发展的同时，各地研学旅行行业也遇到了服务不规范、标准不统一、专业人才极度缺乏的窘境。因此，推进研学旅行专业人才培养已经成为旅游教育工作者迫在眉睫的任务。

2019 年 10 月，"研学旅行管理与服务"正式列入《普通高等学校高等职业教育（专科）专业目录》，研学旅行专业人才培养正式提上日程。为解决教材缺乏的问题，2020 年 1 月初，旅游教育出版社特邀请韩玉灵、吕龙根、邓德智、李岑虎等 40 余位来自院校、行业、企业的资深专家齐聚北京第二外国语学院，正式启动全国首套"研学旅行管理与服务系列教材"的编写研讨会。此套教材由北京第二外国语学院教授、中国旅游人才发展研究院执行院长韩玉灵，浙江旅游职业学院教授、全国《研学旅行指导师（中小学）专业标准》起草人邓德智共同担任总主编，各高校、教研院学科带头人担任分册主编、编委，组成系列教材编委会。此套教材于 2020 年 8 月正式出版，一经推出便受到各大旅游职业院校和行业、企业的高度关注。如今已多次再版加印，获得了读者的广泛认可。

与此同时，也有越来越多的高职院校纷纷设立研学旅行管理与服务专业。更具有标志性意义的是，2022 年 7 月 11 日至 21 日，中华人民共和国人力资源和社会保障部公示了《中华人民共和国职业分类大典（2022 年版）》，研学旅行指导师也被纳入其中。在此背景下，我社于 7 月 30 日再次组织研学旅行相关领域的专家，召开了"研学旅行管理与服务系列教材"编写修订研讨会。我们特聘浙江旅游职业学院杜兰晓校长、青岛酒店管理职业技术学院姜玉鹏校长共同担任新版系列教材的专家指导委员会主任。此外，还特聘青岛酒店管理职业技术学院文旅学院石媚山院长、文化和旅游部人才中心研学旅行指导师考评员李岑虎教授共同担任副总主编。

新版"研学旅行管理与服务系列教材"一共 12 本，分别是《研学旅行概论》《研学旅行指导师实务》《研学旅行指导师实务》（活页版）、《研学旅行课程设计》《研学旅行教育理论与实践》《研学旅行基地运营与管理》《研学旅行安全管理》《研学旅行市场营销》《研学旅行政策法规》《研学旅行产品设计》《户外活动策划与管理》《研学旅行数字化运营》。本套教材编写阵容强大，采用研学旅行最新研究成果，确保教材内容与行业接轨，符合教学需求。

从总体上看，本套教材具有四大特色。

一、全国首套，体系完整

本套教材充分考虑了师生的教学需求，从基础性的研学旅行概论开始，由浅入深，遵循教育学的基本理论，同时也注重指导师实务、课程设计、安全管理、基地运营等实操能力的培养，既全面覆盖研学旅行工作的各个要素要点，又符合本专业学生的知识技能成长逻辑，是国内首套体系完整的"研学旅行管理与服务"专业教材。

二、作者权威，理念先进

本套教材的总主编、副总主编、各分册主编都是各大院校研学旅行的学科带头人和国内研学旅行行业的专家，有着丰富的执教或从业经验。编写内容以一线研学企业的成功经验为依托，紧跟教育部、文化和旅游部对研学旅行的指导意见，同时吸收国内最新研究成果，引入研学旅行先进理念，确保本套教材的准确性、前瞻性。

三、案例教学，操作性强

为方便教学，教材中引入大量案例。这些案例均来自旅行社、研学基地等研学旅行一线单位，参考性强，真正做到以案例导入学习，以案例增进理解，以案例引导实操。

出版说明

四、资料丰富，配套完善

本套教材新增了大量资料、视频等，并以二维码的形式嵌入其中，拓展了教材边界，方便学生学习理解。此外，还有配套的多媒体教学课件、习题、试卷等，让教师对课程的讲授更加得心应手。

本套教材不仅可以作为研学旅行管理与服务、旅游管理等专业师生的教学用书，还可以作为研学旅行机构、研学基地等各类研学企事业单位相关工作人员的重要参考资料，以及教育和文旅行政管理部门进行研学规划时的参考用书。

研学旅行尚处在上升发展阶段，很多概念、理论、方法、模式更新较快。虽然本套教材的编写力求保证内容的全面性、前瞻性，但难免有考虑不周之处，还请广大读者不吝赐教，以臻完善。

旅游教育出版社

2024 年 5 月

修订前言

自 2016 年教育部等 11 部门联合发布《关于推进中小学生研学旅行的意见》以来，研学旅行市场蓬勃发展。根据相关机构的报告显示，2022 年中国研学游行业市场规模达 909 亿元，2023 年市场规模或达 1469 亿元，同比增长 61.6%，预计 2026 年将达到 2422 亿元。千亿规模的蓝海市场，吸引了不少企业、资本的涌入。大到文旅集团、OTA 平台，小到地方旅行社、教培机构、基地营地，都在接连布局研学旅行市场。同时，人们对研学旅行的认知也在不断演化、深化，研学旅行的参与者从中小学生群体不断扩展，已经涵盖包括学龄前儿童、大学生以及成年人、老年人等全生命周期群体，呈现出更加广阔的发展空间。研学旅行的政策红利仍在持续释放，国家层面的政策在不断出台，有效推动了研学的快速发展；省级层面的政策细节更多、操作性更强、指导性更强，研学品牌的打造更加具有针对性和个性化。研学＋蓬勃发展，市场精彩纷呈，既有跟着课本去研学、跟着国宝去研学、跟着考古去研学、跟着爸妈去研学的特色市场，也有博物馆研学、红色研学、冰雪研学、非遗研学、乡村研学、名校研学等主题市场，还有黄河研学、长江研学、长城研学、运河研学、粤港澳大湾区研学等地域研学市场。

2024 年初，文化和旅游部科技教育司指导各地文化和旅游部门积极开展研学旅游特色主题活动，主要由三项主题系列活动组成：一是"多彩研学游华夏"研学旅游主题活动，二是"守护美丽长江主题研学旅游活动"，三是走进林海雪原——冰雪主题研学旅游活动。为传统旅游活动注入更多知识性、科学性、参与性、体验性的创新要素，培育优质研学旅行项目，引导研学旅行规范健康和高质量发展。2024 年 5 月，人力资源和社会保障部发布拟调整变更职业（工种）信息明确提出：将"研学旅行指导师（4-13-04-04）"职业名称变更为"研学旅游指导师"，从研学旅行到研学旅游，彰显了研学旅游作为一种全新的业态，正在实现迭代升级，市场活力更足。

异军突起的研学旅行市场呼唤高素质的技术技能型人才，专业化的研学旅行人才培养被提上日程。2019年10月，教育部根据《普通高等学校高等职业教育（专科）专业设置管理办法》增补新专业9个，其中旅游大类新增研学旅行管理与服务专业，专业代码640107。截至2024年4月，有142家院校开设该专业，专业两次入选高职新增专业TOP20榜单，展现了专业发展的热度。2023年，研学旅行赛项正式纳入全国职业院校技能大赛目录名单。2024年，教育部增补"研学旅行策划与管理"职业本科专业，专业代码340104，授予管理学学位。职业教育作为一种类型教育，教随产出、产教融合是其重要特色，从职业教育专业目录和技能大赛赛项的设置可以看出研学旅游产业发展的热度。

《研学旅行市场营销》自出版以来，已经连续加印6次，得到了广大院校的认可，为研学旅行管理与服务专业的学习提供了很好的支持。为适应研学旅游市场对人才需求的新变化，编写团队进行了改版，本次改版遵循以学生为中心的理念，对应学生未来就业的市场策划岗位、客户管理岗位、市场调研岗位、产品研发岗位、渠道管理岗位、促销管理岗位、市场销售岗位、营销管理岗位，将教学内容重构为十个项目，三十五个任务。同时呈现四个方面的变化：一是调整了章节结构向项目、任务结构转变，更加贴近职业教育的学习场景；二是增加了大量案例和视频资源，更加方便学生开展自主学习；三是建设了课程微视频，更加支持教学与学习的交互；四是增加思政元素和案例，强化思政育人。

参与本教材编撰和改版的成员有：

青岛酒店管理职业技术学院石媚山担任主编，负责教材大纲、章节、体例的设计和统稿，负责思政元素体系设计与案例的选编，编写项目一；

威海职业学院韩丽英编写项目二；

青岛酒店管理职业技术学院朱丽男编写项目三、项目五；

青岛酒店管理职业技术学院周海磊编写项目四；

云南旅游职业学院李胜桥编写项目六；

青岛酒店管理职业技术学院杨栋编写项目七、项目九；

南京旅游职业学院张慧婕编写项目八；

青岛开放大学郑晓堂编写项目十。

青岛酒店管理职业技术学院石媚山、杨栋、刘芬、陈超、刘筱、李秋君承担了视频资源的录制工作，分工为石媚山（项目六）、杨栋（项目七）、陈超（项目三、项目五）、刘芬（项目一、项目二）、李秋君（项目八）、刘筱（项目四）。

 修订前言

此外，在青岛酒店管理职业技术学院的支持下，在智慧树平台完成了《研学旅行市场营销》在线课程的建设，学习者可以登录课程网站进行学习，并可以和编写团队老师进行在线交流。

本教材由青岛酒店管理职业技术学院联合山东研学旅行研究院、青岛市研学旅行基地协会、青岛海斯曼文化旅游有限公司、青岛市中之旅国际旅行社有限公司等共同编写。教材在编写过程中得到了青岛市文化和旅游局、山东文旅集团有限公司、青岛城运文化旅游集团有限公司、青岛市中小学生教学实践基地、青岛市研学旅行协会等单位及专家的大力支持和帮助，在此一并表示感谢。

本教材既可以作为高职院校研学旅行管理与服务、旅游管理等旅游类专业教材使用，也可以作为旅游企业、研学旅行企业培训的参考用书。

本教材编写过程中引用和参考了许多优秀教材、专著、报纸杂志以及网络资料，访谈了很多研学从业者。因为篇幅所限，有的文献未能在参考文献中一一列举，有些访谈者的姓名也未一一提到，在此谨向这些著作者和从业者表示谢意和歉意。由于研学旅行市场属于新兴市场，有其独特性，其市场发展还需要进一步研究。由于编者水平所限，其中肯定有不足之处，希望读者批评指正，有任何问题均可与编者联系，我们将虚心接受，以利于提高。

编　者

2024 年 6 月

项目一　认识市场营销

　　任务一　认识市场营销概念 / 003
　　任务二　掌握市场营销理论 / 014
　　任务三　把握市场营销发展 / 018

项目二　分析市场营销环境

　　任务一　认识市场营销环境 / 027
　　任务二　分析市场营销宏观环境 / 030
　　任务三　分析市场营销微观环境 / 037

项目三　分析消费者的购买行为

　　任务一　分析研学旅行消费需求 / 049
　　任务二　分析研学消费者的购买行为 / 052
　　任务三　分析研学中间商的购买行为 / 060

项目四　调研研学旅行市场

　　任务一　认识市场调研 / 067
　　任务二　确定研学市场调研的程序 / 072
　　任务三　设计市场调研问卷 / 076
　　任务四　撰写市场调查报告 / 081

项目五 分析目标客户

任务一 认识市场细分 / 095

任务二 选择目标市场 / 106

任务三 开展市场定位 / 112

项目六 设计研学旅行产品

任务一 认识研学产品生命周期 / 123

任务二 构思研学产品核心价值 / 137

任务三 设计研学产品内容 / 140

任务四 设计研学产品服务 / 146

任务五 设计研学产品价格 / 150

项目七 管理研学旅行市场渠道

任务一 认识营销渠道管理 / 161

任务二 选择市场营销渠道 / 169

任务三 管理市场营销渠道 / 176

项目八 开展研学旅行市场促销

任务一 设计广告推广策略 / 189

任务二 设计营业推广策略 / 193

任务三　设计公共关系策略 / 199

　　任务四　设计人员推销策略 / 207

项目九　开展研学旅行市场销售

　　任务一　掌握沟通技巧 / 217

　　任务二　开展商务谈判 / 229

　　任务三　掌握销售技巧 / 238

项目十　打造研学旅行市场品牌

　　任务一　树立品牌 / 249

　　任务二　传播品牌 / 254

　　任务三　管理品牌 / 261

　　任务四　实施产品品牌策略 / 266

参考文献 / 272

教学资源索引

经世济民——构建全国统一大市场，建设高标准市场体系　　002
创新意识——文旅融合绘就"诗与远方"新图景　　026
诚实守信——火热的研学旅行，要避免这些法律风险　　048
以人为本——研学游的"火"与"乱"　　066
责任意识——名校研学变"校门打卡"　　094
精神谱系——开发红色旅游产品 更好传承沂蒙精神　　122
乡村振兴——雅礼学子"浙里行"——感受直播带货，实地体验助农"新花样"　　160
文化自信——党的二十大报告学习辅导　　188
德法兼修——鉴往知来，跟着总书记学历史|千年古城里的晋商精神　　216
工匠精神——"工具"里的奋斗与荣光　　248

案例链接

《中国研学旅行发展报告2022-2023》发布	013
促进消费扩容提质　加快形成强大国内市场	029
Z世代跃居人口最多代际 带动文化社交生活新浪潮	034
国内研学旅行规模将超千亿 这些人群成消费主力	038
海南推出十二条精品研学旅游路线	054
"拜师礼"研学课程	062
南京市中小学生研学旅行市场调查问卷（家长）	068
研学旅行基地建设与服务现状调研报告	083
青岛地区研学旅行市场分析	099
研学旅行相关政策	102
神奇的科技研学	106
青岛市市南区实验小学海洋研学课程	109
西安研学游大数据报告	115
青岛市成立首个应急安全研学旅行示范基地	126
论研学产品的发展阶段及生命周期	128
上海市青少年校外活动营地——东方绿舟	132
读懂五大国家文化公园	139
研学旅行产品开发策略研究（以南宁市为例）（节选）	143
某研学旅行企业渠道营销主管岗位招聘要求	162
研学旅行活动—综合实践课程采购公告	164
文化赋能 安徽研学旅游多姿多彩	178
黑龙江——故事带入和活力创新的艺术	191
故宫博物院的营销策略	198
钉钉"求饶"背后的公共关系	199
火爆出圈，淄博究竟做对了什么	226
三峡大坝研学基地——建创新研学品牌，担筑梦育人使命	250
"山东十大国学之道"研学旅行品牌发布	255
山东推出"见识齐鲁"研学旅游品牌	262

项目一

认识市场营销

全国中小学生研学实践教育基地——山西皇城相府文化旅游有限公司相府景区

项目导读

本项目主要设计三个任务,对应市场策划类岗位、市场销售类岗位和市场营销管理类岗位工作所需要的基础知识,偏重知识的传授,按照市场营销的概念、理论和发展阶段进行内容的呈现,帮助学生厘清市场营销、旅游市场营销和研学旅行市场营销的发展脉络。

课程思政:经世济民——构建全国统一大市场,建设高标准市场体系

学习目标

了解市场营销的相关概念;了解旅游市场营销的发展;熟悉研学旅行市场的特点和研学旅行市场营销的发展;熟悉市场营销观念的发展阶段;掌握开展市场营销所需要的重要理论。

思维导图

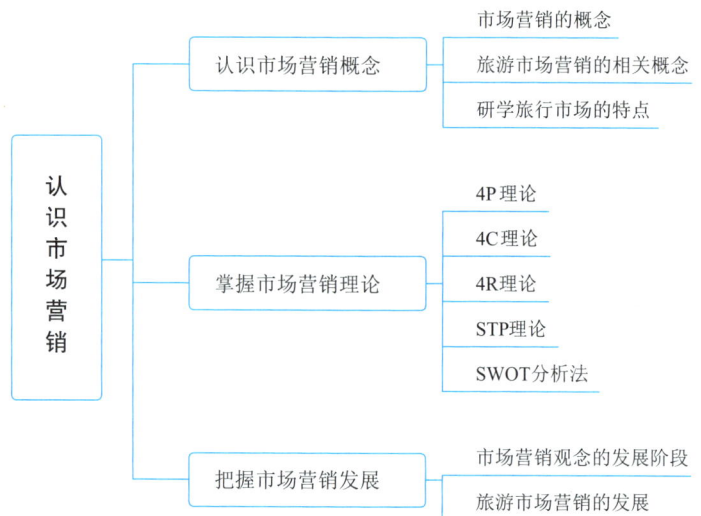

任务一　认识市场营销概念

一、市场营销的概念

市场既是企业经营活动的起点与终点，也是企业与外界建立协作关系和竞争关系的传导和媒介，同时还是企业经营活动成功与否的评判者。发现市场、占领市场、满足需求，使企业活动与社会需求协调起来，是市场营销活动的核心。

在市场经济条件下，研学企业与其他任何类型的企业一样，都在不断地与市场进行着交流。一方面，从外部市场获取信息；另一方面，把研学企业及其相关产品和服务的信息传递到外部市场。研学企业只有同外部市场保持良好的信息交流，才能更好地生存和发展。

（一）市场

市场既是商品经济高度发展的产物，也是社会分工进一步深化的产物。随着生产力的不断发展和商品生产、商品交换的进步，市场也得到了空前的发展。对于市场，我们可以从以下几个角度来理解。

1. 从经济学的角度看市场

从经济学的角度看，市场是指商品交换关系的总和。市场是社会分工和商品生产的产物，在商品生产的条件下，社会内部分工的前提是不同种类劳动相互独立，也就是它们的产品必须作为商品且相互独立，可以交换。在商品交换中，买卖双方交换的目的以及在交换中的地位和作用各不相同，各自的经济利益也不同。通过商品交换，买卖双方均接受交易价格，市场交换得以形成。通过交换，完成了商品的形态变化。因此，市场既体现了商品买卖双方之间的关系，也体现了人与人之间的经济关系。

因此，市场是商品经济中生产者与消费者之间实现产品或服务的价值交换关系、交换条件和交换过程。

2. 从场所来看市场

从场所来看，市场是指进行商品交换的场所。在我国，北方有赶集或集市，南方有赶场或赶圩，这些是早期的市场的概念，后来发展成庙会、交易会、贸易货栈、超级市场和连锁商店等。由此可见，市场属于商品经济的范畴，既是一种以商品交换为主要内容的经济联系形式，也是买卖双方进行交易活动的场所。随着商品经济的发展和网络技术的发展，商品的交换已经不再局限于某个具体的地点，买卖双方可以不用面对面地交易，而是通过网络这个虚拟的市场进行商品的交换。

3. 从需求的角度看市场

从需求的角度看，市场是指对某类或某种商品的消费需求。因为市场是在商品所有者为了满足各自需求而相互交换商品的基础上产生的，因此市场是指具有特定需求或欲望，而且愿意并能够通过交换来满足这种需求或欲望的全部潜在的顾客。1960年，美国市场营销协会（AMA）的定义委员会对市场作出如下定义："市场是指一种货物或劳务的潜在购买者的集体需求。"美国著名的市场学家菲利普·科特勒指出："市场是指某种货物或劳务的所有现实购买者和潜在购买者的集合。"

因此，可以把市场定义为："对某类商品或劳务具有需求的所有现实和潜在的购买者。"

4. 从营销学的角度看市场

从营销学的角度看，市场由三个要素构成：人口、购买力和购买欲望。在市场活动中，只有人口、购买力、购买欲望三者结合起来，才能产生买卖行为。市场可以表示为：

市场 = 人口 × 购买力 × 购买欲望

人是市场的主体，人口的多少决定着市场容量的大小，人口的状况影响着市场需求的内容和结构。

购买力是指人们支付货币购买商品或劳务的能力，人们的消费需求是通过利用手中的货币购买商品或劳务来实现的。购买力的高低由消费者收入的多少来决定。一般人们收入高，购买力就强，市场和市场需求就大；反之，市场就比较小。

购买欲望是指消费者购买商品或劳务的愿望、要求，是消费者把潜在的需求变为现实需求的重要条件，因而也是构成市场的基本要素。

如果有人口、有购买欲望，而无购买力；或者是有人口、有购买力，而无购买欲望，对企业来说，它们就不是现实的需求，只是潜在的需求。人口、购买力、购买欲望都具备时才能形成市场，缺一不可。

项目一 认识市场营销

（二）市场营销

市场营销（Marketing）又称为市场学、市场行销或行销学，简称"营销"。市场营销包含两种含义：一种是动词理解，是指企业的具体活动或行为，这时称之为商场营销或市场经营；另一种是名词理解，是指研究企业的市场营销活动或行为的学科，称之为市场营销学、营销学或市场学。

美国市场营销协会对市场营销下的定义是这样的："市场营销是创造、沟通与传送价值给顾客，及经营顾客关系以便让组织与其利益关系人受益的一种组织功能与程序。"

菲利普·科特勒对市场营销下的定义，强调了营销的价值导向："市场营销是个人和集体通过创造并同他人交换产品和价值以满足需求和欲望的一种社会和管理过程。"1984年，菲利普·科特勒对市场营销又下了定义："市场营销是指企业的这种职能：认识未满足的需要和欲望，估量和确定需求量大小，选择和决定企业能最好地为其服务的目标市场，并决定适当的产品、劳务和计划（或方案），以便为目标市场服务。"

1985年，美国市场营销协会修改的市场营销定义为："市场营销是关于构思货物和服务的设计、定价、促销和分销的规划与实施过程，目的是创造能实现个人和组织目标的交换。"

二、旅游市场营销的相关概念

（一）旅游市场的概念与特征

1. 旅游市场

旅游市场可从狭义和广义两个方面来理解。狭义的旅游市场是指旅游产品交换的场所；广义的旅游市场是指旅游产品交换关系的总和，涉及旅游目的地、旅游者、旅游经营者。

旅游市场也可以表述为旅游需求市场或旅游客源市场，即某一旅游产品的购买者和潜在购买者。

2. 旅游市场的构成要素

（1）旅游市场主体。旅游市场的主体是旅游者。旅游者是指为了满足自身心理、精神等方面的享受而暂时离开常住地，进行旅游、观光、休闲等方式消费的个人和团体。如果没有旅游者，旅游市场就失去了存在的基础。

（2）旅游市场客体。旅游市场的客体是旅游资源。旅游资源是指一切对旅游者构成吸引力的自然景观和人文景观等因素的总和。旅游资源按其属性可分为自然旅游资源、人文旅游资源或自然与人文相结合的旅游资源，如森林、瀑布、溶洞、温泉、名胜古迹、民族风俗等。旅游资源应具备的条件是对旅游者要有足够的吸引力和游览价值，为旅游业创造经济效益和社会效益。

（3）旅游市场媒介。旅游市场的媒介是旅游业。旅游业是指向旅游者直接或间接提供旅游服务的行业，它是旅游者与旅游资源发生联系的桥梁。旅游资源开发为旅游者的需求提供了市场条件，而旅游者的旅游愿望与动机为旅游市场扩展提供了可能性，只有两者有机地结合起来，才能实现旅游消费需求，构成旅游市场。旅游业正是为满足旅游者的消费需求，利用和发挥旅游资源的作用使两者有机结合起来的媒介。因此，旅游业是一个以旅游消费需求为依托、旅游资源为条件、旅游服务为特点，连接旅游消费需求与旅游资源的服务性行业，是为旅游者提供旅游接待、旅游交通、旅游食宿以及导游、宣传、咨询、组织等综合服务的行业。

3. 旅游市场的特征

由于旅游活动及旅游业本身所具有的特点，决定了旅游市场相对于其他商品市场具有以下的特征。

（1）全球性。具有全球性是对于国际旅游而言的。随着世界经济一体化的进一步发展，国与国之间的往来越来越频繁，带动了政治、文化、生活等方面的全球化进程。世界变得越来越小，国与国之间的界限越来越模糊，人们渴望走出国门，了解其他国家和地区的文化、风俗，这就使国际旅游得到了快速发展。随着各国在经济上相互依存度的提高，跨国旅行，尤其是商务旅行已经成为散客旅行的重要部分。

旅游需求来自世界各个国家和地区，而旅游供给也遍布全世界。在科学技术高速发展的今天，旅游者选择旅游目的地时所受的时空限制越来越少。在国际政治条件许可的情况下，旅游者的活动不受地区和国界的束缚，旅游供给者的接待对象也无民族、国别之分。

若无政治或政策方面的约束，一个有旅游动机的旅游者在经济条件允许的情况下可以选择世界上任何一个地方；一个旅游景点也可以接待来自世界任何一个国家的旅游者，任何一个民族的人都有可能成为其客源市场的一部分。

（2）异地性。旅游活动的完成通常伴随着旅游者地理位置的移动，旅游接待企业的客源也主要是非当地居民。旅游市场的异地性增加了旅游者和企业获取市场信息的难度成本，也增加了旅游企业经营的交易成本。

（3）季节性。旅游市场的季节性表现在以下几个方面。

第一，旅游目的地与气候有关的旅游资源在不同的季节其使用价值有所不同，如北戴河、黄山等旅游风景区是理想的避暑胜地，海南岛则是避寒者的最好选择。这些旅游资源在特定的气候条件下，其旅游价值比平日更高，会形成淡旺季的差异。

第二，旅游目的地的气候本身也会影响旅游者的观光游览活动。旅游者出游一般会选择旅游目的地气温舒适的时机，或春暖花开或秋高气爽，如境外旅游者前往我国游览长江三峡，一般选择在3月至6月，或9月至11月。

旅游者闲暇时间分布不均衡也是造成旅游市场淡旺季的原因。旅游者一般利用节假日外出旅游，但世界各地人们带薪假日的长短和时期也是不一样的，因而不同时期的客流量也有明显差异。旅游经营者应根据旅游市场季节性的特点，有针对性地分析旅游淡旺季情况，尽量避免旺季接待能力不足、淡季设施大量闲置的现象。

（4）多样性。旅游者的年龄、性别、偏好等因素的差异性导致了旅游需求市场的多样性，同时也为旅游经营者创造了多样化的市场空间。从旅游供给的角度看，旅游经营者依托不同的自然景观与人文景观，进行不同形式的产品组合，可以使旅游者获得不同的感受和经历。此外，旅游经营者还可以依据旅游者购买形式的不同，采取包价旅游、小包价旅游、散客旅游等多样灵活的经营方式。随着现代旅游的发展，一些并非专为旅游服务的其他社会资源也转化为旅游资源，人类还创造了大量现代人文景观。由此，传统的旅游形式继续得到强化和充实，而新的内容又层出不穷地涌现。尤其是全域旅游的发展和大众休闲时代的来临，旅游者的需求更加多元，旅游资源也更加多样，旅游市场也更加多样。

（5）波动性。旅游消费属于非生活必需品消费，因此旅游需求受外部环境的影响往往很明显。例如，国际局势、突发性事件，季节变换，重大社会活动和节假日，汇率、通货膨胀率，物价、工资及旅游者心态的变化等都是影响旅游需求的因素。从长期看，整个世界旅游市场将保持持续发展的趋势，但这种发展是波浪式的，而不是直线式的，特别是短期内某一局部旅游市场的波动性可能更为明显。旅游消费的波动性还体现在受时间及旅游产品中气候因素约束而导致的季节性变动，这成为旅游市场营销的显著特征。

（6）高度竞争性。旅游市场的高度竞争性体现在旅游者对稀缺旅游资源的竞争，以及旅游经营者对旅游者的竞争。总体来看，由于旅游业市场进入壁垒低，旅游市场上呈现出高度的竞争性。由于经济的发展以及由此带来的人们生活水平的提高、闲暇时间的增多、经济条件的改善以及人们对异域文化的兴趣等，都决定了旅游业良好的发展前景，于是，新的进入者不断出现，他们开发出许多相同或不同种类的旅游产品，尤其是许多不具有垄断性的旅游资源。由于行业的进入门槛较低，旅游产品易于被其他企业模仿，最终会使这类产品越来越多，旅游市场的竞争也越来越激烈。

（二）旅游市场营销的概念

1. 旅游市场营销

旅游市场营销是旅游经济组织或个人对产品、服务的构思、预测、开发、定价、促销以及售后服务的计划和执行过程，它以旅游者的需求为中心，适应旅游市场环境的变化，实现旅游商品价值的交换。

微课：市场营销与旅游市场营销的概念

2. 旅游市场营销的特征

（1）提供的产品主要是一种服务。旅游产品具有不可感知性，也称无形性，即它不是实际存在的物体，而是一种旅游经历的切身感受，游客难以感知和判断其质量和效果，所以游客更多的是根据服务设施来衡量。游客对旅游产品不具有所有权，而只拥有暂时的使用权。

（2）游客可参与到旅游产品的生产过程。在旅游市场营销中，游客也是旅游产品生产过程中必不可少的元素之一。因此，对旅游市场营销人员来说，要生产出符合游客需要的旅游产品，不仅要对从业人员进行一定的管理，而且对游客也同样需要进行某种管理，以便于实现游客与旅游产品生产人员之间的沟通，提高旅游产品的满意度。由于旅游者直接参与生产过程，所以如何使得服务工作有效地进行便成为服务营销管理的一个重要内容。服务的过程是旅游者同服务人员广泛接触的过程，服务绩效的好坏不仅取决于服务人员的素质，也与旅游者的行为密切相关。

（3）产品质量难以标准化。旅游服务是一种过程、一种行为，而非有形实物，因此旅游服务很难做到标准化，产品质量难以控制。旅游产品的好坏是以旅游者的切身感受为标准加以衡量的，然而每个人的感觉都不一样。在旅游业强调个性化服务的今天，制定一套统一的服务标准更是不可能的，因此尽管旅游企业制定了精细的管理制度和服务标准，但实际操作起来很难确保旅游员工按质量标准将服务传递给旅游者；即使旅游员工都能按质量标准提供服务，也会由于旅游者的个人特质不同、感受不同，使得满意程度有所不同。

（4）时间因素十分重要。时间不仅是指旅游企业为游客服务时的迅速快捷、高质量，而且还指在对待游客投诉的处理及回复的及时性上，只有如此游客才会觉得受到了重视，旅游企业的信誉才能逐渐建立起来。另外，旅游产品不可贮存性的特点，也要求旅游企业重视时间因素的把握。如何使波动的需求同旅游企业的生产能力相匹配，服务及时、快捷，以缩短顾客等候时间就成为旅游营销中的重要工作。

（5）产品的分销渠道与有形产品不同。有形产品一般是通过物流渠道送到消费者手中，而旅游产品的分销是通过旅游企业与旅游者签订合同，游客参与旅游产品的生产和销售。

三、研学旅行市场的特点

（一）研学旅行市场与旅游市场的关系

旅游市场是指旅游产品交换关系的总和，是一种生产与消费同步进行的市场形式，具有多样性、季节性、波动性等特点。按照旅游统计口径，一般分为国内旅游市场、入境旅游市场和出境旅游市场三个部分。例如，2023年，国内出游48.9亿人次，比上年增长93.3%。其中，城镇居民国内出游37.6亿人次，增长94.9%；农村居民国内出游11.3亿人次，增长88.5%。国内游客出游总花费49133亿元，增长140.3%。其中，城镇居民出游花费41781亿元，增长147.5%；农村居民出游花费7353亿元，增长106.4%。入境游客8203万人次，其中外国人1378万人次，我国香港、澳门和台湾同胞6824万人次。入境游客总花费530亿美元。国内居民出境10096万人次，其中因私出境9684万人次，赴我国港澳台地区7704万人次。

旅游市场在传统的"食、住、行、游、购、娱"六要素的基础上，正在形成"文、商、养、学、闲、情、奇"的新旅游综合要素体系。初步形成观光旅游和休闲度假旅游并重、旅游传统业态和新业态齐升、基础设施建设和旅游公共服务共进的新格局。旅游业已融入经济社会发展全局，成为国民经济战略性支柱产业。

研学旅行市场与旅游市场紧密关联，是旅游市场中的一个细分市场，同时也是旅游+教育的一种新兴市场形式，并且带有很强的政策性。国内研学旅行最早见于2013年《国务院办公厅关于印发国民旅游休闲纲要（2013—2020年）的通知》，在文件的"改善国民旅游休闲环境"中提到了"逐步推行中小学生研学旅行"，这是国内最早对"研学旅行"的提法。2014年7月，教育部制定发布了《中小学学生赴境外研学旅行活动指南（试行）》，提出"规范和引导中小学学生赴境外研学旅行活动的组织与实施"，并明确提出了"境外研学旅行"的概念。2014年8月，国务院发布《关于促进旅游业改革发展的若干意见》，共20条，其中第9条提出"积极开展研学旅行"。2015年8月，国务院办公厅发布的《关于进一步促进旅游投资和消费的若干意见》，共26条，其中

第15条提出"支持研学旅行发展"。2016年12月,教育部等11部门《关于推进中小学生研学旅行的意见》发布,意见明确提出,中小学生研学旅行是由教育部门和学校有计划地组织安排,通过集体旅行、集中食宿方式开展的研究性学习和旅行体验相结合的校外教育活动,是学校教育和校外教育衔接的创新形式,是教育教学的重要内容,是综合实践育人的有效途径。意见把研学旅行纳入学校教育教学计划,并将之置于落实立德树人教育任务的战略新高度。

从研学旅行的发展脉络我们可以看到,研学旅行市场不是一个独立的市场形式,它是在旅游市场的基础上,伴随着国民大众休闲时代的来临和素质教育改革而诞生的新的市场形态,在教育领域和旅游领域也有着不同的界定和理解。在教育领域,研学旅行市场的主体就是中小学生,就是我们所说的K12(教育类专用名词 kindergarten through twelfth grade,是学前教育至高中教育的缩写,现在普遍被用来代指基础教育)学段学生。而在旅游领域,中小学生是研学旅行市场的主体,但并不是唯一主体。相比较而言,旅游领域对研学旅行市场的追捧热度远远高于教育领域,并且旅游领域对研学旅行市场的内涵和外延的理解也更加宽泛。

(二)研学旅行市场的现状

1. 研学旅行市场发展潜力巨大,前景广阔

自2016年教育部等11部门《关于推进中小学生研学旅行的意见》发布以来,研学旅行市场发展迅速。2018年,中国旅游研究院等联合发布了《中国研学旅行发展报告》。报告指出,随着素质教育理念的深入和旅游产业跨界融合,研学旅行市场需求不断释放,未来3~5年中国研学旅行市场总体规模将超千亿元;同时,报告系统梳理并介绍了研学旅行行业发展现状、消费需求状况、市场前景判断以及发展导向。下面是该报告关于研学旅行市场的三大核心观点。

(1)研学旅行的市场热度持续上升。在国民收入不断提高与休闲消费兴起的背景下,随着素质教育理念的深入与人口政策的放开,在自上而下的政策催化以及旅游产业跨界融合的浪潮下,研学旅行市场需求不断释放。在市场迅猛增长的需求驱动下,研学旅行行业内部出现了更为丰富的市场主体,在消费多元化与升级提质需求的驱动下,研学旅行产品的丰富化、标准化、立体化、创新化等方面都存在极大的提升空间。

(2)研学旅行消费需求后劲可期。据调查,约四分之三的受访者表示了解研学旅行,80%左右的人表示对研学旅行很感兴趣,六成左右受访者参加过研学旅行。在参加过研学旅行的受访者中,70%左右的人通过学校和教育机构参

项目一 认识市场营销

与研学旅行，90%左右的人对研学旅行表示基本达到8分满意水平。从参加研学旅行的意愿调查来看，70%的人期望旅行时长是6~10天，人均花费能接受在3000~10000元的所占比例达88%，64%的人认为目前市场上的研学旅行产品能满足需求。各区域主要热门旅游城市，如北京、上海、广州、深圳、成都、沈阳、武汉、西安等，愿意参与研学旅行的比例基本达到70%以上。

（3）研学旅行行业规模和市场空间广阔。根据教育部新闻发布会发布的2023年全国教育事业发展基本数据：2023年，全国共有各级各类学校49.83万所，比上年减少2.02万所，下降3.9%；各级各类学历教育在校生2.91亿人，比上年减少151.26万人，下降0.52%。小学阶段，全国共有普通小学14.35万所。全国小学招生1877.88万人，比上年增加176.5万人，增长10.37%；在校生1.08亿人，比上年增加103.97万人，增长0.97%。初中阶段，全国共有初中5.23万所，招生1754.63万人，比上年增加23.25万人，增长1.34%。在校生5243.69万人，比上年增加123.1万人，增长2.4%。普通高中，全国共有普通高中学校1.54万所，比上年增加355所；招生967.8万人，比上年增加20.26万人，增长2.14%；在校生2803.63万人，比上年增加89.75万人，增长3.31%。中等职业教育。全国中等职业教育（不含人社部门管理的技工学校）共有学校7085所，招生454.04万人，在校生1298.46万人。全国共有高等学校3074所，比上年增加61所。其中，普通本科学校1242所（含独立学院164所）；本科层次职业学校33所；高职（专科）学校1547所；成人高等学校252所。另有培养研究生的科研机构233所。各种形式的高等教育在校学生总规模4763.19万人，比上年增加108.11万人，增长2.32%。

我国中小学学生数量规模呈现出持续增长的趋势，反映出我国研学旅行需求规模的增长。随着研学旅行成为在校学生的刚需，未来3~5年内研学旅行的学校渗透率将迅速提升。据不完全估算，研学旅行市场总体规模将超千亿元，加上成年人和老年群体的研学旅行需求，市场规模将进一步扩大。未来，学校、留学中介和培训机构、旅行社等相关企业跨界融合将成为研学旅行发展的主导方向，研学市场的集中度有望提升。与此同时，研学旅行通过融入教育元素，创造更多价值并与普通旅游产品形成差异化竞争，加上消费者对研学旅行产品的价格敏感度较低，研学旅行行业利润率也有较好的保障。

2. 研学旅行市场主体参差不齐，集中度不高

数据显示，2021年，国内研学旅行人数达494万人次，2022年研学旅行人数突破600万人次，达到历史新高。研学旅行市场主体主要有三个类别：一是教育类机构，二是旅游类机构，三是基（营）地类机构。教育类和旅游类机构作为产业链的上游，主要是从专业化教育培训企业和旅游企业产生，这两类企业主体基本上都是中小微企业，并且参差不齐。目前，研学旅行机构以小微企业为主，年接待量较小，员工规模30人以下的企业占到整体比例的60%，员工规模30人以上的占到了40%，这说明研学旅行还有很大的团队扩充空间。从各家企业的年接待人次来看，接待量在1000人以上的占比达43.1%；由于10人以下规模的企业承接能力有限，所以接待500人以下的所占比重最高。其中，研学旅行和营地教育消费与当地居民收入水平、消费观念、教育资源及水平等因素成正关联，我国有66%的研学旅行和营地教育企业分布在一线城市和新一线城市，其中北京、上海、广州、深圳四个城市最多，占比达35.11%。研学基地和营地是研学旅行的重要载体和重点市场，中国研学旅行基地与营地建设正在起步，整个市场仍然未迎来充分竞争的时代，行业集中度较低，格局分散，头部优势机构（仅针对泛游学与营地教育业务部分）的市场占有率水平仅为1%~2%。所有市场参与主体预计能达到几千家，但其中营收规模在千万级以下的中小型机构占了绝大多数。

（三）研学旅行市场的特点

研学旅行市场与旅游市场紧密相关，既有旅游市场的共性特点，也有其自身的特点。

1. 研学旅行市场更加注重产品

研学旅行本质上是一种教育综合实践活动，具有实践性、教育性等多重特征，其组织形式多以学校为单位。由于其教育的属性决定了研学旅行市场与旅游市场有很大的不同，研学旅行市场更加注重研学产品，或者说是研学课程。旅游活动更加注重参与者的体验，在体验中放松身心；而研学活动更注重参与者的学习，在学习中体验。研学旅行提供的产品更加强调教育功能，更加强调在实践中学习，在实践中增长知识，在实践中锻炼本领。

2. 研学旅行市场更加注重渠道

研学旅行市场的商业模式与旅游市场相似，都是为客户提供线路产品等专业化服务来赚取差价和佣金。但是由于研学旅行的组织模式与旅游的组织模式有很大差异，所以研学旅行市场与旅游市场相比，更加强调渠道。好的研学产品通过直销和分销的渠道才能够准确到达消费者手中。研学旅行市场更多的是B2B模式，而旅游市场更多的是B2C模式。

3. 研学旅行市场更加注重品牌

研学旅行市场面对的群体主要是学生，学生群体是流动的。但是由于研学旅行市场在开拓过程中更多面对的是

微课：研学旅行市场的现状与特点

项目一　认识市场营销

学校，学校的需求是稳定的，评估是永续而持久的，这就需要研学旅行企业在推动研学旅行市场开发的过程中更加注重品牌的建设，通过品牌影响力赢得学校的认可，提高市场获客能力。

综上所述，我们可以总结出研学旅行市场营销的概念："研学旅行市场营销是研学机构或者企业通过分析不同学段学生的校外实践学习需求，通过研学课程开发，服务体系建设，为学校课外综合实践活动或者学生的专项校外研究性学习提供解决方案和实施的过程。"研学旅行市场营销更加强调以研学者的需求为中心，适应旅游市场环境的变化，实现旅游商品价值的交换。简言之，研学旅行市场营销是指研学者没有需求的时候，要帮其创造需求；研学者有需求的时候，要超越其需求。

相关链接：《中国研学旅行发展报告 2022–2023》发布

任务二 掌握市场营销理论

一、4P 理论

美国营销学学者杰罗姆·麦卡锡教授在 20 世纪 60 年代提出了著名的 4P 理论——营销组合经典模型，主要强调以产品为中心。4P 指的是产品（Product）、价格（Price）、渠道（Place）、促销（Promotion）。4P 理论的提出，是现代市场营销理论最具划时代意义的变革，从此，营销管理成为公司管理的一个部分，涉及了远远比销售更广的领域。

1. 产品的组合

不仅包括产品的实体、服务、品牌、包装，是指企业提供给目标市场的货物、服务的集合，包括产品的效用、质量、外观、式样、品牌、包装和规格；还包括服务和保证等因素。

2. 定价的组合

主要包括基本价格、折扣价格、付款时间、借贷条件等，是指企业出售产品所追求的经济回报。

3. 渠道的组合

主要包括分销渠道、储存设施、运输设施、存货控制，代表企业为使其产品进入和达到目标市场所组织实施的各种活动，包括途径、环节、场所、仓储和运输等。

4. 促销的组合

是指企业利用各种信息载体与目标市场进行沟通的传播活动，包括广告、人员推销、营业推广与公共关系等。

4P 是市场营销过程中可以控制的因素，也是企业进行市场营销活动的主要手段，4P 的具体运用形成了企业的市场营销战略。市场营销随着社会的变化有了更加丰富的内涵和手段，但是 4P 营销理论依然是其他变化的基础理论。

微课：市场营销理论概述及 4P 理论

二、4C 理论

美国营销专家劳特朋教授在 1990 年提出了与传统营销的 4P 理论相对应的 4C 理论。4C 理论是以消费者需求为导向，重新设定了市场营销组合的四个基本要素：消费者（Customer）、成本（Cost）、便利（Convenience）和沟通（Communication）。4C 理论强调企业应该首先把追求顾客满意放在第一位，其次是努力降低顾客的购买成本，然后要充分注意到顾客购买过程中的便利性，最后还应以消费者为中心实施有效的营销沟通。

1. 消费者

主要指顾客的需求。企业必须首先了解和研究顾客，根据顾客的需求来提供产品；同时，企业提供的不仅仅是产品和服务，更重要的是由此产生的客户价值（Customer Value）。

2. 成本

不单是企业的生产成本，还包括顾客的购买成本，同时也意味着产品定价的理想情况，应该是既低于顾客的心理价格，亦能够让企业有所盈利。此外，顾客购买成本不仅包括其货币支出，还包括其为此耗费的时间、体力和精力消耗，以及购买风险。

3. 便利

即所谓为顾客提供最大的购物和使用便利。4C 营销理论强调企业在制定分销策略时，要更多地考虑顾客的方便，而不是企业自己方便。要通过好的售前、售中和售后服务来让顾客在购物的同时也享受到便利。便利是客户价值不可或缺的一部分。

4. 沟通

则被用以取代 4P 中对应的促销。4C 营销理论认为，企业应通过同顾客进行积极有效的双向沟通，建立基于共同利益的新型企业和顾客关系。这不再是企业单向的促销和劝导顾客，而是在双方的沟通中找到能同时实现各自目标的通途。

三、4R 理论

美国学者唐·舒尔茨在 2001 年提出了营销组合的最新理论——4R 理论。4R 理论是以关系营销为核心，阐述了市场营销组合的四个基本要素：关联

（Relevance）、反应（Reaction）、关系（Relationship）和回报（Reward）。4R理论是注重企业和客户关系的长期互动，重在建立顾客忠诚的一种理论。它强调与顾客建立关联，紧密联系顾客；建立快速反应机制，提高对市场的反应速度响应能力；重视与顾客的互动关系，通过建立长期稳定的顾客关系实现长期拥有顾客的目标；回报是营销的源泉，追求回报是营销发展的动力，营销的最终目的是给企业创造价值。

1. 关联

即认为企业与顾客是一个命运共同体，建立并发展与顾客之间的长期关系是企业经营的核心理念和最重要的内容。

2. 反应

在相互影响的市场中，对经营者来说最难实现的问题不在于如何控制、制订和实施计划，而在于如何站在顾客的角度及时地倾听和从推测性商业模式转移成为高度回应需求的商业模式。

3. 关系

在企业与客户的关系发生了本质性变化的市场环境中，抢占市场的关键已转变为与顾客建立长期而稳固的关系。与此相适应产生了五个转向：

（1）从一次性交易转向强调建立长期友好合作关系；

（2）从着眼于短期利益转向重视长期利益；

（3）从顾客被动适应企业单一销售转向顾客主动参与到生产过程中来；

（4）从相互的利益冲突转向共同的和谐发展；

（5）从管理营销组合转向管理企业与顾客的互动关系。

4. 回报

任何交易与合作关系的巩固和发展，都是经济利益问题。因此，一定的合理回报既是正确处理营销活动中各种矛盾的出发点，也是营销的落脚点。

四、STP 理论

美国营销学家菲利浦·科特勒在发展前人理论的基础上最终形成了成熟的STP 理论。STP 理论即市场细分（Segmentation）、目标市场（Targeting）和市场定位（Positioning），它是战略营销的核心内容。STP 理论是指企业在一定的市场细分的基础上，确定自己的目标市场，最后把产品或服务定位在目标市场中的确定位置上。

STP 理论的根本要义在于选择确定目标消费者或客户。根据 STP 理论，市场是一个综合体，是多层次、多元化的消费需求集合体，任何企业都无法满足所有消费者或客户的需求，企业应该根据不同需求、购买力等因素把市场分为由相似需求构成的消费群，即若干子市场，这就是市场细分。企业可以根据自身战略和产品情况从子市场中选取有一定规模和发展前景，并且符合公司的目标和能力的细分市场作为公司的目标市场。随后，企业需要将产品定位在目标消费者所偏好的位置上，并通过一系列营销活动向目标消费者传达这一定位信息，让他们注意到品牌，并感知到这就是他们所需要的。

五、SWOT 分析法

美国旧金山大学管理学教授韦里克于 20 世纪 80 年代初提出了 SWOT 分析法，这是一种广泛应用的"机会—风险"分析方法，又称为态势分析法。SWOT 是指优势（Strengths）、劣势（Weaknesses）、机会（Opportunities）、威胁（Threats）。SWOT 分析法常常被用于制定集团发展战略和分析竞争对手情况。在战略分析中，它是最常用的方法之一。

针对某一个旅游企业，依据企业方针列出对该企业发展有重大影响的内部及外部环境因素，继而确定标准，对这些因素进行评价，判定是优势还是劣势，是机会还是风险，从而判定该企业应该采用何种类型的战略。

企业内部的优劣势是相对于竞争对手而言的，表现在资金、技术设备、职工素质、产品特色、管理技能等方面。衡量企业优劣势的时候，可以选定某一些因素进行分析，根据其重要程度确定是优势还是劣势。

外部环境是企业无法控制的，有些外部环境对企业发展有利，有些可能会给企业的发展带来机会。例如，宽松的政策、技术的进步，就有可能给企业降低成本、增加销售量创造条件。有时候外部环境也会给企业带来发展的不利，给企业带来威胁，如紧缩信贷、原材料价格上涨、税率提高等。同时要注意，机会威胁的分析不能忽略与竞争对手相比较。

微课：4C 理论、4R 理论、STP 理论与 SWOT 分析法

任务三　把握市场营销发展

一、市场营销观念的发展阶段

市场营销观念是企业从事营销活动时所依据的基本指导思想和思维方式，其核心是正确处理企业、消费者和社会三者之间的利益关系。市场营销观念的发展经历了以下几个阶段。

（一）生产观念

生产观念是指以生产为中心的观念，这种观念产生于20世纪20年代。企业经营哲学不是从消费者需求出发，而是从企业生产出发。其主要表现是"我生产什么，就卖什么"。生产观念认为，消费者喜欢可以随处买得到而且价格低廉的产品，企业应致力于提高生产效率和分销效率，扩大生产，降低成本以扩展市场。例如，美国汽车大王亨利·福特曾傲慢地宣称："不管顾客需要什么颜色的汽车，我只有一种黑色的。"这是生产观念的一种典型表现。显然，生产观念是一种重生产、轻市场营销的商业哲学。

生产观念是在卖方市场条件下产生的。在资本主义工业化初期以及第二次世界大战和战后一段时期内，由于物资短缺，市场产品供不应求，生产观念在企业经营管理中颇为流行。中国在计划经济体制下，由于市场产品短缺，企业不愁其产品没有销路，工商企业在其经营管理中也奉行生产观念，具体表现为：工业企业集中力量发展生产，轻视市场营销，实行以产定销；商业企业集中力量抓货源，企业生产什么就收购什么，工业生产多少就收购多少，也不重视市场营销。

除了物资短缺、产品供不应求的情况之外，有些企业在产品成本高的条件下，其市场营销管理也受产品观念支配。例如，亨利·福特曾倾全力进行汽车的大规模生产，努力降低成本，使消费者购买得起，借以提高福特汽车的市场占有率。

项目一　认识市场营销

（二）产品观念

产品观念认为，消费者最喜欢高质量、多功能和具有某种特色的产品，企业应致力于生产高价值产品，并不断加以改进。产品观念产生于市场产品供不应求的"卖方市场"形势下。

容易滋生产品观念的场合，莫过于当企业发明一项新产品时，此时的企业最容易导致"市场营销近视"，即不适当地把注意力放在产品上，而不是放在市场需要上，在市场营销管理中缺乏远见，只看到自己的产品质量好，看不到市场需求在变化，致使企业经营陷入困境。

（三）推销观念

推销观念（或称销售观念）产生于20世纪20年代末至20世纪50年代，是许多企业所持有的另一种观念，表现为"我卖什么，顾客就买什么"。推销观念认为，消费者通常表现出一种购买惰性或抗衡心理，如果听其自然的话，消费者一般不会足量购买某一企业的产品，因此企业必须积极推销和大力促销，以刺激消费者大量购买本企业产品。推销观念在现代市场经济条件下被大量用于推销非渴求物品，即购买者一般不会想到要去购买的产品或服务。许多企业在产品过剩时，也常常奉行推销观念。

推销观念产生于资本主义国家由"卖方市场"向"买方向场"过渡的阶段。1920—1945年，由于科学技术的进步、科学管理和大规模生产的推动，产品产量迅速增加，逐渐出现了市场产品供过于求，卖主之间竞争激烈的新形势。尤其在1929—1933年的特大经济危机期间，大量产品销售不出去，因而迫使企业重视采用广告术与推销术去推销产品。许多企业家感到即使有物美价廉的产品，也未必能卖得出去。企业要在日益激烈的市场竞争中求得生存和发展，就必须重视推销。例如，美国皮尔斯堡面粉公司在此经营观念导向下，当即提出"本公司旨在推销面粉"。推销观念仍存在于当今的企业营销活动中，如对于顾客不愿购买的产品，往往采用强行的推销手段。

推销观念虽然比前两种观念进了一步，开始重视广告术及推销术，但其实质仍然是以生产为中心的。

（四）市场营销观念

市场营销观念是作为对上述诸观念的挑战而出现的一种新型的企业经营哲学。这种观念是以满足顾客需求为出发点，即"顾客需要什么，就生产什么"。尽管这种思想出来已久，但其核心原则直到20世纪50年代中期才基本定型。

当时社会生产力迅速发展，市场趋势表现为供过于求的买方市场；同时，广大居民个人收入迅速提高，有可能对产品进行选择，企业之间产品的竞争加剧，许多企业开始认识到，必须转变经营观念，才能求得生存和发展。市场营销观念认为，实现企业各项目标的关键，在于正确确定目标市场的需要和欲望，并且比竞争者更有效地传送目标市场所期望的物品或服务，进而比竞争者更有效地满足目标市场的需要和欲望。

（五）社会市场营销观念

社会市场营销观念是对市场营销观念的修改和补充。它产生于20世纪70年代西方资本主义出现能源短缺、通货膨胀、失业增加、环境污染严重、消费者保护运动盛行的新形势下。因为市场营销观念回避了消费者需要、消费者利益和长期社会福利之间隐含着冲突的现实。社会市场营销观念认为，企业的任务是确定各个目标市场的需要、欲望和利益，并以保护或提高消费者和社会福利的方式，比竞争者更有效、更有利地向目标市场提供能够满足其需要、欲望和利益的物品或服务。社会市场营销观念要求市场营销者在制定市场营销政策时，要统筹兼顾三个方面的利益，即企业利润、消费者需要的满足和社会利益。

微课：市场营销观念的发展阶段

研学旅行作为一种新兴的市场业态，具有很强的教育属性，更加注重企业、消费者和社会三者利益的有机统一，更加注重其公益价值。在具体的市场实践中，研学旅行遵循社会市场营销观念，服务于人的发展，在为社会提供更加优质的产品中获得市场回报和社会的认可。

二、旅游市场营销的发展

研学旅行的市场主体主要有旅游公司、教育培训机构、旅游景区、研学基地或营地等。无论是以资源获取收益的企业还是以佣金获取收益的企业都与旅游市场有着千丝万缕的联系，都是旅游市场营销在新业态中的表现，所以探讨研学旅行市场营销的发展与探讨旅游市场营销本质上是一致的。

（一）旅游市场营销的产生

旅游市场营销的产生与社会经济的发展、旅游市场的形成、旅游业的产生紧密相连。其产生阶段可以分为孕育期、萌芽期、成长期三个阶段。

项目一　认识市场营销

1. 旅游市场营销的孕育期（公元前 776 年至第二次世界大战之前）

旅游作为一种社会现象有着悠久的历史，至少可以追溯到公元前 776 年的古代奥林匹克运动期间。但那时旅游作为特权阶层的一种享乐活动，范围很小，没有被当作营利性的经济活动，也就不存在旅游市场营销。然而，从人类早期的旅游一直到第二次世界大战之前，每一次旅游实践及其提升，特别是西方近代旅游业的出现，都为旅游市场营销的孕育作出了或多或少的贡献。

2. 旅游市场营销的萌芽期（第二次世界大战之后至 20 世纪 60 年代）

第二次世界大战结束后，第三产业得到快速发展，营销学界对服务营销的研究也由此开始。"二战"后，许多资本主义国家经济快速发展，民众收入得以提高，工作日得到缩短，并开始出现公费度假，这为民众性旅游活动奠定了物质基础。同时，社会的相对稳定、交通的发达、文明的进步，又为民众性旅游活动创造了良好的外部条件。为了适应这种变化。大批旅游公司尝试应用营销学原理和灵活多样的方式迎合大众旅游，形成了以产促销的经营局面，这也是旅游市场营销的萌芽。一些饭店成立了销售部，旅行社也成立了营业部。但是这些部门的活动仍然以销售、推销为主，采用的销售手段主要是广告、宣传和推进性营销。整个 20 世纪 70 年代，推销的观点在西方旅游企业的经营思想中都占据统治地位。

3. 旅游市场营销的成长期（20 世纪 70 年代至 80 年代）

20 世纪 70 年代以后，随着生产力的发展、经济的增长，旅游业发展很快，成为一门新兴的第三产业，竞争也越来越激烈，不少国家和地区大力发展旅游业，旅游设施迅速增加，旅游者选择的余地也日渐增大。这时旅游业的经营者认识到除了推销以外，还必须提高产品质量，保持竞争力。由于多个企业都相继提高质量，人们终于认识到即使餐厅能提供最佳的菜品，饭店能提供最清洁的客房，也不一定能在竞争中压倒对手，因为已经有大量涌现出来的旅游设施可供旅游者选择。旅游企业的投资费用急剧上升，也迫使企业经营者在建造旅游项目之前就开始了解顾客的需求，从顾客的需求出发建造旅游项目，使企业更具竞争力。激烈的竞争缩短了旅游企业在进入目标市场之前的准备时间，旅游企业在准备阶段就开始分析市场，研究旅游消费者的需求，分析消费者的兴趣、爱好和意见，从而确立企业经营的依据和基础。在经营过程中，也迫使经营者们从旅游者的需求出发，改造企业的组织，提高产品的质量和增加产品的种类，改变销售渠道，使竞争对手防不胜防，从而使企业立于不败之地。由此旅游市场营销逐渐成形。

（二）旅游市场营销的发展

1. 旅游市场的变化促进了旅游营销的发展

20世纪80年代以后，各国旅游业的竞争日益激烈。一方面，旅游者逐渐成熟，对旅游产品和服务的要求越来越高，特殊需求和爱好越来越明显，旅游消费越来越挑剔。另一方面，随着全球人口的增长和旅游业的扩展，旅客拥挤、环境污染、服务质量、旅游者权利和安全保障等，一连串的问题决定着旅游企业经营的成败。进入21世纪，旅游市场营销的对象又发生了变化。最明显的是增加了一批具有鲜明的时代特征的年轻消费者。这些在信息时代和数字媒体环境下成长起来的年轻人，价值观念、行为准则乃至消费行为都具有一些新的特点。他们全球式的视野、反权威的沟通方式、对环境的关注等，在很大程度上反映了一定的时代特征，也对旅游市场营销活动产生着一定的影响。这一切迫使旅游企业的经营者要加强市场研究、进行市场细分、强化市场定位、研究营销战略、丰富营销策略，结果必然是促进了旅游营销的发展。

2. 市场营销实践的变化促进了旅游营销的发展

市场营销的发展首先表现为理论的不断更新。在20世纪70年代的以社会为中心的营销理论，20世纪80年代的大市场营销理论、营销—竞争导向理论、市场营销战略组合理论、直接市场营销、顾客让渡价值、市场营销决策支持系统、市场营销专家系统等的基础上，又提出了绿色营销、关系营销、整体营销、体验营销、网络营销等新的理论。这些新的理论在指导和推动第三产业市场营销实践全面提升的同时，对包括旅游业在内的服务业市场营销的发展无疑具有重要的意义。其中，网络营销、绿色营销已成为旅游市场营销新的焦点。尤其是伴随着智慧旅游的发展，通过大数据、云计算、物联网、人工智能等先进技术的应用，实现旅游服务的全面升级，为游客提供更加便捷、高效、个性化的旅游体验，智慧旅游营销成效更加明显。

微课：旅游市场营销的产生与发展

项目思考与练习

一、单选题

1. 旅游市场的主体是（　　）

A. 旅游者　　　　　　　　B. 旅游资源

C. 旅游企业　　　　　　　D. 旅游行政管理部门

2. 强调企业应该首先把追求顾客满意度放在第一位的理论是（　　）

A. 4P　　　　B. 4R　　　　C. 4C　　　　D. 4V

3. 又被称为态势分析法的战略分析方法是（　　）

A. 战略分析法　　　　　　B. 市场细分分析法

C. 消费者行为分析法　　　D. SWOT 分析法

4. STP 理论的根本要义在于（　　）

A. 选择确定目标消费者或客户　　B. 开展消费者行为分析

C. 确定市场策略　　　　　　　　D. 调研市场环境

二、多选题

1. 市场营销观念的发展阶段有哪些（　　）

A. 生产观念阶段　　　　B. 产品观念阶段

C. 推销观念阶段　　　　D. 市场营销观念阶段

E. 社会市场营销观念阶段

2. 研学旅行市场主体主要有哪几个类别（　　）

A. 教育类机构　　　　　B. 旅游类机构

C. 基地类机构　　　　　D. 营地类机构

3. SWOT 分析法中，企业内部的优劣势主要表现在（　　）

A. 资金　　　　　　　　B. 技术设备

C. 职工素质　　　　　　D. 产品特色

E. 管理技能

三、名词解释

1. 研学旅行市场营销

2. 4P 理论

四、简答题

1. 研学旅行市场的特点？

2. 旅游市场的特点？

五、实操题

1. 课后分小组讨论研学旅行市场发展中存在的问题，提出应对策略。

2. 立足所在区域开展一次课外调研，详细了解当地政府出台的研学旅行政策，或者了解当地研学旅行企业的发展情况，形成调研报告。

参考答案

项目二

分析市场营销环境

全国中小学生研学实践教育基地——山西祁县乔家大院民俗博物馆

项目导读

本项目主要学习市场营销环境的含义和构成,了解市场营销环境的特征,重点学习影响市场营销的宏观、微观环境因素;介绍研学旅行市场营销环境的特点。按照概念、理论、应用的逻辑组织章节内容,旨在为营销策略制定和市场调研打好基础,学以致用。

课程思政:创新意识——文旅融合绘就"诗与远方"新图景

学习目标

了解市场营销环境的概念;了解市场营销宏观环境的概念;了解市场营销微观环境的概念;熟悉研学旅行市场营销环境的特点;掌握市场营销的宏观环境的因素;掌握市场营销的微观环境的因素。

思维导图

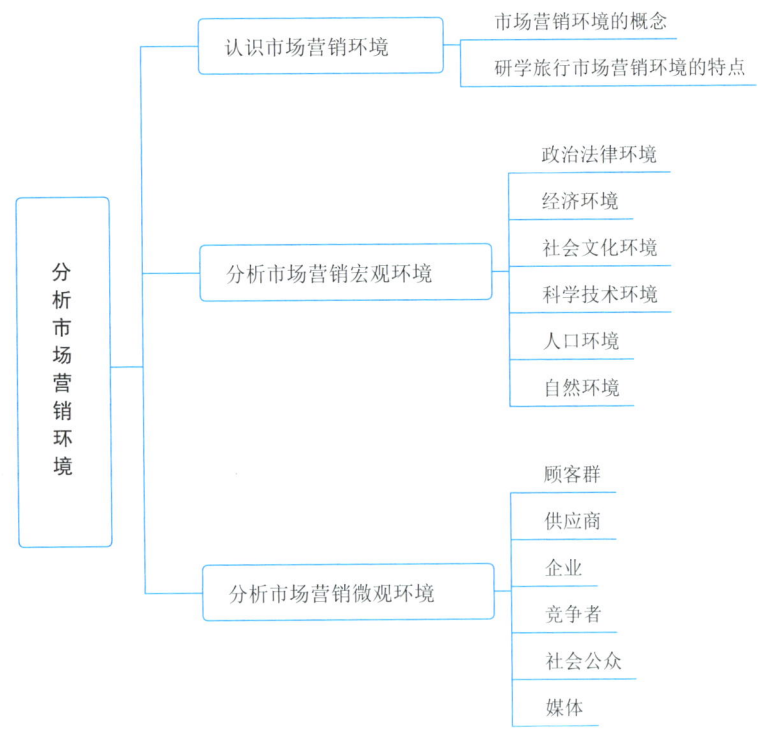

项目二 分析市场营销环境

任务一　认识市场营销环境

在企业市场营销过程中，会受到政治、法律、经济、社会等各种因素的影响，因此企业应通过对自身面临的营销环境进行分析研究，主动识别和利用市场机会，规避环境威胁，从而制定正确的营销决策，实现发现市场、占领市场、满足需求，并使企业活动与社会需求协调起来的营销目标。

一、市场营销环境的概念

市场营销环境是指作用于企业，而企业难以控制的因素和力量，这些因素和力量构成了企业生存和发展的外部条件。简言之，市场营销环境是指与企业营销活动有直接业务关系的各种因素的总和。

市场营销环境由宏观市场营销环境和微观市场营销环境构成。

1. 宏观市场营销环境

是指企业无法直接控制的因素，是通过影响微观环境来影响企业营销能力和效率的一系列巨大的社会力量，它包括政治法律、经济、科学技术、社会文化、人口及自然等环境因素，这些环境因素对企业的营销活动起着间接的影响，所以又称间接营销环境。

2. 微观市场营销环境

微观市场营销环境往往与企业有着直接的经济联系，它直接决定着企业服务其目标顾客的能力，它易受外部宏观环境的影响，企业可以适度控制。主要包括企业自身、供应商、顾客群、竞争者及社会公众等。由于这些环境因素对企业的营销活动有着直接的影响，所以又称直接营销环境。

微观市场营销环境和宏观市场营销环境（见图2-1）之间不是并列关系，而是主从关系。微观市场营销环境受制于宏观市场营销环境，微观市场营销环境中的所有因素均受到宏观市场营销环境中的各种力量和因素的影响。

微课：市场营销环境概述

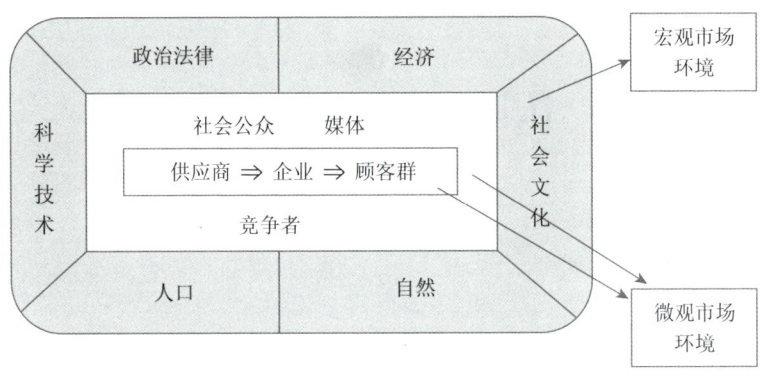

图 2-1 市场营销环境

二、研学旅行市场营销环境的特点

（一）客观性

市场营销环境客观存在于企业营销部门的周围，它不以营销者的意志为转移，相反，它在一定程度上制约着企业的营销行为。尤其是企业面临的宏观市场环境，如人口因素、政治法律因素和社会文化因素等在一定时空状态下都是确定的，企业不可能按照自身的要求和意愿去改变它们，只能主动去适应它们，并根据其变化及时调整市场营销策略。

事物发展优胜劣汰的自然规律，对企业与市场营销环境的关系同样适用，善于适应市场营销环境变化的企业能很好地生存和发展，而不能适应环境变化的企业将面临被市场淘汰的厄运。

研学旅行市场是旅游和教育融合的产物，其市场营销环境根植于当前国家研学政策之下，国家的研学政策客观上影响着市场主体的营销行为。

（二）差异性

不同企业所面临的环境存在着差异性，即使同一企业在不同的时间和不同的地区所面临的环境也是有差异的。虽然从整体上看，同一国家、同一地区的宏观营销环境基本上是一致的，但是这种一致性却是相对的，同一国家的不同地区的某些环境因素也可能是不一致的，如我国的不同地区在地理、自然条件以及民族文化等方面就有很大差异。对于不同国家和地区更是如此，由于地理环境、自然条件、民族文化、社会经济制度和发展水平等方面的不同，宏观营销环境会显示出巨大的差异性。而处于同一地区的两家企业，宏观营销环境虽然相似，但由于企业自身资源，如人力、财力等方面的差异，可能会导致微观营销环境的截然不同。

研学旅行市场作为国内新兴的市场，与地域的资源禀赋和政府的推动有着极强的关联性，各地对研学旅行政策的解读和配套政策的出台都有很强的差异性，客观上决定了研学旅行市场的区域性差异。

（三）多变性

市场营销环境各项因素的状态随着时间的变化而变化，多因素变动的各个状态的多重组合，形成了与不同时间相对应的多样化环境。一般情况下，随着社会经济的发展，营销环境呈现渐变状态，但有时也会遇到如金融危机、地质灾害等突发情况，呈现突变状态。研学旅行市场和其他市场一样，都会受到各种环境因素的影响，会随着各类环境的变化而突发变化。

微课：研学旅行市场营销环境分析

（四）关联性

市场营销环境的各项因素之间并不是孤立无关的，而是相互影响、相互制约的，其中任何一项环境因素的变化都会引发连锁反应，带动其他因素的相互变化，形成新的市场营销环境。宏观政治或法律因素变化会引起经济环境的改变，进而引发供应商、营销中介、竞争对手及顾客的相应变化。

相关链接：促进消费扩容提质 加快形成强大国内市场

任务二　分析市场营销宏观环境

市场营销宏观环境是指企业或行业运行的外部大环境，它对于企业来说不可控制，而它对企业营销的成功与否却起着重要作用。企业必须根据宏观环境中的各种因素及其变化趋势制定自己的营销策略。

在市场营销中，宏观环境因素主要包括政治法律因素、文化因素、社会因素、经济环境因素、技术环境因素和人口、地理等因素。

一、政治法律环境

在任何社会制度下，企业的营销活动都必定要受到政治与法律环境的规范、强制和约束。政治环境引导着企业营销活动的方向，法律环境则为企业规定经营活动的行为准则。政治法律环境对企业活动的影响主要有以下三个方面。

（一）政治环境

政治环境是指企业市场营销活动的外部政治形势。

首先，是政治的稳定性给市场营销带来的影响。一个国家的政局稳定与否，会给企业营销活动带来重大的影响。如果政局稳定，人民安居乐业，就会给企业营销营造良好的环境。相反，政局不稳，社会矛盾尖锐，秩序混乱，就会影响经济发展和市场的稳定。

其次，政治环境对企业营销活动的影响主要表现为国家所制定的方针政策，如人口政策、能源政策、物价政策、财政政策、货币政策等，都会对企业营销活动带来影响。例如，国家通过降低利率来刺激消费的增长；通过征收个人收入所得税调节消费者收入的差异，从而影响人们的购买力。

（二）法律环境

政府的法令条例，特别是经济立法，对市场需求的形成和实现具有不可忽视的调节作用。而这些法律或规定都在企业的控制范围之外，其调整变化将对企业营销活动产生很大影响。

法律环境是指国家或地方政府所颁布的各项法规、法令和条例等，它是企业营销活动的准则，企业只有依法进行各种营销活动，才能受到国家法律的有效保护。为适应经济体制改革和对外开放的需要，我国陆续制定和颁布了一系列法律法规，如《企业法》《消费者权益保护法》《旅游法》等。企业的营销管理者必须熟知有关的法律条文，才能保证企业经营的合法性，并运用法律武器来保护企业与消费者的合法权益。例如，2020年5月28日，十三届全国人大三次会议表决通过了《中华人民共和国民法典》，自2021年1月1日起施行。《中华人民共和国民法典》被称为"社会生活的百科全书"，是民事权利的宣言书和保障书。它的颁布将对研学旅行市场的发展产生深远影响。

（三）国家的政策

国家对行业发展的扶持和鼓励政策是对企业的营销活动更为直接的影响因素。国家政策的积极扶持会使行业得到快速的发展。例如，为推动旅游服务业的发展，政府对旅游业的资助和优惠条件主要有财政资助、关税减免、长期低息贷款、信誉担保、公共事业费减免、实行特殊的旅游者兑汇率，以及积极提供各种优惠条件以鼓励投资者向旅游投资。2020年期间，为推动市场复苏和企业复工复产，国务院、各省市政府部门制定了各种支持复工复产的政策，推动企业复工复产，也在一定程度上帮助企业营造了有利的市场营销环境。

微课：研学旅行市场营销政治环境法律

二、经济环境

经济环境是影响企业市场营销活动最基本、最重要的环境，它直接关系到市场状况及其变动趋势。对研学旅行市场而言，经济环境还关系到区域研学市场的客群购买能力和频次。如果要估计某一国家或地区某行业市场的潜力，营销人员需要了解有关的经济因素的规模及变化速度。经济因素包括人均国民生产总值、个人收入和消费者支出模式等有关购买力的变量。

（一）人均国民生产总值

国内生产总值（GDP）是一个国家（或地区）所有常住单位在一定时期内生产活动的最终成果。而国民生产总值（GNP、GNI）是一个国家或地区所有常住单位在一定时期内本国或地区的生产要素所有者所占有的最终产品和服务的总价值。而人均国民生产总值是指一个国家或地区的国民生产总值在该国或地区居民每人名下的平均数。人均国民生产总值更能反映出一个国家或地区人民的富裕程度。人均国民生产总值与消费者的购买能力密切相关，而消费者的购买能力又影响和制约着企业的营销活动。

世界银行依据全球各国、各地区的人均GNP的多寡，将世界划分为四个类别。其中，人均GNP低于1036美元的国家，被归为"低收入国家"；人均GNP为1036~4045美元的，归为"中等偏低收入国家"。有研究指出，人均GNP达到300美元就会兴起国内旅游，而人均GNP达到1000美元就会有出境旅游的需求。特别是人均国民生产总值为1500美元以上的，旅游增长速度更为迅速，美国就因其较高的人均GNP成为世界上最大的旅游客源国之一。2019年全年我国国内生产总值（GDP）为99.0865万亿元，比上年增长6.1%，稳居世界第二位；人均GDP首次站上1万美元的新台阶。从2001年我国人均GDP突破1000美元到2019年跃上1万美元，不到20年时间，这不仅代表着中国的经济迈入了新台阶，也标志着以休闲度假旅游为代表的各类消费已然迈入新时代。

（二）个人收入

个人收入反映了一个国家或地区个人的实际购买力水平，预示了未来消费者对于商品、服务等需求的变化情况。个人收入指标是预测个人的消费能力、未来消费者的购买动向及评估经济情况好坏的一个有效指标，是衡量当地市场容量、反映购买力高低的重要尺度。企业通过对消费者个人收入的分析，可以充分了解目标市场的规模、潜力购买水平和消费支出行为模式。个人收入分为个人实际收入、可支配收入和可任意支配收入三个层次。

1. 个人实际收入

是指消费者一年内从各种来源所得到的收入总和，它包括工资、红利、租金、退休金和赠予等收入。

2. 个人可支配收入

是指个人实际收入减去个人所得税的余额。

3. 个人可任意支配收入

是指个人可支配收入减去生活必要消费支出的剩余部分。

其中，个人可任意支配收入是企业营销分析的重点。研学旅行服务的主要客群K12学段的学生，学生所在家庭的收入情况是营销分析的重点对象。

（三）消费者支出模式

消费者的支出模式取决于收入水平，随着收入水平的提高，消费支出模式会发生变化。根据恩格尔定律，当家庭收入增加到一定程度，食品等生活必需品在消费支出中所占比重开始下降，而用于旅游、娱乐、教育、汽车等高档消费支出增长。恩格尔系数是指食品等生活必需品占家庭消费总支出的比重。恩格尔系数是衡量一个国家或地区、城市或家庭生活水平高低的重要参数，恩格尔系数越小，说明一个国家或地区富裕程度越高，人们的收入越多，消费需求越高。企业研究消费支出结构对预测消费变化趋势是非常有用的。

三、社会文化环境

（一）社会环境

影响消费者行为的社会因素主要包括相关群体、家庭和社会阶层等。

1. 相关群体

所谓相关群体，就是能影响一个人的态度、行为和价值观的群体，如家庭、邻居、亲友、周围环境等，或因某社会风尚的影响而形成具有一种消费需求倾向的群体。这个相关群体为个人的购买行为提供了参考依据。相关群体对消费行为的影响主要源于消费者的从众心理，体现在示范性、仿效性和一致性三个方面。

2. 家庭

家庭是基本的社会单位，家庭对消费者的购买行为影响是最大的。每个人都会受到来自其他家庭成员的影响，影响范围包括宗教、经济、爱好、价值观等。而配偶和子女是对一个人的购买行为和消费模式影响更为直接的因素。每一个家庭都会有各自不同的消费决策模式。在我国，随着经济的发展和家庭观念的更新，家庭收入中用于旅游、教育等方面的支出越来越大，用于子女研学旅行、子女教育方面的支出比重也越来越高。

3. 社会阶层

社会阶层是指由具有相同或类似社会地位的社会成员组成的相对持久的群体。社会阶层是一种普遍存在的社会现象，主要依据职业、收入、受教育程度以及居住区域等因素进行划分。同一社会阶层的成员具有相似的价值观、生活方式和行为模式。针对不同阶层采取不同的营销手段是十分重要的，企业必须为不同阶层设计不同的广告和产品，选择各阶层都愿意接受的销售渠道和价格。

（二）文化因素

在企业面临的诸方面的环境中，文化因素是较为复杂的。它不像其他因素那样显而易见和易于理解，却又时刻影响着企业的市场营销活动。文化因素是指一个国家或地区的民族特征、文化传统、价值观、宗教信仰、教育水平、风俗习惯等。文化对个人必然有其暗示、提醒、制约的力量及潜移默化的作用，它影响和支配着人们的生活方式、主导需求、消费结构和方式，以及人们的消费观念等。

微课：研学旅行市场营销社会文化环境

民族特征、价值观、文化传统、风俗习惯和宗教信仰对市场营销活动的影响主要体现在对产品和服务的评价方面。因此，在进行市场营销活动时，必须考虑目标消费群体在时间、空间、颜色、数字、动植物等方面的爱好和禁忌因素。

教育水平的高低反映了人们的文化素养，它对旅游市场营销的影响主要表现在两个方面：一是影响旅游者的消费结构、购买行为和审美观念，从而影响旅游企业的营销活动；二是制约企业的市场营销活动。

因此，营销人员必须具有不同文化的相关知识，才能更好地进行营销活动。在研学旅行营销过程中，必须对文化因素进行彻底的了解分析，在分析宏观文化因素时应考虑文化对消费动机、消费观念、购买决策影响，对不同文化采取适当差别的营销组合策略，才能达到营销的目的。

相关链接：Z世代跃居人口最多代际 带动文化社交生活新浪潮

四、科学技术环境

科技的发展对企业市场营销产生着巨大的影响，现代高科技成果尤其是云计算、物联网、大数据、智能化、移动互联网的迅速发展直接影响到企业的产品开发、设计、销售和管理技术，决定了企业在市场上的竞争地位，同时也给企业的市场营销带来了巨大变革。

科学技术的发展为企业的市场营销提供了先进的技术手段。同时，科学技术的发展增加了市场营销创新的机会。而今许多高科技成果如互联网、大数据分析等已经在市场营销活动中得到广泛运用，极大地提高了企业的产品效益和服务效率。

五、人口环境

研学旅行市场是由具有购买欲望和购买能力的人所构成的，旅游企业或者研学旅行机构市场营销活动的最终对象是消费者。影响企业市场营销的人口因素是多方面的，通常包括人口数量、自然构成、增长速度、教育程度、地区分布及地区间流动等因素。人口环境的这种影响直接反映到消费需求的变化上。企业在市场营销活动中，要把握人口环境的发展变化，并结合自身资源优势，选择相应的目标市场。

（一）人口数量

在收入接近的条件下，人口数量基本可以决定一个国家和地区的市场规模。中国的人口数量较大，决定了中国是一个规模巨大的消费市场。国家统计局发布数据显示，2023年末全国人口140967万人，比上年末减少208万人。全年出生人口902万人，人口出生率为6.39‰；死亡人口1110万人，人口死亡率为7.87‰；人口自然增长率为-1.48‰。

从性别构成看，男性人口72032万人，女性人口68935万人，总人口性别比为104.49。

从年龄构成看，16~59岁的劳动年龄人口86481万人，占全国人口的比重为61.3%；60岁及以上人口29697万人，占全国人口的21.1%，其中65岁及以上人口21676万人，占全国人口的15.4%。

从城乡构成看，城镇常住人口93267万人，比上年末增加1196万人；乡村常住人口47700万人，减少1404万人；城镇人口占全国人口的比重为66.16%，比上年末提高0.94个百分点。

一般来说，人口数量与市场规模、消费需求成正比。在同样经济发展水平的国家或地区，人口的增加对消费需求的增加和市场增长起着一定作用。但是人口数量与具体产品的市场关系还必须视消费群的特质而定。这种与特定商品需求相联系的消费群称为市场相关群体。市场营销要重视相关的人口数量，即相关群体的研究。

（二）人口的地理分布

市场消费需求与人口地理分布密切相关。人们所处的地理位置、气候条件、文化习俗等不同，消费需求和购买行为也不同。分析和研究人口的地域差别和变化，对企业的营销活动具有重要参考作用。

（三）人口构成

人口构成对市场细分和产品定位有着重要的参考意义。人口构成包括性别、年龄、职业和教育等。不同消费者会因为年龄、性别、收入、职业和教育等方面存在差异而产生不同的消费需求和消费行为。在人口构成中，我国呈现老龄化趋势，形成了"银发市场"。同时，独生子女的比重越来越大，一个特殊的"独生子女市场"也在形成。因而，在市场营销活动中，老年人和中小学生将成为重点目标市场，养老健身、研学旅行等正成为消费热点。

六、自然环境

自然环境因素既直接影响市场营销，又间接影响国家的社会与文化，所以市场开发不能忽视自然环境因素。由于自然环境差异，如天气气候、空气质量、资源禀赋等，造成消费者的需求和对产品的评价也存在差异，分析自然环境差异带来的消费需求差异对企业营销活动有重要的参考作用。

另外，自然资源短缺、环境污染、生态破坏等问题，正日益引起人们的重视，环保和可持续发展已成为共识，因此企业应关注自然地理环境变化，分析企业面临的机会和威胁，并制定相应营销策略，使经济效益和环境效益结合起来。例如，研学旅行企业应该适应环保需求，推出生态研学、环保研学、海洋研学、森林研学等绿色研学产品。

项目二 分析市场营销环境

任务三　分析市场营销微观环境

市场营销微观环境是指存在于企业周围并直接影响企业营销活动的各种因素，主要包括企业、顾客、供应商、竞争者、公众等。市场营销微观环境影响和制约着企业为目标市场服务的能力。构成企业营销微观环境的各种制约力量存在于企业周围，与企业形成协作、竞争、服务和监督的关系。

企业营销人员及高层决策人员要定期对面临的微观环境及其因素进行分析，以便认清形势，适应环境的变化，从而根据微观环境及其因素的变化，灵活地调整企业的营销策略，使企业的市场营销活动得以顺利开展。

一、顾客群

顾客群是影响市场营销活动最基本、最直接的环境因素。仔细分析顾客群体，又可以将购买者分为个体购买者和组织购买者两类来区别对待。

（一）个体购买者

个体购买者人数众多，市场分布比较分散，构成比较复杂，包括各个类型和各个阶层的人。

研学旅行的个体购买者主要是指K12学段的学生，他们是研学旅行个体购买者的主力群体。根据教育部统计的数据进行计算，2016年我国K12教育在校学生总数约为1.82亿人，2017年我国K12教育在校学生总数约为1.85亿人，2018年K12教育在校学生总数约为1.89亿人，2019年K12教育在校学生总数约为1.94亿人，2020年K12教育在校学生总数约为1.98亿人，2021年K12教育在校学生总数约为1.97亿人，2022年K12教育在校学生总数约为2亿人。目前，我国K12学段入学率和升学率已经达到足够高的水平，未来进一步提升的空间有限。随着义务教育的不断普及，二孩政策的放开，预计到2024年我国K12学段在校学生人数将增长至20820万人。

个体购买者具有如下特点。

1. 人多面广

研学旅行购买产品的顾客群包括各种学段的学生，同时还能够扩展到各阶层、各年龄段的人员，他们都有研学旅行的需求。

2. 需求差异大

购买者因性别、年龄、习惯的不同，对购买的需求存在较大的差异。

3. 多属小型购买

购买者多以个人或家庭为单位，故购买的数量较小。

4. 购买频率较高

购买者的购买量虽小但品种多样，频率较高。

5. 多属非专家购买

由于大多数顾客对产品缺乏专门知识，他们对产品的选择不属专家购买。

6. 购买流动性较大

研学旅行的购买力和时间都有一定限度，对所消费的产品都需慎重选择，这就造成顾客对地区、企业以及替代品选择的流动性较大。

营销人员应根据企业自身特点，分析企业的目标顾客，并在营销活动中根据顾客消费行为的特点把产品和服务设计为各种档次、各种类别、各种特色来适应不同层次消费者的需求。

微课：顾客群

（二）组织购买者

组织购买者是指为开展研学活动、开展业务或奖励员工而购买产品和服务的企业或机关团体组织。组织购买者应是市场营销的重要目标市场。组织购买者的数量虽少，但购买的规模却比较大。研学旅行市场中的组织购买者主力群体是各类学校。

组织购买者的购买特点有以下四点。

相关链接：国内研学旅行规模将超千亿 这些人群成消费主力

1. 购买数量较少，但购买规模较大

此类购买者大多是学校或企业单位，购买者的数目必然比消费者数目少得多，但由于购买者是集体购买，所以购买规模较大。

2. 组织购买属于派生需求

学校购买者主要是为了提升学生的综合素质，其他购买者是为开展业务、奖励激励、扩大"生产"而购买，其需求往往属于派生需求。

项目二 分析市场营销环境

3. 组织购买需求弹性较小

因为组织机构是为开展业务或进行团队建设而购买，如学校购买者是为了学生的学习或者提升综合素质而购买，费用由单位结算，所以对产品和服务的需求受价格变动的影响相对较小。

4. 专业人员购买

组织购买者一般有专业的购销人员，他们是受过训练、有专门知识、内行的专业人员，专门负责采购工作。

掌握组织购买者特点对企业开展营销活动具有重要意义，如购买需求弹性较小，专业人员购买时更重视产品和服务的质量，一般的广告宣传对他们影响不大，对此类购买者可采用高价优质产品策略，尤其是对于研学产品的购买者要多尝试个性化定制产品的策略。

二、供应商

供应商是指向企业及其竞争者提供产品生产所需资源的企业和个人，包括提供场地、能源、设备、劳务和资金等。在研学旅行市场中，研学基（营）地往往是较为重要的供应商。

企业必须和供应商保持良好的关系，保持供货的稳定性、及时性与质量的一致性，并注意供应商的变化，掌握供销价格的变动和产品技术的革新，以保证货源。

研学旅行产品是一种综合性的产品，因而产品生产需要供应商连续地、适时地提供生产所需和各项资源，保证旅游供货的及时与稳定。

因为供应商对企业的营销活动影响重大，又是产品销售渠道中不可缺少的一个环节，所以如何选择供应商事关重大，它关系着营销计划的完成。因此，营销人员要根据企业的营销目标，对供应商进行全面、深入的调查分析，包括供应商的信誉、能力、目标市场、经济效益等，有针对性地选择供应商，并通过供应商营销策略的实施，最大限度地发挥供应商的作用。

三、企业

企业内部环境是市场营销活动中可控的环境因素。企业是由多部门、多岗位及众多人员组成的整体。企业内部各部门分工、权责等是否明确、科学，协作是否和谐，经营机制是否灵活，企业的文化氛围是否浓厚等，都会影响到企业营销管理的决策和营销计划的实施。在相同的外部环境下，不同的企业营销活动所取得的成效往往不一样，因为不同的企业有不同的内部环境因素。

企业内部环境是指企业内部的物质、文化环境的总和，包括企业资源、企业能力、企业文化等因素，也称企业内部条件，即组织内部的一种共享价值体系，包括企业的指导思想、经营理念和工作作风。

企业内部环境可以从以下四个方面进行分析。

（一）企业资源

企业资源包括人力、物力和财力，其中人员是企业营销策略的确定者和执行者，是重要的资源。企业管理水平的高低、用人制度的健全与否，决定着企业的营销工作效率。

1. 企业资源的划分

企业资源依据其性质可分为有形资源和无形资源两大类。

（1）有形资源主要是人力资源、财务资源和实物资源（如厂房、设备等），它们是企业经营管理活动的基础，决定着企业营销活动的规模。

（2）无形资源包括品牌、声誉、技术等。相对于有形资源来说，无形资源似乎没有明显的物质载体而看似无形，但它们却成为支撑企业发展的基础，能够为企业带来无可比拟的优势。

2. 企业资源分析

企业资源分析旨在确定企业资源状态，企业在资源上表现出的优势或劣势，以及相对未来战略目标存在的资源缺口等。资源优势指的是企业所持有的能提高企业竞争力的资源，如重要的技术、宝贵的人才等；资源弱势是指企业缺少或做得不好，使企业在竞争中处于劣势的资源。资源优势是形成企业核心能力的重要基础；资源劣势则会制约企业竞争力的提高，限制企业的发展空间。

通过企业资源分析，可以确定企业的优势和劣势，综合评估企业的战略能力。企业资源分析包括以下三个方面。

（1）企业资源的单项分析。资源的单项分析可分为实物资源、人力资源、财务资源、无形资产等项目的分析。这些资源的辨识、确认是战略能力分析的基础，尤其要重视无形资产的评估。

（2）企业资源的均衡分析。根据协同理论，资源的合理配置可提供战略能力。可以从产品组合、能力与个人特性、资源柔性等方面分析资源配置的合理性。

（3）企业资源的区域分析。企业的资源不仅限于企业合法拥有的资源，其对外部资源往往也有很强的控制力。供应商、分销商和顾客形成的价值链之间的联系常常是企业能力的基石。如果企业的价值活动深深植根于当地文化中，则企业控制的区域资源往往形成其资源优势，甚至是不可模仿的核心竞争力。

（二）企业能力

企业能力是指企业配置资源，发挥其生产和竞争作用的能力，也是指企业在生产、技术、销售、管理和资金等方面力量的总和。企业能力来源于企业有形资源、无形资源和组织资源的整合。

1. 企业能力划分

企业能力可以分为基本能力与核心能力。

（1）基本能力是使企业获得利润的能力，主要包括财务能力、营销能力、生产管理能力、组织效能、企业文化等方面。

（2）核心能力是使企业获得持续竞争优势的能力。核心能力是价值较高，难以被同类企业模仿的，能够帮助企业获得持久的竞争优势。

2. 企业能力分析

企业能力分析的目的是帮助企业决策者确定企业营销战略。如果企业营销战略已经落实，再进行企业能力分析的目的是重新衡量战略落实的可能性，并判断是否需要进行修订，是否需要通过能力改进手段完善企业能力。

（三）企业文化

近年来，企业文化越来越受到企业的重视，是企业重要的内部环境要素。企业文化是企业在自身经营过程中，在全体员工中形成的一种共同的价值观念、基本信念和行为准则。企业文化在调动员工积极性、发挥员工主动性、提高企业凝聚力、优化企业形象和约束员工行为等方面起着重要的作用。良好的企业文化可以树立企业在社会上的良好形象，为企业开展市场营销创造有利的外部环境。

（四）组织结构

企业的组织结构一般由企业的最高管理层、各级职能部门和一般员工组成。

企业的最高管理层决定企业的发展方向、任务、目标、策略和方针政策，并对各个部门进行管理。部门的计划由他们来批准，任务由他们来指定。

市场营销部与其他部门有密切的联系。市场营销部在制订和实施计划时必须充分考虑到其他职能部门的情况和意见，协调好与他们的关系，以避免发生矛盾和冲突。

企业的一般员工是企业营销计划的具体执行者。企业的营销计划，需要全体员工的充分理解、支持，因此企业应该经常向员工通报有关情况。企业应该通过各种方式让员工了解企业发展计划，关心员工福利，充分调动员工的积极性，给员工创造职业发展提升的机会，注重团队建设，增强企业内部凝聚力。

微课：企业自身

四、竞争者

竞争者是旅游企业营销活动重要的微观环境因素之一。从消费需求的角度划分，每个企业都面临以下四种类型的竞争者：愿望竞争者、一般竞争者、产品形式竞争者和品牌竞争者。

（1）愿望竞争者是指提供不同产品以满足不同需求的竞争者。例如，消费者要选择一种万元消费品，他可以选择电视、电脑、单反相机和出国游等产品，电视、电脑、单反相机和出国游等产品就存在竞争关系，成为愿望竞争者。

（2）一般竞争者是以不同产品满足同样需求的竞争者。例如，家长想让孩子的综合素质得到提升，可以参加各类培训班，也可以参加夏令营，还可以参加研学旅行，这些产品就是一般竞争者。

（3）产品形式竞争者是指同类产品但档次、规格、形式都不相同的竞争者。例如，酒店产品：五星级酒店、经济型酒店和民宿就是产品形式竞争者。

（4）品牌竞争者是指产品档次、规格、形式都一样，但是品牌不同的竞争者。

在同行业竞争中，卖方密度、产品差异和进入难度是三个值得重视的方面。卖方密度是指同一行业或同一类的商品经营中卖方的数目。

旅游营销者应当充分分析本企业所处的竞争环境，发挥自身优势，以在营销活动中取得有利的地位。

五、社会公众

公众是指对企业实现营销目标的能力感兴趣或发生影响的社会团体或个人。公众对企业营销目标的实现与否产生实际的或潜在的影响，因此企业必须树立良好形象，保持与主要公众之间的良好关系。

项目二　分析市场营销环境

作为微观环境因素的公众，主要表现为以下四个方面。

（一）金融公众

金融公众是指影响企业取得资金能力的任何集团，包括银行、投资公司、证券经纪行和保险公司等。企业应稳健地运用资金，采取各种积极措施，在金融公众中树立信誉。

（二）政府公众

政府公众是指负责管理企业的业务和经营活动的有关政府机构。企业的营销计划和营销活动，必须与政府的行业发展规划、方针政策、法律法规保持一致。

（三）社团公众

社团公众包括保护消费利益的组织、环境保护组织、少数民族组织等。企业营销活动关系到社会各方面的利益，因此企业要高度重视来自社团公众的意见和建议，必要时要适当调整营销活动。

（四）社区公众

社区公众是指企业附近的居民群众、社区组织等。企业要重视与社区公众的良好关系，积极支持社区活动，争取让社区公众支持企业营销活动。

六、媒体

媒体主要是网络平台、报纸、杂志、广播和电视等有广泛影响的大众媒介。伴随互联网的迅速发展，融媒体成为一种新的传播方式，融媒体是将传统的电视、广播、报刊等传统媒体与近年来新兴的公众号、短视频等新媒体相互整合，充分发挥其传播价值的一种运营模式。融媒体是指包含新媒体、自媒体以及传统媒体在内的，多种媒体相互融合取长补短发挥价值的运营理念。企业必须与媒体建立友善关系，争取有更多更好的有利于本企业的新闻和评论，助力企业良好形象的树立。一篇正面的报道，能够在短时间内提高企业的美誉度、扩大销售；而一篇负面的报道，会使企业形象和品牌受到损害。

项目思考与练习

一、单选题

1. 个人收入的三个层次中,企业营销分析的重点是( )
   A. 个人实际收入　　　　　　　B. 个人可支配收入
   C. 个人可任意支配收入　　　　D. 个人额外收入

2. 更能反映出一个国家或地区人民的富裕程度的是( )
   A. 人均 GDP　　B. 人均 GNP　　C. 恩格尔系数　　D. 基尼系数

3. 研学旅行营销环境遇到极端天气等突发情况,呈现突变状态,体现的市场营销环境特点是( )
   A. 客观性　　　B. 差异性　　　C. 多变性　　　D. 关联性

4. 以下不属于宏观市场营销环境因素的是( )
   A. 政治因素　　B. 文化因素　　C. 地理因素　　D. 竞争因素

5. 影响企业市场营销活动的最基本、最重要的环境是( )
   A. 政治环境　　B. 经济环境　　C. 地理环境　　D. 人口环境

二、多选题

1. 微观市场营销环境因素有哪些( )
   A. 企业　　　B. 供应商　　　C. 顾客群　　　D. 竞争者
   E. 社会公众

2. 造成不同国家或地区宏观市场营销环境差异性的因素有( )
   A. 地理环境　　　　　　　B. 自然条件
   C. 民族文化　　　　　　　D. 社会经济制度
   E. 发展水平

3. 影响消费者行为的社会环境因素主要有( )
   A. 相关群体　　B. 家庭　　　C. 社会阶层　　D. 社会公众
   E. 个人收入

4. 影响企业市场营销环境的人口因素有( )
   A. 人口数量　　　　　　　B. 人口的地理分布
   C. 人口构成　　　　　　　D. 社会公众
   E. 科学技术

5. 以下属于市场营销微观环境的是( )
   A. 企业　　　B. 顾客　　　C. 供应商　　　D. 竞争者
   E. 公众

三、名词解释

1. 市场营销环境
2. 市场营销微观环境
3. 市场营销宏观环境

四、简答题

1. 简述组织购买者的特点。
2. 简述个体购买者的特点。

五、实操题

1. 分小组讨论分析当地研学旅行市场营销的宏观环境，提出研学旅行产品营销的应对策略。
2. 以当地开展研学旅行业务的企业为例，对企业当前面临的宏观环境和微观环境进行分析调查，并形成调研报告。

参考答案

项目 三

分析消费者的购买行为

全国中小学生研学实践教育基地——陕西历史博物馆

项目导读

本项目主要学习和了解研学旅行消费需求的含义及特征，掌握研学旅行者（决策者）购买行为的模式和其消费行为的决策过程；理解一般组织机构研学旅行消费过程；了解研学旅行中间商购买行为特点。

课程思政：诚实守信——火热的研学旅行，要避免这些法律风险

学习目标

了解旅游需求和研学旅行需求的含义；了解研学消费者购买行为的概念；熟悉研学旅行需求的特征；熟悉研学消费者消费行为的类型；掌握研学消费者消费行为模式和消费行为决策过程；掌握影响研学中间商购买行为的因素。

思维导图

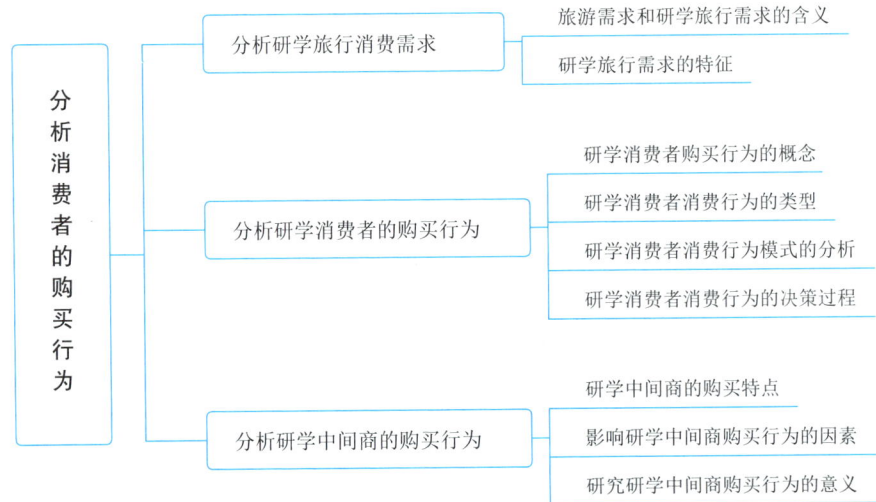

项目三　分析消费者的购买行为

任务一　分析研学旅行消费需求

一、旅游需求和研学旅行需求的含义

（一）旅游需求的含义

需求是指人们在个体生活和社会生活中感到某种欠缺而力求获得满足的一种心理状态。在人的一生中的不同时期，总会有某种或多种需要，如生存、享受、发展的需要。关于需要的著名理论就是美国心理学家马斯洛的需要层次论，在其理论中，马斯洛将人类需要从低到高分为五个层次，旅游需求是人类较高层次的需要。

微课：旅游需求和研学旅行需求

从不同学科的角度出发，可以给旅游需求下不同的定义。有人将旅游需求定义为：离开自己工作和居住地的地方外出旅游或具有旅游的愿望，并使用旅游设施的人数总和。而从市场学的角度来看，旅游需求是指在一定的时间和区域内，特定的旅行者群愿意并能够购买旅游产品的总量。

（二）研学旅行需求的含义

研学旅行由于是政府倡导、学校组织，集体出行，所以研学旅行需求是指：国家社会促进中小学生培育和践行社会主义核心价值观、推动全面实施素质教育、促进书本知识和生活经验的深度融合、满足中小学学生的旅游愿望的总量。

二、研学旅行需求的特征

微课：研学旅行需求的特征

（一）多样性、复杂性

一方面，研学旅行者的年龄、性别、区域文化背景、家庭收入水平等因素的差异性导致了研学旅行需求市场的

多样性，同时为研学旅行经营者创造了多样化的市场空间。由于研学旅行者人多面广，不同类型的研学旅行者在生活习惯、学习需求、行为准则、道德规范和兴趣爱好等方面存在着很大的差异性，因此对于研学旅行产品和服务的需求也表现出较大的差异和多样性。例如，目前我国研学旅行消费有历史研学、文化研学、农业研学、工业研学、体育研学等；有高档、中档、公益档等。研学旅行的多样性和复杂性决定了研学旅行企业只有细分市场，才能提供更丰富多样的研学旅行产品，以满足不同研学者的需要。

另一方面，研学者的生存离不开自然与社会两大环境。研学需求由于受到政治、经济、文化、法律与自然等因素的影响，同样也会表现出比较大的差异性。例如，政治经济宏观大环境不景气、疫情蔓延等都会直接影响研学旅行者的需求，导致强度减小，甚至有时会中断需求；由于不同季节的变换，研学旅行者的需求强度也会表现出不同。

（二）稳定性

研学旅行与通常意义上的学生个人、学生与家人、学生之间自发组织的外出旅行有着很大的不同。研学旅行本身主要是由教育部门和学校组织安排的一种集体活动，这种活动主要通过集体食宿、共同生活、群体参观、集中学习、相互交流等不同方式，让学生运用已掌握的知识，来体验、感知、研究、总结自然和社会现象，在学习实践中巩固已知、获得新知，是一种融体验教育、生活教育和社会教育为一体的教育教学方式。以青岛市为例，所有中小学都要举行每年2次的研学旅行，这种高度稳定的需求在其他旅游乃至服务业类型中都是罕见的。

（三）发展性

随着年龄的增长，研学项目参与经历的积累，研学者对研学产品会有新的要求。不同区域、不同季节、不同教育阶段的研学者对研学产品的需求也会有所不同。因此，企业在研学旅行线路、课程、服务、价格、促销等方面都需要不断创新以适应研学者的需要。

（四）规范性

研学旅行需求的规范性集中体现在：学段目标、课程规划、课程实施、课程管理与保障、支持体系建设与保障、考核与激励机制等，这些都需要事先组织，有计划地规划、安排和建设好。由于研学旅行的根本属性是教育活动，所以其三个基本特征无不指向"立德树人"这一教育的根本任务。只有坚持规范的、明确的育人目标，才能深入扎实和卓有成效地开展好这一具有鲜明时代特色的教育教学活动。

（五）关联性

旅游业是一个综合性产业，研学旅行者的一次旅游经历要涉及"食、住、行、游、购、娱"等各个方面，更要注重旅游与教育的结合。旅游需求的实现要依靠多部门通力协作才能予以满足。因此，研学需求虽然千差万别，并且具有多样性，但是彼此也存在着关联性，如研学的发展促使原先单一的市场细分为"宿舍""营地"等模式；传统的旅游业从业人员开始接受"教育"者身份的认知和培训；旅游购物逐步转向文创、教育产品等。

（六）替代性

一方面，研学旅行者（决策者）购买需求日趋多样化、个性化，且购买流动性大；另一方面，研学企业竞争日趋激烈，企业的类型和数量随着社会经济的发展和需求增加而日益增多，因此研学需求的替代性会越来越明显。从市场供求关系看，替代性产品具有反向性，此涨彼消，这就要求研学经营者想方设法利用各种营销手段开发出最具吸引力的产品来满足市场上的旅游需求，以使更多的潜在研学旅行者变成现实的研学旅行者。

任务二　分析研学消费者的购买行为

研学者消费是研学企业的生命线，是研学企业生存和发展的依靠。不同的旅游企业、研学机构、研学基地或营地、研学产品，研学者（决策者）的购买行为也有较大的差异。研学消费行为有一定的规律性，以学校为消费单位的行为、组织机构的购买行为、家委会的自发倡导行为、衍生研学消费行为及"为卖而买"的旅游中间商的消费行为之间有明显的区别。分析这类研学消费行为的目的在于制定不同的营销组合，影响和引导研学消费行为朝着有利于本企业的方向发展。

现代研学旅行市场营销认为研学旅行决策者和研学者都是旅游营销活动的主体，企业须以研学者和决策者的需求同步为导向，才能避免营销工作的盲目性。在旅游市场日趋饱和、企业竞争空前激烈的今天，赢得校方、家长和研学者已成为研学企业生死存亡的关键。

研学旅行企业要赢得研学消费者的青睐，首先必须了解他们的所思所想，关注他们现在和未来需要哪些产品，乐意在何处、何时消费，谁来主导消费，吸引研学消费的因素是什么，研学消费者对研学旅行营销刺激会作出何种反应；研学企业如何满足需求、刺激需求、引导需求乃至创造需求，如何在与同行对手争夺研学消费者的过程中取得优势地位等，并不断推陈出新，生产符合消费者口味的新产品，研发符合各类研学项目的新课程，以获得巨大的经济效益和生产发展空间。

一、研学消费者购买行为的概念

研学旅行购买行为是指在收集研学旅行产品有关信息的基础上，研学旅行产品的研学者选择、消费、评估研学产品过程中的各种行为表现，其中可能会出现三个环节存在不同主体的情况，即家长（家委会）决定购买、学生消费、学校参与评估等。

研学旅行消费者的购买行为是指购买研学产品供学校、教育机构、培训机构等团队消费群体最终消费，而不是为了转让获取利润或供法人单位旅游消费的消费行为。

二、研学消费者消费行为的类型

研学企业把研学消费行为依据不同的分类标准进行划分，其目的在于更好地研究各类研学消费者的需求特点和消费行为特征。

微课：研学消费者消费行为的类型

（一）机构决策型

由于研学活动是集体活动，集体意愿更为重要，协调不同个体作出统一选择是研究研学消费行为的重要目的。机构决策包括学校决策、教育机构决策、各类培训机构决策等。这类研学消费者具有头脑清醒冷静、经验丰富的特点，他们对研学产品的品质、用途、价格高低等都有自己的见解，主观性强，不容易受外界因素的影响，很少感情用事。他们代表的是整个集体的利益，所以在做决策的时候非常严谨，也因此他们在选择旅游消费产品之前能够广泛收集信息，了解市场行情，进行认真分析，权衡各种利弊因素，然后再实施购买行为。这种类型时间长久之后，其消费行为表现出反复性的特征，形成一种习惯性消费行为，如固定合作机构、在特定的范围内选择研学基地或营地等。

（二）家委会决策型

研学旅行活动大多针对未成年人，所以这部分人群几乎无自主收入和支付能力，监护人的决策权往往大于研学者本人，又由于研学旅行的团队性质，所以单个家长的决策最终体现在家委会层面，因此称为家委会决策型。家委会代表家长群体，不同家长在选择研学产品时思维方式多样，考虑的维度也较多，有的注重学生的学习收获，有的对价格敏感，有的注重产品新颖程度，等等。

（三）研学者决策型

无论是机构决策型还是家委会决策型，都需要参考研学者的意见，甚至在一定情况下，研学者可以直接起到决策的作用。研学者决策型的许多行为可以参考普通旅游中该年龄段的青少年游客决策型，他们受现场情景激发作出消费，以直观感觉为主，临时作出决定，这类研学旅行者的情绪容易冲动，心境变化激烈，容易受广告和他人行为的影响。这种类型的研学消费者往往比较随意和感性，喜欢追求新产品，从个人兴趣出发，不大讲究产品的效能，易受研学产品的外观、广告宣传的影响。

总而言之，三种决策身份相互影响，不是孤立存在的，需要相关研学企业和参与主体综合考虑。

三、研学消费者消费行为模式的分析

在市场营销观念的指导下，研究研学旅行者的消费行为成为旅游企业营销管理的基本任务。

相关链接：海南推出十二条精品研学旅游路线

一般来说，研学消费者的消费行为虽然起因是由于政策导致的，但是落实到每一次具体的研学消费行为，均是出于研学旅行者受到了某种（内部或外部）刺激而产生某种需要，随后出于需要而产生消费某种研学产品的动机，最后导致产生某种消费行为。

微课：研学消费者消费行为模式分析

研究消费者消费行为的理论学家曾设计了许多模式来研究和描述研学消费者的消费行为，下面介绍两种模式。

（一）科特·莱文模式

研学消费者消费行为是研学旅行者购买和使用研学产品或服务的决策过程中的各种活动，在旅游活动中，研学消费者的心理和行为是极为丰富和复杂的，研学旅行者的购买行为必然直接或间接地受到许许多多的心理因素和社会因素的影响。行为科学家科特·莱文用以下公式描述人类的消费行为：

$$CB=f(P, S, E)$$

式中：CB——消费者行为；P——消费者个人的特点；S——社会影响因素；E——环境因素。

（二）刺激—反应模式

刺激—反应模式认为刺激分为两种：一种是营销刺激（营销4P），即企业可控因素的刺激，分别是产品（Product）、价格（Price）、渠道（Place）、促销（Promotion）；另一种是其他刺激，是企业中可控因素的刺激，包括经济、政治、文化、科学技术等因素。营销刺激与其他刺激一起构成了对消费者的外在刺激，它们共同作用以引起消费者的注意。消费者受到刺激而作出反应，期间还要经历一个过程，即具有一定特征的消费者个体消费动机形成，并产生消费行为的决策过程。

四、研学消费者消费行为的决策过程

政策促使研学者产生了固定的研学消费动机，随后就会采取相应行为，从研学动机转化成研学行为的中介就是研学行为决策；研学行为决策的正确与否，直接决定着研学行为的内容和效果。可见研学决策在研学行为中占有十分重要的地位。

研学消费者的消费决策过程说明人们消费一种商品的行为并不是突然发生的，即使在政策的要求下也不会一蹴而就。在研学消费行为发生之前，研学消费者会有思维活动或行为来保证以后消费的研学产品、课程是否能使自己满意。这样看来，与研学消费者消费行为相关的是一个完整的消费者的消费过程。作为参与市场营销的研学企业来说，了解整个研学消费者的消费决策过程是很重要的，通过对消费过程的分析可以使研学市场营销人员针对每个程序中研学旅行者消费的心理与行为特点采取适当的措施影响研学旅行者的消费决策，从而促使营销活动顺利完成。

微课：研学消费者消费行为的决策过程

（一）认识需求

研学者首先要认识到自己需要某种商品的功能后，才会去选择和消费，因此认识需求是消费者消费决策过程的第一个阶段。这种需求可能是由内在的生理活动引起的，也可能是受到外界的某种刺激引起的。在这个阶段中，消费者认识到自己的即时状态与理想中状态的距离，所以就想消除这个差距。

研学消费决策的过程也始于认识需求，即人们认识到自己对研学产品的需求。这种需求可能由内在刺激物引起，如日常学习过于枯燥、很多知识点不能直观理解，需要走出校园；也可能由外界刺激引发，如某个名胜古迹、研学基地的宣传。研学者、校方、家长从以往的经验中，学会通过消费某种产品或服务来满足自己的需求。内在刺激源于研学旅行者的生理需求，外在刺激则包括一切能够激发研学旅行者消费动机的因素，在某些情况下，研学需求是这两个方面共同作用的结果。

（二）收集信息

研学者认识到自己的需求以后，就会对所需对象产生兴趣，因而有意识地去了解信息，便会自动地进入消费决策过程中的另一个阶段——收集信息，收集信息是消费决策的阶段。当然，对于反复消费的研学产品，消费者会越过信息收集阶段，因为所需信息已被消费者通过过去的收集而掌握，这是不言而喻的。另外对于一个研学者来说，越贵的研学产品越能使消费者重视信息收集。信息的外部来源有以下四种。

1. 个人来源

如家庭、亲友、邻居、兴趣班结识的同龄人等。对于未成年的研学者来说，亲戚和老师是典型的外部信息来源，在与父母或同龄人的沟通中、在网络上，研学者会获得关于商品的知识和信息，并且有相当一部分的消费者喜欢接受别人的建议及购物指南，尽管介绍研学产品的人的认识或消息来源有时并不十分准确。作为家长和校方也会有自己固定的消息渠道，如一个区域内的校长群、家长的同事们，都会对体验过的研学项目进行主观推荐。

2. 公共来源

公共来源的范围较广，可以是政府或其他组织的评奖、示范基地的宣传，也可以是网络、杂志中关于研学产品的评论与介绍，还可以组织专门的推荐会进行有关研学产品的推介活动。

3. 研学产品来源

该来源主要包括研学产品营销人员介绍、研学产品广告、衍生品的陈列或产品包装上的说明等，不过这些途径的信息对研学者来讲有时会有较大偏差，研学者既可以同意或相信，也可以提出问题或根据自己的经验作出判断。

4. 个人经验

研学旅行者可以通过以往的研学经验、联想、判断获得信息。研学旅行者获得的信息越丰富，就越有利于作出研学消费决策。因此，旅游企业要不定期进行市场调查，了解研学旅行者对研学产品的信息来源渠道，从而制订有针对性的信息沟通方案，以增强研学旅行者对研学产品的了解和信任。通常，校方作为各研学旅行者的代表所获得的研学商品信息，大部分来自个人经验和产品推荐。

（三）判断选择

研学旅行者收集了各种有关资料后，必然要进行分析、对比，作出选择。不同的研学旅行者在比较评估的标准和方法上有很大的差别。研学旅行者在评估过程中涉及一系列标准，这些标准一般是由研学旅行者的态度和事物的客观性共同产生的，即对属性的态度。研学的决策本身就由学校、家长、学生等共同决定，而每类研学者对属性的态度对其偏爱有重大影响。

项目三　分析消费者的购买行为

研学旅行者的态度是十分复杂的，如对不同住宿条件的态度，家长会考虑到房价、地理位置、清洁卫生、房间大小及舒适程度等多方面问题；学生只会考虑到是否舒适和有趣。另外，人们对任何一个事物的态度，是由人们对该事物各种属性的一系列态度综合而成的。各种属性的重要性对研学旅行者形成研学态度来说，就是研学旅行者在研学活动中所寻求的基本利益，也就是人们在做研学决策时最关心的东西。各种属性的重要性还会因研学目的不同而改变，如对小学研学旅行者来说，兴趣十分重要；对中学研学旅行者而言，知识积累程度则十分重要。

由于研学产品的属性多样，所以研学旅行者的评价标准常常是很多的。美国夏威夷大学研学学院院长朱卓任认为，西方旅行者到中国旅游的评价标准从高到低依次为：文化和艺术、优美的风景、历史文物、人民的好客态度、良好的膳宿设施、中国菜单、气候、文艺演出、娱乐消遣和室外活动等方面。总体来说，研学旅行者对研学产品的属性、价格和优惠、品牌形象与企业信誉、价值观念四个方面关注较多。

一是研学产品的属性。对不同研学旅行者而言，各种属性的不同重要程度，研学产品的品牌信念，研学产品每一属性的效用函数，直接影响着研学旅行者的评估程序。

二是价格和优惠。研学产品的价格是研学者在品牌选择中最基本的评估标准之一。对于收入较低的研学者家庭而言，价格往往是其决定是否消费的主要标准。价格能影响人们对研学景点安排、交通食宿条件以及研学服务质量的看法，而且这种影响力是很大的。研学消费者在评价计算实际支付时，如能得到研学营销企业的价格优惠待遇及其他方便，就会得到一种心理的满足，就会给予该项研学产品较高评价。

三是品牌形象和企业信誉。研学消费者经常把研学品牌名称或企业信誉作为研学产品质量的代指标。他们通常会将各种品牌研学产品的声誉进行分析比较，一般会对名牌产品、获奖商标、著名企业给予更高的评价和更多的青睐。

四是价值观念。一般来说较低消费能力的研学消费者较重视研学产品的价廉物美；而较高消费能力的研学消费者，则更多重视研学产品的社会象征性价值和自我实现价值。研学旅行者在评估选择的过程中，以下几个方面需要引起研学营销人员的注意：研学产品的属性，对不同研学旅行者而言各种属性的不同重要程度，研学产品的品牌信念，研学产品每一属性的效用函数，研学旅行者的评估程序。

（四）消费决策

消费决策是指研学旅行者做出消费决定和实现对研学产品的消费的过程，它是研学消费行为的中心环节。研学旅行者获知并对研学产品信息进行了比较和评估后，就会形成消费倾向，但在从消费意图到消费决策的过程中，还会受到其他人的态度、可预期的环境因素、意外环境因素三个方面的影响，最终形成消费决策。

消费意图即研学旅行者决定消费何种研学产品、预计的消费金额、消费时间、消费地点等。其他人的态度主要是指研学旅行者家人的态度或其他关键人士的态度。可预期的环境因素主要指研学旅行者预期今后的收入情况、预期的研学费用以及可从研学产品中获得的利益等。无法预见的环境因素指失业、自然灾害等令人失望的不可控或超出预期的因素。研学旅行者修改、推迟或取消某个消费决定，往往是因其观察到某种风险，受知觉风险的影响。知觉风险的大小由研学产品的金额多少、产品性能的确定程度以及消费者信心的强弱而改变。因此，研学营销人员必须尽可能减少研学旅行者可能承担的风险，使研学消费者对研学产品产生信赖与认可。需要注意的是，此阶段的消费意图以校方决策者为主，家长决策者为辅，学生本人几乎起不到决策作用。

（五）购后行为

购后行为是购买决策的反馈阶段。它既是本次消费购买行为的结束，又是下次购买或不购买行为的开端。这个阶段研学者本人的行为起到了至关重要的作用。当研学者认为购买到的产品达到他们的预期时，就会产生满意的消费心理；反之，如果研学旅行者对本次购买的产品或服务不满意，就会选择建议家长和学校以后购买其他的研学产品。

研学消费者购后的满意程度，取决于其对研学产品的预期性能与产品使用中的实际性能之间的对比。消费后的满意程度，决定了研学消费者的购后活动，决定了研学消费者是否重复消费该产品，以及对该品牌的态度，并且还会影响到其他研学消费者，形成连锁效应。

因此，对于研学营销人员来讲，一方面要使自己提供的信息（包括服务）与实际水平一致，另一方面要创造适合自己产品的特色，增强研学旅行者的满意程度，形成积极的品牌效应。这种积极的品牌效应的获得，既满足了当前的研学消费者，又能获得长期的、持久的名牌效应，并刺激和培养新的消费群体。反之，如果研学旅行者消费了与他期望值不相符甚至完全相反的产品，就会形成不满意感受，造成恶劣的影响，更重要的是，它抑制甚至扼杀了"明天的研学消费者"。我国某些研学基地或者景区"只游不学""挂羊头卖狗肉"的现象时有发生，抑制了新的研学消费者消费行为的产生，影响了该地区研学经济的发展，同时也在一定程度上对我国研学发展产生了不利的影响。因此，研学营销人员在营销工作中，对研学产品的宣传要实事求是，不要夸大其词。此外，还要采取积极的步骤，使学生、带队老师消除不满意感，使他们相信自己的选择是正确的。

  以上我们介绍了研学旅行者消费行为的决策过程。对于研学市场营销人员来讲，了解并分析研学旅行者的消费过程以便深入地了解研学旅行者，了解研学旅行者在不同因素影响下的消费行为，是研学营销工作的中心和出发点。充分了解研学消费者的消费行为就是为了使研学营销人员有针对性地制定有效的研学营销策略。

任务三 分析研学中间商的购买行为

对于研学产品和服务的综合性特点，以及分散消费的不便性，研学产品和服务很大部分是由研学中间商消费或代理出售的，因此研学企业营销人员必须高度重视研学中间商，尤其是研学代理商的消费行为分析。

根据研学旅行产业分工的定位不同，分为销售渠道、旅行安排、课程和活动服务、导师培训、产品提供、营地服务等主要角色。这些角色根据核心价值，分为销售端、服务端、资源端。销售端是研学旅行的销售渠道、线上平台；资源端是教学基地、研学营地等重资产的角色；服务端是为研学旅行提供各项服务的角色，包括课程设计、旅行安排、导师培训、研学产品提供方等。这些都在代理商的范畴之内。

一、研学中间商的购买特点

当前研学旅行市场，主要的参与者为旅行社、校外教育机构、景区、研学基地和营地、研学产品供应商等。各类企业的购买行为具有以下五个共同特点。

一是其购买研学产品的目的是转卖（或代理）。研学中间商经营的目的是通过转卖或代理销售研学产品和服务而获得利润，这也是他们赖以生存的基本方式，因此研学产品和服务能否带来利润就是研学中间商选择消费或代理销售最重要的标准之一。

微课：研学中间商的购买特点

二是购买数量大、专业性强。研学中间商的每次购买行为都是在集中了众多消费者的购买需求之后做出的，而且都是专家购买，他们对研学行业内的价格行情非常熟悉。

三是团体决策。研学中间商的某一购买行为并不是由一个人凭他自己的意愿所决定的，大多数情况下，是一种团体行为，由团体成员商量后做出购买决策。

四是购买或代理灵活性强。中间商往往能够根据消费者的需求随时调整产品供应，具有很强的灵活性，也可以允许其他的销售者代理其研学产品。

五是对产品的需求属于派生性需求。研学中间商实际上是研学旅行者（组织机构和个人）的采购代理人，在很大程度上代表了研学旅行者（包括组织机构）的需要和欲望。

二、影响研学中间商购买行为的因素

作为研学市场的主体之一，研学中间商的消费及代售行为也要受到外部因素和内部因素的影响。

外部因素包括政治法律、社会经济、社会文化、自然环境、科学技术和人口因素等，此外还包括其他研学中间商、提供研学产品和服务的研学企业和研学旅行者，这些因素对中间商购买行为的影响与对组织机构的购买基本类似；内部因素一般是指企业可控制的因素，主要有企业组织的特点，如组织体制、组织机构设置、权力集中程度、营销因素组合，以及决策和业务人员的个人因素，如个性、经验、文化修养、能力、人际关系等。

三、研究研学中间商购买行为的意义

研学产品和服务的综合性特点使研学中间商具备组合研学产品的功能，而为了满足不同研学旅行者的特殊需要，便于获取利润，研学中间商通常也必须对不同的研学产品和服务进行各种形式的组合，然后再予以销售或代理销售。研学中间商的这种组合行为将不同的研学产品生产和供应企业、不同的研学产品和服务、不同的研学旅行者有机地糅合到了一起。

微课：研究研学中间商购买行为的意义

研学基（营）地的营销人员如果能深入了解，并把握这种组合的现象、规律和变化态势，那么，制定和执行高绩效的研学营销策略就具有良好的基础。

由于"同行"的原因，无论从哪个角度考察，研学企业的营销活动都会对研学中间商的消费和代售行为产生不同程度的影响。研学产品、质量、服务、技术、价格以及研学企业的形象、产品品牌、广告宣传、佣金和支付条件等，都是研学中间商所关注的内容。因此，研学营销人员对研学中间商的营销活动应是全方位的。

正因为中间商对研学企业的营销活动影响重大，又是研学产品销售渠道中必不可少的一个环节，所以如何选择中间商事关重大。它关系着研学营销计划能否完成，因此营销人员需全面、深入地调查、分析研学中间商的发展趋势，搞好研学营销中间商的选择、评估和管理工作。

研学旅行是旅游与教育的结合，好的研学旅行其教育的比重更高。在众多中间商中，服务型中间商，尤其是提供教育、课程设计服务的中间商较为稀缺，选择恰当与否将影响研学产品的整体质量和研学者行为；而中间商的报价高低也将一定程度上影响研学产品的最终定价。以下为一家研学服务中间商所提供的专业研学产品设计的部分内容。

相关链接："拜师礼"研学课程

项目思考与练习

一、单选题

1. 影响消费者行为的外在因素之一是（　　）
A. 需要　　　B. 学习　　　C. 相关群体　　　D. 态度

2. 在研学消费者消费行为中，机构决策型主要包括：学校决策、（　　）以及各类培训机构决策。
A. 家长决策　　　　　　B. 教育机构决策
C. 研学者决策　　　　　D. 教师决策

3. 在研学消费者消费行为收集信息过程中，信息的外部来源主要包括：个人来源、公共来源、（　　）以及个人经验四个部分。
A. 研学产品来源　　　　B. 网络通信来源
C. 报纸广播来源　　　　D. 广告来源

4. 研学消费行为的中心环节是（　　）
A. 收集信息　　B. 购后行为　　C. 判断选择　　D. 消费决策

5. 下列属于影响研学中间商购买行为的外部因素的是（　　）
A. 组织体制　　　　　　B. 组织机构设置
C. 社会经济　　　　　　D. 权力集中程度

二、多选题

1. 消费者行为是一个过程体系，它具有（　　）特点。
A. 动态性　　　B. 多样性　　　C. 可认知性　　　D. 可引导性

2. 为了引起消费者的需要，企业可以做下述努力（　　）

A. 了解消费者的需要，然后告诉他您的产品类别与品牌可以满足其需要

B. 刺激消费者需要，然后告诉他厂方产品类别与品牌可以满足其需要

C. 为消费者提供满足需要的可能，如降价、分期付款

D. 加强满足需要的"迫切感"，如实施限时或限量供应

3. 我国消费者购买行为还存在一些个别的、新奇的特点（　　）

A. 炫耀型购买　　　　　　　　B. 攀比型购买

C. 冲动型购买　　　　　　　　D. 理智型购买

4. 根据研学旅行需求中发展性的特征，企业应该在（　　）方面不断创新以适应研学者的需要。

A. 研学旅行线路　　　　　　　B. 课程

C. 服务　　　　　　　　　　　D. 价格、促销

5. 研学消费者消费行为类型中，机构决策型往往具有（　　）的行为特点。

A. 头脑清醒冷静、经验丰富

B. 比较随意和感性，喜欢追求新产品

C. 对研学产品的品质、用途、价格高低等都有自己的见解，主观性强

D. 不容易受外界因素的影响，很少感情用事

三、名词解释

1. 研学旅行需求
2. 研学旅行购买行为

四、简答题

1. 研学消费者消费行为的决策过程有哪些？
2. 影响研学中间商购买行为的因素有哪些？

五、实操题

1. 就某一研学消费群体的消费行为进行实地调查，总结其消费行为规律，并提出针对性的市场营销方案。

参考答案

项目四

调研研学旅行市场

全国中小学生研学实践教育基地——陕西省党家村景区管理委员会

项目导读

市场调研是掌握研学旅行需求的重要方式，是研学产品设计的起点，真正成功的研学旅行产品离不开扎实的市场调研。本项目主要介绍市场调研、研学旅行市场调研的相关概念，引导学生学习研学旅行市场调研的手段和程序，掌握问卷设计的技术，学会市场调研报告的撰写。

课程思政：以人为本——研学游的"火"与"乱"

学习目标

了解市场调研的概念；了解市场调研的类型；熟悉研学市场调查的程序；熟悉研学市场调查的方法；掌握市场调研的类型；掌握调查问卷技术；掌握市场调查报告的撰写要点。

思维导图

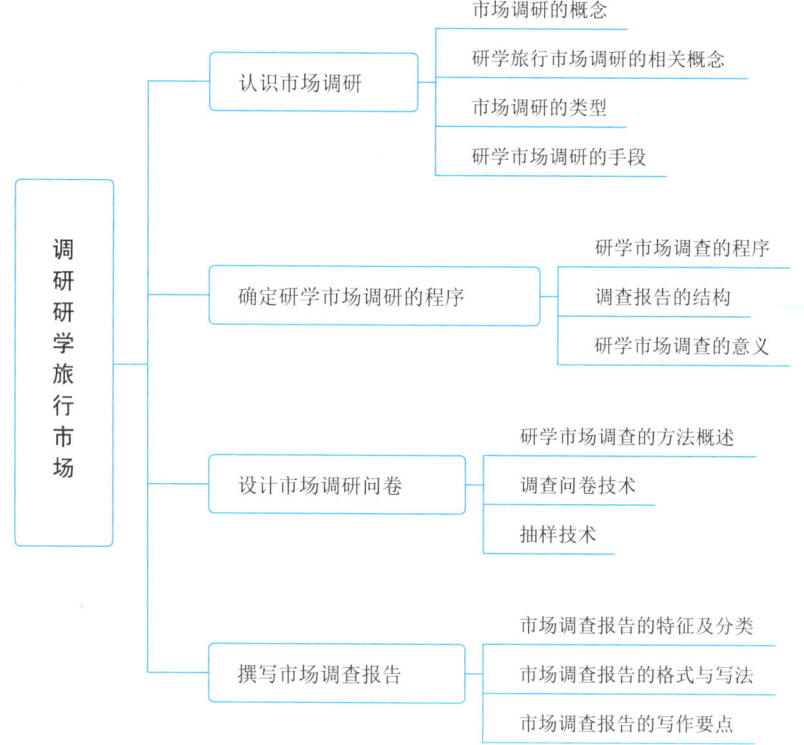

任务一 认识市场调研

一、市场调研的概念

市场调研是市场调查与市场研究的统称。广义的市场调研（marketing research）也叫市场调查、市场研究或市场营销研究，它包括从认识市场到制定营销策略的一切有关市场营销活动的分析和研究。狭义的市场调查（market research）更侧重于信息（information）的收集和分析。本节所介绍的市场调研主要是侧重于信息的收集和分析等具体操作。这些信息用以识别和界定市场营销机会和问题，产生、改进和评价营销活动，监控营销绩效，增进对营销过程的理解。市场调研实际上是一项寻求市场与企业之间"共谐"的过程。因为市场营销的观念意味着消费者的需求应该予以满足，所以公司内部人士一定要聆听消费者的呼声，通过市场调研，倾听消费者的声音。当然，营销调研信息也包括除消费者外的其他实体的信息。

二、研学旅行市场调研的相关概念

（一）调研

调研是调查研究的简称，指通过各种调查方式系统客观地收集信息并研究分析，对各产业未来的发展趋势进行预测，为投资或发展方向的决策做准备。

（二）市场调研

市场调研就是对大量一手市场调研数据的深入分析，全面客观地剖析当前行业发展的总体市场容量、市场规模、竞争格局、进出口情况和市场需求特征，以及行业重点企业的产销运营分析，并根据各行业的发展轨迹及实践经验，对各行业未来的发展趋势做出准确分析与预测。

微课：研学旅行市场调研的概念

帮助企业了解各行业最新发展动向，把握市场机会，作出正确投资决策和明确企业发展方向。调研的目的是系统客观地收集信息，获得研究数据，为决策做准备。

（三）研学市场调研

研学市场调研即运用科学的方法和手段，有目的地针对研学市场需求的数量、结构特征等信息以及变化趋势所进行的调查与研究。

该定义充分表明研学市场调研必须采用科学的方法和手段，包括资料收集方法、资料整理方法和分析方法的科学性和实践的有效性，以确保调研结果的客观性和可靠性。同时也应充分认识到研学市场调研的目的性，任何调研本身都不是目的，而是围绕一定的调研目的进行设计的。

相关链接：南京市中小学生研学旅行市场调查问卷（家长）

三、市场调研的类型

（一）探测性调研

指从假设出发，探测出企业问题的一种研究方法。探测性调研的重点在于发现问题，是一种基础性的市场研究。探测性调研的主要作用有：发现公司存在的问题或进行问题假设；为公司的深入全面研究奠定良好的前提条件；有利于调研人员熟悉问题；澄清相关的模糊概念。探测性调研常用的方法有文献查找、经验调查、个案分析、焦点座谈等。

相关链接：南京市中学生研学旅行市场调查问卷（高中生）

微课：市场调研的类型

（二）描述性调研

指对需要研究的客观事实资料进行收集、记录、分析的正式研究。描述性调研的特征包括：有事先制定好的具体假设；有事先设计好的有结构的方案；通常只说明事物的表征现象，而不涉及问题的本质及影响事物发展变化的内在原因。描述性调研常用的方法有二手资料分析、抽样调查、固定样本连续调查、观察法和模拟法等。

（三）因果关系调研

指从已知的相关变量出发，以确定有关事物各变量之间因果关系的一种市场调研方法。一般要了解哪些是因变量，哪些是自变量，以及它们之间相互关系的性质。因果关系调研常用的方法是实验法。

（四）预测性调研

对未来市场的需求变化进行估计，即为预测性调研。市场需求的估计对每个企业来说都关系重大，因为销售预算是企业所有预算活动的起点，是企业所有计划的出发点。对企业产品的未来需求如果不了解或无从估计的话，日后所冒的风险显然很大，可能发生的生产过剩或生产不足都会使企业招致损失，因此预测性调研意义重大。预测性调研常用的方法有观察法、实验法、询问法、推测法、问卷法。

四、研学市场调研的手段

（一）市场调研的手段

市场调研手段分为传统市场调研手段和网络调研手段。

传统的市场调研手段是通过访谈或观察等线下方式收集数据，了解顾客想要的是什么。

网络调研是指通过互联网及其调查系统把传统的调查、分析方法在线化、智能化。网络调研利用网络的新手段和途径，针对具体目标进行收集、整理、分析，研究市场信息，重点探求市场需求状况、发展现状，为企业制定研学旅行产品决策提供支持和服务，降低经营管理的盲目性和风险，提高决策的准确性和有效性。

微课：研学市场调研的手段

目前，网络调研常用的方法可以分为两类，一类是直接法，另一类是间接法。直接法是直接在网络上收集原始资料。具体方法有：在线问卷调查、直接线索观察、平台专题讨论、网络界面实验法。间接法是网上二手资料的收集。具体方法有：利用网络信息库、利用各类搜索引擎、访问各类网站。

1. 传统调研手段

传统调研手段是通过各种方式分发调查问卷、邮寄信件，通过电话或是当面进行调查。其中，当面调查既可以在家庭或办公室进行，也可以沿街调查或入户访问。最常用的是访谈、焦点群体和观察,当然还有目前实践中最常见的方式——几种调查方法的结合,其优点在于可以更深入地认识顾客需求以及了解他们的观点。

2. 网络调研手段

按照目前国内的现状,网络调研手段可以分为两类。

(1)普通网站调研:一般网站利用网络简单编程的方式将问卷生成页面,用户在浏览页面的时候,对问卷进行回答,生成简单的调研结果。一般门户网站上的调研多属此类。

(2)专业在线调研:专业的在线调研是将传统的调研过程完全在线化、智能化,并作出深度分析,最终形成专业调查报告,如问卷星。

网络调研又可分为在线访问和计算机辅助电话访问。

(1)在线访问。企业利用在线的调查、免费的网上文字评语、在线的调研收集客户的信息。在线访问的优点有:由于便利而有比传统邮寄调查更高的反馈率;对研学客户和研学企业都有成本上的优势;借助软件便于快速分析数据。在线访问的缺点有:研学客户自己发起的在线访问有可能产生扭曲的结果;可能产生不准确的回复(自动回复系统通常自动寻找关键字而发送自动的回复)从而忽略了研学客户顾虑中的细微差别;除非绝大部分研学客户使用网上渠道提供反馈意见,否则收集的信息不完整。

(2)计算机辅助电话访问(CATI)。计算机辅助电话访问(Computer Assisted Telephone Interview,CATI)是近年来高速发展的通信技术以及计算机信息处理技术应用于传统的电话访问所得的产物,自问世以来得到越来越多的广泛应用。国内越来越多的专业商业调查机构、政府机构和院校在积极地大量使用这种技术。计算机辅助电话访问使用一份按计算机设计方法设计的问卷,用电话向被调查者进行访问。其优点在于速度快、样本代表性强、访问质量容易控制。与传统的面访式问卷调查相比,具有速度快、效率高、质量优等特点。

(二)信息渠道选择

信息获取主要指人们获得信息的基本途径与方式。随着信息技术的发展,调查者对信息的依赖程度也越来越高。通过不同的信息获取渠道能够获得相应的信息,能够帮助企业了解不同人群对研学产品的特定需求,从而为客户提供更具个性化的研学产品服务。

1. 学术信息获取的渠道选择

学术信息获取的渠道主要有学术搜索引擎、学术数据库,以及各类网站。其中,学术搜索引擎包括:Google Scholar、百度学术等;学术数据库包括:

CNKI中国知网、万方、维普、Web of science、Emerald（爱墨瑞得）管理学、经济学、工程学数据库，ProQuest学位论文全文库，Elsevier Science全文学术期刊等。

2. 市场信息获取的渠道选择

市场信息获取的渠道主要有国内咨询机构网站数据报告、国内互联网公司数据报告网站、国外咨询机构网站数据报告、各大公司不定期发布的报告、企业信息报告、投资机构的统计网站、政府统计类网站和数据库，以及北大法宝、汤森路透的万律数据库等法律类数据库。

（三）数据挖掘工具

1. Arachnid 工具

（1）应用：Arachnid是一个基于Java的Web spider框架，它包含一个简单的HTML剖析器，能够分析包含HTML内容的输入流，通过实现Arachnid的子类就能够开发一个简单的Web spider，并能够在Web站上的每个页面被解析之后增加几行代码调用。Arachnid的下载包中包含两个spider应用程序例子，用于演示如何使用该框架。

（2）优点：微型爬虫框架，含有一个小型HTML解析器。

2. Spiderman 工具

（1）应用：Spiderman是一个基于微内核+插件式架构的网络蜘蛛，它的目标是通过简单的方法就能将复杂的目标网页信息抓取并解析为自己所需要的业务数据。

（2）优点：灵活、扩展性强，微内核+插件式架构，通过简单的配置就可以完成数据抓取，无须编写一句代码。

3. Think Up 工具

（1）应用：Think Up是一个可以采集推特、脸书等社交网络数据的社会媒体视角引擎。通过采集个人的社交网络账号中的数据，对其存档以及处理的交互分析工具，并将数据图形化以便更直观地查看。

（2）优点：采集推特、脸书等社交网络数据的社会媒体视角引擎，可进行交互分析并将结果以可视化形式展现。

4. 网络矿工工具

（1）应用：Soukey采摘网站数据采集软件是一款基于.Net平台的开源软件，也是网站数据采集软件类型中唯一一款开源软件。尽管Soukey采摘开源，但并不会影响软件功能的提供，甚至要比商用软件的功能还要丰富。

（2）优点：功能丰富，毫不逊色于商业软件。

任务二 确定研学市场调研的程序

研学旅行市场调研的程序，一般分为调查准备、正式调查和资料处理三大阶段。在三大阶段中又包含研学市场调查的四个步骤：确定问题和研究目标、制订市场调查计划、收集和分析数据、提交调查报告。研学企业开展市场调查可以采用两种方式：一是委托专业市场调查公司来做；二是研学企业自己来做，研学企业可以设立市场研究部门，负责此项工作。

一、研学市场调查的程序

（一）调查准备阶段

1. 确定问题和研究目标

市场调查的第一步就是要求研学企业的管理者和营销人员确定问题和研究目标。研学企业的管理者必须善于把关，对问题的定义既不能太宽泛，也不能太狭窄。

2. 确定收集资料的范围和方式

调查计划要求既要收集第二手资料，又要收集第一手资料。第二手资料是指已经存在并且已经因为某种目的而收集起来的信息。第一手资料是指为当前的某种特定的目的而专门收集的原始资料。一般来讲，第二手资料容易获得，成本较低，但调查人员所需要的资料可能不存在，或者现有资料已经过时、不正确或者不完全可靠。而第一手资料虽然收集成本较高，但取得的数据常常更适合于正在处理的问题。

3. 制订调查计划

市场调查准备阶段的一个重要的工作就是要制订具体的调查计划，完善的市场调查计划一般包括调查的要求、调查的内容、调查表、调查地区范围和如何选取样本。

微课：研学市场调查的程序

（二）调查实施阶段

1. 对调查人员的培训

调查开始前要求对调查人员进行必要的培训。培训内容包括：调查的基本方法和技巧，研学产品的基本情况，实地调查的工作计划，调查的要求及要注意的事项。

2. 进行实地调查

市场调查的各项准备工作完成后，开始进行问卷的实地调查工作，进行实地调查要做好以下两个方面工作。

（1）做好实地调查的组织领导工作。实地调查是一项较为复杂烦琐的工作，要按照事先划定的调查区域确定每个区域调查样本的数量、调查员的人数，每位调查人员应访问样本的数量及访问路线，每个调查区域应配备一名督导人员；明确调查人员的工作任务和工作职责，做到工作任务落实到位，工作目标、责任明确。

（2）做好实地调查的协调、控制工作。调查组织人员要及时掌握实地调查的工作进度完成情况，协调好各个调查员间的工作进度；要及时了解调查员在访问中遇到的问题，对于调查中遇到的共性问题，提出统一的解决办法。要做到每天访问调查结束后，调查员首先对填写的问卷进行自查，然后由督导员对问卷进行检查，找出存在的问题，以便在后面的调查中及时改进。

（三）调查结果的处理阶段

1. 调查资料的整理和分析

实地调查结束后，即进入调查资料的整理和分析阶段。收集好已填写的调查表后，由调查人员对调查表进行检查，剔除不合格的调查表，然后将合格调查表统一编号，以便于调查数据的统计。

2. 撰写调查报告

市场调查的最后一个步骤就是撰写一份高质量的研究报告，是以报告形式表达市场调查所获得的资料和结果。调查报告既是研究工作的最终成果，也是制定市场营销决策的重要依据。市场调查报告的提出和报告的内容、质量，决定了研学企业领导据此决策行事的有效程度。

调查报告根据读者的不同需要可分为专题报告和一般性报告。这两种报告分别适合不同兴趣和不同背景的读者，前者是供专业人员做深入研究用的，后者是供研学企业的领导或公众参考。

（1）一般性报告。一般性报告广泛地适合只关心研究结果而无兴趣于研究技术的读者。因阅读者人数众多，水平参差不齐，故力求条理清晰，并避免引用过多术语。为了提高阅读人的兴趣，报告要注重吸引人。

（2）专题报告。专题报告又称技术性报告，在撰写时应该尽可能详细，凡在原始资料中所发现的事实都要列入，以便其他专业人员参考。这种详细的专业报告使得读者能够清晰地了解调查报告的适合程度以及准确程度。

二、调查报告的结构

调查报告的结构一般包括封面、目录、摘要、前言、研究结果、结论及建议、附录七个部分。

微课：调查报告的结构

1. 封面
写明调查题目，承办部门、承办人员以及日期。

2. 目录
目录应该列出报告的所有主要标题和参考文献、附录，以及所在页数，以便读者能尽快阅读所需内容。

3. 摘要
以简明扼要的语言陈述研究结果，以便企业的决策者或主管在繁忙的时间内迅速地了解调查的成果，应该采取什么样的措施或行动。

4. 前言
这部分要介绍调查背景、调查目的和所采用的调查方法。在调查方法里要说明样本设计和抽样方法等。

5. 研究结果
这部分是调查报告的核心内容。将研究结果进行有组织、有条理地整理和陈述。做到图文并茂，便于读者阅读。

6. 结论及建议
研究者的作用不仅在于向读者提供调查事实，而且应该在事实的基础上作出问题的结论并提供建议。

7. 附录
附录是调查报告的结尾部分，它起到以数据图表来表述调查报告的作用。有些与报告主体调查结果相关的数据图表由于没有地方放置，通常也被放在附录中。另外，问卷实地调查概况也包括在附录中。

三、研学市场调查的意义

从研学市场调查的定义可以看出，研学企业经营的目的，已经不是单纯为了销售研学产品，而是要不断地开拓市场，满足消费者日益增长的需求。

（一）研学旅行市场调查有利于企业发现市场机会，开拓新市场

通过市场调查，可以确定产品的潜在市场需求和销售量大小，了解顾客的意见、态度、消费倾向、购买行为等，据此进行市场细分，进而确定目标市场，分析市场的销售形势和竞争态势，作为发现市场机会、确定企业发展方向的依据。

（二）研学旅行市场调查有利于研学企业开发新产品

通过市场调查，可以发现市场新的需求，产品目前处于产品生命周期的哪个阶段，以便适时调整；对是否进行新产品的开发研制和产品的更新迭代做出决策。

（三）研学旅行市场调查为企业制定市场营销组合策略提供依据

市场的情况错综复杂，瞬息万变，研学企业想要具有竞争力，必须通过准确的市场调查，才能及时知晓目前的研学市场状况。

（四）研学旅行市场调查有利于企业提高经济效益

根据大量的市场调查制订适当的营销计划，组织生产适销对路的产品，企业的竞争力得到不断增强，企业经济效益不断提高。

任务三　设计市场调研问卷

一、研学市场调查的方法概述

（一）观察法

观察法是调查者在现场对被调查对象进行直接观察或者借助仪器设备进行记录，以获得研学市场信息资料的方法。这种方法是调查员在调查现场从旁观察调查对象的行动，而不让被调查者察觉到自己正在被调查，心理干扰较小，能客观地反映被调查对象的实际行为，资料的真实性高。有时要借助各种现代化的仪器和手段，如照相机、录音机、显微录像机等来辅助观察。科学的观察具有目的性和计划性、系统性和可重复性。常见的观察方法有：核对清单法；级别量表法；记叙性描述。观察法对研学市场的客户的消费行为调查具有良好的收效。

微课：研学市场调查的方法概述

（二）专题讨论法

专题讨论法的特点是某一座谈者的发言能对其他参加者予以刺激，对讨论主题在看法、感情、态度等方面作出连锁反应。

专题讨论法是专门邀请一部分人员，在一个有经验的主持人的引导下，花几个小时讨论一种产品、一项服务、一个组织或其他市场营销话题的一种调查方法。运用专题讨论法，要求主持人具有客观性，了解所讨论的话题，并了解群体激励和消费者行为。在具体操作时，除由一到两位主持人主持座谈外，还可用录音机或摄像机等将座谈内容加以记录，以备今后分析。

在采用专题讨论法时，应注意以下四个问题。

一是应注意邀请参加讨论者应在年龄、性别、职业及其他特性等方面尽量相仿，如果年龄、职业等差距太大，会缺少一种连带感，往往会阻碍座谈者的发言。

二是主持人应注意将不同生活背景和动机的座谈者融合在一起，利用职业、趣味等适当话题调节谈话气氛，促进感情交流，使座谈会能达到预期效果。

三是要注意尽量让每位座谈者都能发言，且每人的发言次数尽可能平均。

四是主持人应注意控制会场主题和气氛，既不让座谈者的发言偏离主题，又不使座谈者感到受限制而不愿畅谈自己的感想。

（三）实验法

实验法起源于自然科学研究的实证法。它是指把调查对象置于特定的控制环境下，通过控制外来变量和检验结果差异来发现变量间的因果关系，从而获取信息资料的调查方式。这种方法对于研究变量之间的因果关系非常有效。由于实验法是在小规模的环境中进行的，所以在管理上容易控制。

实验法得到资料、数据的可信度高，可靠性强，排除了主观的推论和臆测。

（四）问卷调查法

问卷调查法是通过拟订的调查问卷来收集信息资料的一种调查方法。问卷调查法是收集描述性信息的最佳方式。研学企业如果想了解人们的知识、态度、偏好或购买行为，往往可以通过问卷调查法来获得答案。问卷调查法的关键是如何设计一份完美的调查问卷。如果问卷设计不合理或不切合实际，将会导致收集的信息误差很大，其可靠性大大降低。如果以这种不完善的问卷从事调查，并以其调查的结果作为制定决策的依据，将会导致决策的重大失误。

二、调查问卷技术

（一）调查问卷的设计原则

调查问卷的设计是市场调查的一项基础性工作，需要认真仔细地设计、测试和调整，其设计是否科学直接影响到市场调查的成功与否。

微课：调查问卷技术

（1）主题明确。根据调查目的，确定主题，问题目的明确，突出重点。

（2）结构合理。问题的排序应有一定的逻辑顺序，符合被调查者的思维程序。

（3）通俗易懂。调查问卷要使被调查者一目了然，避免产生歧义，愿意如

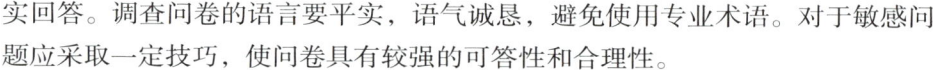

实回答。调查问卷的语言要平实，语气诚恳，避免使用专业术语。对于敏感问题应采取一定技巧，使问卷具有较强的可答性和合理性。

（4）长度适宜。问卷中所提出的问题不宜过多、过细、过露，要言简意赅，回答问卷时间不应太长，一份问卷回答的时间一般不超过30分钟。

（5）适于统计。设计问卷时要考虑问卷回收后的数据汇总处理，便于进行数据统计处理。

（二）调查问卷的设计步骤

设计调查问卷要求有清晰的思路、丰富的经验。

一是设计调查问卷的主题；

二是决定调查表的具体内容和所需要的资料；

三是逐一列出各种资料的来源；

四是写出问题，要注意一个问题只能包含一项内容；

五是决定提问的方式，在问卷中的问题设计上可以选择多项选择法、自由回答法、解释和说明等方式；

六是站在被调查人的角度，考察这些问题能否得到确切的资料，使问题易于回答；

七是按照逻辑思维，排列提问次序；

八是每个问题都要考虑怎样对调查结果进行恰当的分类；

九是审查提出的各个问题，消除含义不清、倾向性语言和其他疑点；

十是以少数人应答为实例，对问卷进行小规模的测试；

十一是审查测试结果，对不足之处予以改进；

十二是打印调查问卷。

（三）调查问卷的组成

一个正式的调查问卷由前言、正文和附录三部分组成。其中，前言主要说明调查主题、调查目的、调查的意义，以及向被调查者致意等。正文是问卷的主体部分，依照调查主题，设计若干问题要求被调查者回答，这是问卷的核心部分，一般要在有经验的专家指导下完成设计。附录可把有关调查者的个人档案列入，也可以对某些问题附带说明，还可以再次向消费者致意。附录可随各调查主题不同而增加内容。结构要合理，正文应占整个问卷的70%~80%，前言和附录只占很少部分。

项目四　调研研学旅行市场

（四）调查问卷的外观

问卷的外观也是调查问卷设计中不可忽视的一个重要因素。外观庄重、正式的问卷可使应答者感觉到这是一份有价值的问卷。问卷应当只印在纸张的一面，而且必须为答案留出足够的空白，关键词应当画线或用醒目的字体。问卷的每一页应当印有供识别用的顺序号，以免在整理时各页分散。

（五）问卷的提问方法与技巧

一份调查问卷是由许多问题组成的，而调查问卷是非常灵活的，这就涉及多种提问方法和技巧。一份调查问卷需要对每一个问题进行分析、测试和调整，设计是否合理？是否能取得真实可靠的第一手资料？应答人员是否易于回答？等等，都应认真考虑。

一份调查问卷要想成功取得目标资料，除做好前期大量的准备工作外，在具体操作设计问题时，一般有两种提问方式：封闭式提问和开放式提问。封闭式问题指被调查人在包括所有可能的回答中选择某些答案。这种提问法便于统计，但答案伸缩性较小，常用于描述性、因果性调查。

开放式提问允许被调查人用自己的话来回答问题。这种方式提问由于被调查者不受限制，因此可提供许多新的信息，供调查方参考。开放式提问运用于探测性调查阶段，了解人们的想法与需求。一般来说，开放式问题因其不易统计和分析，所以在一份调查问卷中只能占小部分，对于开放式提问的选择要谨慎，所提的问题要进行预试，再广泛采用。

三、抽样技术

在现实生活中，大部分市场调查项目的调查对象很多，分布也很广，加上调查费用等的限制，非全面调查成为更多的研学市场调查的选择形式。而抽样调查作为非全面调查的重要方式，已经成为国内外市场调查普遍选用的调查手段。

从总体中抽取部分个体组成样本，对该样本进行观察，进而推断未知总体情况，称为抽样调查。抽样调查分为非随机抽样调查和随机抽样调查两大类。

（一）非随机抽样

非随机抽样是依据调查者的经验有目的地挑选一部分个体组成样本，然后根据对样本的观察来推断总体的基本情况。常用的非随机抽样方法有任意抽样、判断抽样和配额抽样三种。典型调查、重点调查就是常见的非随机抽样。

（二）随机抽样

随机抽样是指从调查对象总体中完全按照随机原则抽取一定数目的样本单位进行调查，以样本调查结果推断总体结果的一种调查方式。这种方法对调查总体中的每一个样本单位都赋予平等的抽取机会，排除了主观因素的影响，这也是它与非随机抽样方法的根本区别。常用的随机抽样方法有简单随机抽样、分层抽样、系统抽样、整群抽样和等距抽样等。

项目四 调研研学旅行市场

任务四　撰写市场调查报告

一、市场调查报告的特征及分类

（一）市场调查报告的特征

市场调查报告是经济调查报告的一个重要种类，它是以科学的方法对市场的供求关系、购销状况以及消费情况等进行深入细致的调查研究后所写成的书面报告，其作用在于帮助企业了解掌握市场的现状和趋势，增强企业在市场经济大潮中的应变能力和竞争能力，从而有效地促进经营管理水平的提高。

微课：市场调查报告的特征及分类

（二）市场调查报告的分类

市场调查报告的分类有多种，可以从调查研究的对象和内容上分为新生事物调查报告、典型经验调查报告、历史进程调查报告、揭露问题调查报告；也可以从涉及的范围层次上分为宏观问题调查报告、中观问题调查报告和微观问题调查报告；也可以从调查研究的侧重点上分为澄清事实性调查报告、思路启发型调查报告、可行对策型调查报告；还可从调查研究的方式上分为调查报告、研究报告、调查研究报告；按其所涉及内容含量的多少，可以分为综合性市场调查报告和专题性市场调查报告；按调查对象的不同，可以分为关于市场供求情况的市场调查报告、关于产品情况的市场调查报告、关于消费者情况的市场调查报告、关于销售情况的市场调查报告以及有关市场竞争情况的市场调查报告；按表述手法的不同，可分为陈述型市场调查报告和分析型市场调查报告。

与普通调查报告相比，市场调查报告无论是从材料的形成还是结构布局方面都存在明显的共性特征，但它比普通调查报告在内容上更为集中，也更具专门性。

二、市场调查报告的格式与写法

（一）市场调查报告的标题

标题是市场调查报告的题目，一般有以下两种构成形式。

1. 公文式标题

由调查对象和内容、文种名称组成，如《关于2013年全省入境游客消费结构构成调查报告》。值得注意的是，实践中常将市场调查报告简化为"调查"，也是可以的。

微课：市场调查报告的格式与写法

2. 文章式标题

用概括的语言形式直接交代调查的内容或主题，如《全省旅游纪念品购买力调查报告》。实践中，这种类型市场调查报告的标题多采用双题（主副题）的结构形式，更为引人注目，也更富吸引力。例如，《市场在哪里——研学旅行的潜在客户群调查》等。

（二）市场调查报告的引言

引言又称导语，是市场调查报告正文的前置部分，要写得简明扼要，精练概括。一般应交代调查的目的、时间、地点、对象、范围、方法等与调查者自身相关的情况，也可概括市场调查报告的基本观点或结论，以便使读者对全文内容、意义等获得初步了解。然后用一过渡句承上启下，引出主体部分。例如，一篇题为《关于全省2011年酒店客房入住率的调查》的市场调查报告，其引言部分写为："山东省旅游局于2012年4月对省内进行了一次星级酒店客房入住率调查。现将调查研究情况汇报如下。"用简要文字交代出了调查的主体身份、调查的时间、对象和范围等要素，并用一过渡句开启下文，写得合乎规范。这部分文字务求精要，切忌啰嗦复杂；视具体情况，有时亦可省略这一部分，以使行文更趋简洁。

（三）市场调查报告的主体

这部分是市场调查报告的核心，也是写作的重点和难点所在。它要完整、准确、具体地说明调查的基本情况，进行科学合理的分析预测，在此基础上提出有针对性的对策和建议。具体包括以下三个方面内容。

1. 市场调查报告的情况介绍

市场调查报告的情况介绍，即对调查所获得的基本情况进行介绍，是全文的基础和主要内容，要用叙述和说明相结合的手法，将调查对象的历史和现实情况，包括市场占有情况，生产与消费的关系，产品、产量及价格情况等表述清楚。在具体写法上，既可按问题的性质将其归结为几类，采用设立小标题或者概括主旨的形式；也可以时间为序，或者列示数字、图表或图像等加以说明。无论如何，都要力求做到准确和具体，富有条理性，以便为下文进行分析和提出建议提供坚实充分的依据。

2. 市场调查报告的分析预测

市场调查报告的分析预测，即在对调查所获基本情况进行分析的基础上对市场发展趋势作出预测，它直接影响到有关部门和企业领导的决策行为，因而必须着力写好。要采用议论的手法，对调查所获得的资料条分缕析，进行科学的研究和推断，并据以形成符合事物发展变化规律的结论性意见。用语要富于论断性和针对性，做到析理入微，言简意明，切忌脱离调查所获资料随意发挥，去唱"信天游"。

3. 市场调查报告的营销建议

这层内容是市场调查报告写作目的和宗旨的体现，要在上文调查情况和分析预测的基础上，提出具体的建议和措施，供决策者参考。要注意建议的针对性和可行性，能够切实解决问题。

（四）市场调查报告的结尾

结尾是市场调查报告的重要组成部分，要写得简明扼要，短小有力。一般是对全文内容进行总括，以突出观点，强调意义；或是展望未来，以充满希望的笔调作结。视实际情况，有时也可省略这部分，以使行文更趋简练。

相关链接

研学旅行基地建设与服务现状调研报告

为贯彻落实党的十九大精神，发展素质教育，进一步落实《教育部等11部门关于推进中小学生研学旅行的意见》，积极推动研学实践教育活动科学有序深入开展，加强对研学实践教育活动的有效指导，规范研学实践教育活动的突出问题，推动研学实践教育活动更好地发挥育人作用，课题组开展了研学旅行基地建设与服务现状调查。

一、调研工作开展情况

本次先后调研了181家单位，含事业单位43家（23.76%），社会化机构138家（76.24%）。被调研单位所在地区覆盖山东、北京、上海、新疆、浙江、湖南、贵州、安徽、吉林、云南、甘肃、黑龙江、江苏、天津、江西、河南、重庆、四川、河北、广东、福建、内蒙古、山西、广西等24个省、自治区和直辖市。调研对象包括教育基地、旅游公司、研学营地、博览园、博物馆、美术馆、文化宫、家庭农场、旅游景区、院校等多种业态，为本次调研提供了科学、全面的数据来源，反映了研学旅行基地建设与服务的基本现状。

二、调研结果分析

（一）研学规划方案调研分析

研学旅行活动涉及单位多、关联业态多、参与人数多、服务环节多，要想保证研学活动顺利开展，及时应对教学过程中遇到的各类突发问题，应提前做好研学规划方案。从调研问卷中可以了解到，93.37%的基地都制订了研学规划方案，并认为研学规划方案应包括研学旅行课程方案、活动安全预案、研学服务保障、研学服务设施、研学团队培养、研学应急注意事项等多项内容。可见绝大部分研学旅行基地重视规划方案的制订，以保证研学活动的安全、有序开展，已达到预期的成果。

第12题：请问贵单位是否制定了研学规划？ [单选题]

选项:	小计	比例
A.是	169	93.37%
B.否	12	6.63%
本题有效填写人次	181	

第13题：您认为研学规划方案应包含哪些内容？ [单选题]

选项:	小计	比例
A.研学旅行课程方案	106	58.56%
B.研学服务设施	6	3.31%
C.研学服务保障	7	3.87%
D.活动安全预案	32	17.68%
E.其他（请说明）[详细]	30	16.57%
本题有效填写人次	181	

图4-1 对研学规划方案的答题情况

对于进行研学规划时应注重的问题，各研学旅行基地对"科学利用内部和外部关联空间，设置合理的功能区分，做到总体布局合理，功能分区科学""结合生态承载力和投资强度,科学测算接待规模和结构,合理设置研学旅行基地的规模指标、设施结构和服务项目""科学提供与研学旅行活动相配套的文创产品、餐饮、娱乐、住宿等消费产品和服务"等三个内容都非常重视,基本都能做到科学分区,合理设置设施结构和服务项目,配套提供餐饮、娱乐、住宿等服务。

（二）研学资源类型调研分析

研学旅行基地需要准确界定基地的资源属性,进行资源分析时要尽可能发掘资源的多重属性,为学术多角度认知和学习提供条件。通过调研得知,受调研单位的研学资源类型以知识科普型（主要依托各种类型的博物馆、科技馆、主题展览、动物园、植物园、历史文化遗产、工业项目、科研场所等资源）居多,占到总数的82.32%,其次依次为体验考察型（主要依托农庄、实践基地、夏令营营地或团队拓展基地等资源）、励志拓展型（主要依托红色教育基地、大学校园、国防教育基地、军营等资源）、自然观赏型（主要依托山川、江、湖、海、草原、沙漠等资源）和文化康乐型（主要依托各类主题公园、演艺影视城等资源）。

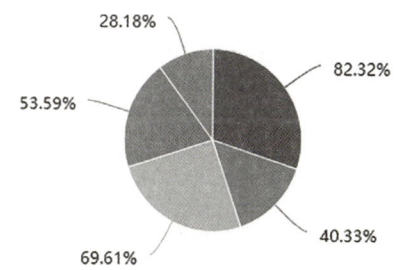

图4-2 对研学资源类型的调研情况

（三）研学主题调研分析

活动主题的生成是研学旅行基地研学旅行活动课程开发的第一步。确定一个贴切的活动主题非常关键和重要。在调研中我们了解到,各基地研学主题以优秀传统文化占比最多,达74.03%,自然生态、劳动教育、革命传统教育等也都达到了50%以上。其他的还包括国情教育、国防科工、人工智能和科技探索、航空、艺术、应急安全教育、体育竞技、海洋文化、生命科学,等等。研学主题种类繁多,受众面较广。

（四）研学旅行课程及线路设计调研分析

研学旅行课程开发主体多元，过程复杂，涉及目标设计、内容设计、实施设计、评价设计等多个方面。通过调研我们了解到，以上四个方面是绝大部分研学旅行基地都非常重视的课程方案设计要素。此外，还有部分企业列举了积分管理和应用，研学前课程配套内容、研学后课程配套要求，情感教育、挫折教育、心理引导，课程背景、研学任务单、拓展延伸等内容。对于研学旅行课程配套资料，受调研基地绝大部分都选择了研学活动方案、研学手册，70%多的单位选择了研学指导师工作手册和教材。部分企业提出配套资料还应包括实操器械及设施、课程教具包、基地配套公益科普资料、安全手册等。从企业的角度进一步充实了研学旅行课程配套资料。

在对研学旅行线路设计内容的重要性调研中，约97.7%的研学旅行基地认为"结合自身地理位置和周边资源，设计开发适合学生和其他研学旅行者的研学线路"非常重要或重要；约98.89%的基地认为"研学线路主题特色鲜明、研学实践目标明确、富有教育实践功能"非常重要或重要；94.47%的基地认为"每条线路均包括以基地规划和配套设施相结合的内部路线以及以周边资源和环境相结合的外部路线"非常重要或重要；97.24%的基地认为"研学线路设置便捷、合理，与基地研学主题协调一致"非常重要或重要；98.35%的基地认为"研学线路有较强的针对性、可操作性、安全性"非常重要或重要。由此可见，研学旅行基地普遍非常重视线路设计内容的重要性，这对于保证研学旅行课程的质量具有非常重要的支撑作用。

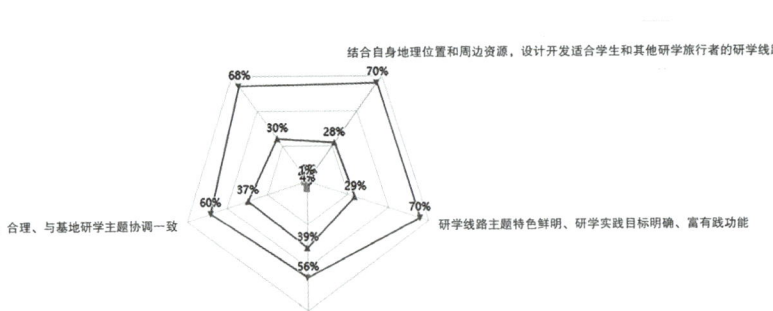

图4-3　研学旅行线路设计内容的重要性调研情况

（五）研学旅行场地建设条件调研分析

在研学旅行中，教育是目的、旅行是方式、基地是载体，对于研学旅行场地建设条件各受调研单位也是高度重视。在所列举7个题目中除"为学生研学旅行团队提供研学活动影像记录"一题中选择非常重要和重要的企业为88.95%外，其余6道题目选择非常重要和重要的企业比重均达到94%以上。可见，在研学旅行基地基础建设方面，各基地认识充分，为研学旅行活动的开展可以提供较为完备、符合标准的场地条件。

题目选项	非常不重要	不重要	一般	重要	非常重要	平均分
研学旅行场地规模适当，容量应能满足开展研学旅行活动的需求	2	0	3	58	118	4.6
基地内具有相应的旅行接待设施，水、电、通信、无线网络等配套齐全，运行正常，布局合理	2	0	3	58	118	4.6
建设或规划由室内或室外场所构成的专门研学场地，确保研学活动的安全性	2	0	3	50	126	4.65
特色或专业化研学场地的设立，应符合相关的标准要求	2	0	4	66	109	4.55
特殊设备需具备主管单位的检测验收报告	2	0	5	57	117	4.59
配备与研学活动相应的、性能完好的教学辅助设施或研学装备，如电脑、多媒体、实验室、教具等	2	1	7	66	105	4.5
为学生研学旅行团队提供研学活动影像记录	2	1	17	71	90	4.36
小计	14	2	42	426	783	4.55

图4-4 研学旅行场地建设条件调研情况

（六）优秀研学旅行基地要素调研分析

在调研的最后，设置了开放题目。其中一道为"您认为一个优秀的研学基地应具备哪些要素"。从企业的回复中可以看到，研学旅行基地认为优秀研学基地应具备的要素中最为重要的是安全（33家），其次为课程（22家）、基础设施完善（17家）、研学课程（17家）、服务（12家）、师资（11家）、功能多样化（9家）、基地环境（8家）等。

图4-5 优秀研学基地应具备要素调研情况

三、调研结论及对策建议

（一）调研结论

1. 研学旅行基地发展现状与实际需求间存在矛盾
2. 研学旅行基地从业人员对研学旅行整体认识尚有缺失
3. 教育服务与安全服务是各研学旅行基地高度重视的内容

（二）对策建议

1. 关于规范化建设的建议

政企行校多方合作，在政策制定、经费保障、标准研制、规范管理、师资建设、配套设施等方面继续完善。加强研学旅行教育宣传力度，将研学旅行基地的育人功效进行充分宣传，使各方加深理解，以促进研学旅行基地进一步规范化发展。同时，各研学基地进一步加强内部管理，提升管理、运营水平，以制度化、规范化为管理目标，强认识、抓落实，以促进行业企业的可持续发展。

2. 关于教育服务的建议

作为研学旅行基地最重要的功能——教育服务，各基地在建设过程中应以习近平新时代中国特色社会主义思想为指导，围绕立德树人育人目标，培养学生的综合素质，把培养社会主义建设者和接班人作为根本任务，并按照我国学生核心素养要求，结合基地教育资源及学生特点，开发研学旅行课程，形成基地的整体课程体系，根据课程需要规划、建设教学场所。在课程开发过程中要注重资源调研，开展课程需求分析，明确活动主题，设计课程目标，细化课程内容，设计实施环节，做好课程评价及教学配置。在教学实施的过程中还要做好教务管理，成立专门教务管理部门，对教学质量、教学团队和学生进行管理。

3. 关于配套服务的建议

研学旅行基地配套服务主要包括标识服务、交通服务、餐饮服务、住宿服务等。做好相关配套服务，能够提升学生的研学旅行体验感。完整、有效的标识服务系统可以使学生了解基地的资源和主要特点，还能为学生提供良好的指导和服务，并帮助管理部门提供有效的管理；交通服务包括基地内部、外部交通两大部分，形式分为陆上、水上、空中交通服务和特种交通服务四种，是研学旅行活动顺利进行不可缺少的物质基础；餐饮和住宿服务是研学旅行基地的基础性项目，不仅能够满足学生的基本生活需求，还直接影响研学旅行基地的形象。

正是基于这些配套服务的重要性，研学旅行基地应在整体规划的基础上，做好分项规划、合理布局、有序建设，既要体现环境优先，又要与周围的环境融为一体，强调其安全性、舒适性、便利性，同时又要突出其特色。

4. 关于辅助服务的建议

研学旅行基地辅助服务包括卫生服务、信息化服务和安全服务。研学旅行基地的卫生服务不同于一般的卫生服务，需要为研学者提供主动性、全面性、综合性的卫生服务，卫生服务水平的高低在一定程度上反映了研学旅行基地的管理水平；信息化服务将信息技术与基地的管理、保护、发展、服务紧密联系在一起，既能给研学者提供便捷服务，又能促进基地的管理水平和管理效率；学生安全直接关系到研学旅行的质量，学生安全是研学旅行的底线。

要提升研学旅行基地的卫生服务、信息化服务和安全服务水平，首先要做到的就是在认知上要高度重视，这样才能保证行业企业的可持续发展；要配备过硬的服务队伍，强化意识与技能培训；要制定严格的执行标准，依据标准工作流程开展工作，以标准化、规范化提升辅助服务质量。

（资料来源：主编原创）

三、市场调查报告的写作要点

（一）以科学的市场调查方法为基础

在市场经济中，参与市场经营的主体，其成败的关键就在于经营决策是否科学，而科学的决策又必须以科学的市场调查方法为基础。因此，要善于运用询问法、观察法、资料查阅法、实验法以及问卷调查法等方法，适时捕捉瞬息万变的市场变化情况，以获取真实、可靠、典型、富有说服力的商情材料。在此基础上所撰写出来的市场调查报告，才具有较好的科学性和针对性。

（二）以真实准确的数据材料为依据

由于市场调查报告是对市场的供求关系、购销状况以及消费情况等所进行的调查行为的书面反映，因此它往往离不开各种各样的数据材料。这些数据材料是定性定量的依据，在撰写时要善于运用统计数据来说明问题，以增强市场调查报告的说服力。关于这点，我们从上述市场调查报告范文中也可略见一斑。

（三）以充分有力的分析论证为杠杆

撰写市场调查报告，必须以大量的事实材料作基础，包括动态的、静态的，表象的、本质的，历史的、现实的等，丰富充实却又错综复杂，但写进市场调查报告中的内容绝不是这些事实材料的简单罗列和堆积，而必须运用科学的方法对其进行充分有力地分析归纳，只有这样，市场调查报告所做的市场预测及所提出的对策与建议才会获得坚实的支撑。

项目思考与练习

一、单选题

1.（　　）是调查报告的结尾部分，它起到以数据图表来表述调查报告的作用。

A. 附录　　　　　　　　　　B. 前言
C. 研究结果　　　　　　　　D. 结论及建议

2. 在研学市场调查的方法中，（　　）是收集描述性信息的最佳方式。

项目四 调研研学旅行市场

　　A.观察法　　　　　　　　　　B.专题讨论法
　　C.实验法　　　　　　　　　　D.问卷调查法
　　3.通过各种调查方式系统客观地收集信息并研究分析,对各产业未来的发展趋势进行预测,为投资或发展方向的决策做准备的过程叫作（　　）
　　A.调研　　　B.资料升级　　　C.研究结果　　　D.监控营销
　　4.在市场调研手段中,（　　）是指通过互联网及其调查系统把传统的调查、分析方法在线化、智能化。
　　A.资料整理　　　　　　　　　B.市场调研
　　C.网络调研手段　　　　　　　D.传统市场调研手段
　　5.在网络调研手段中,（　　）是将传统的调研过程完全在线化、智能化,并作出深度分析,最终形成专业调查报告,如问卷星。
　　A.专业的在线调研　　　　　　B.市场调研
　　C.网络调研手段　　　　　　　D.传统调研手段

二、多选题
　　1.研学市场调查的步骤（　　）
　　A.确定问题和研究　　　　　　B.目标、制订市场调查计划
　　C.收集和分析数据　　　　　　D.提交调查报告
　　2.市场调研的类型分为（　　）
　　A.探测性调研　　　　　　　　B.描述性调研
　　C.因果关系调研　　　　　　　D.预测性调研
　　3.研学市场调研必须确保调研结果的（　　）
　　A.客观性　　　B.有效性　　　C.可靠性　　　D.市场性
　　4.描述性调研常用的方法有（　　）
　　A.二手资料分析　　　　　　　B.抽样调查
　　C.固定样本　　　　　　　　　D.连续调查
　　E.观察法和模拟法
　　5.学术信息获取的渠道主要有（　　）
　　A.学术搜索引擎　　　　　　　B.学术数据库
　　C.各类网站　　　　　　　　　D.推测法

三、名词解释
　　1.研学旅行市场调研
　　2.研学旅行市场调查的程序

四、简答题

1. 市场调研的类型?
2. 调查报告的结构?

五、实操题

以小组为单位,利用课余时间走访不同的研学企业,针对其是否做过研学旅行市场调查和市场预测进行访问,了解其采取的措施并分析以下问题。

(1) 分析其调查的研学旅行对象属于哪一类型?包括哪些内容?

(2) 其市场预测是否符合市场调查的结果?若符合,分析企业如何运用市场调查的结果;若不符合,分析产生差别的原因。

(3) 以小组为单位写出分析报告。

参考答案

项目五

分析目标客户

全国中小学生研学实践教育基地——上海博物馆

项目导读

本项目主要学习、理解研学旅行市场细分的概念、原则、方法以及常见的研学旅行市场细分的变量及应用，要求学生理解研学目标市场选择的内涵、模式以及典型的目标市场营销方案，并能判断其优缺点，熟悉典型的研学旅行市场定位方法。

课程思政：责任意识——名校研学变"校门打卡"

学习目标

了解研学旅行市场细分的相关概念；了解研学目标市场的定义；了解研学市场定位的定义；熟悉研学市场细分的作用和原则；熟悉研学市场定位的步骤；掌握研学市场细分的程序；掌握研学目标市场营销策略。

思维导图

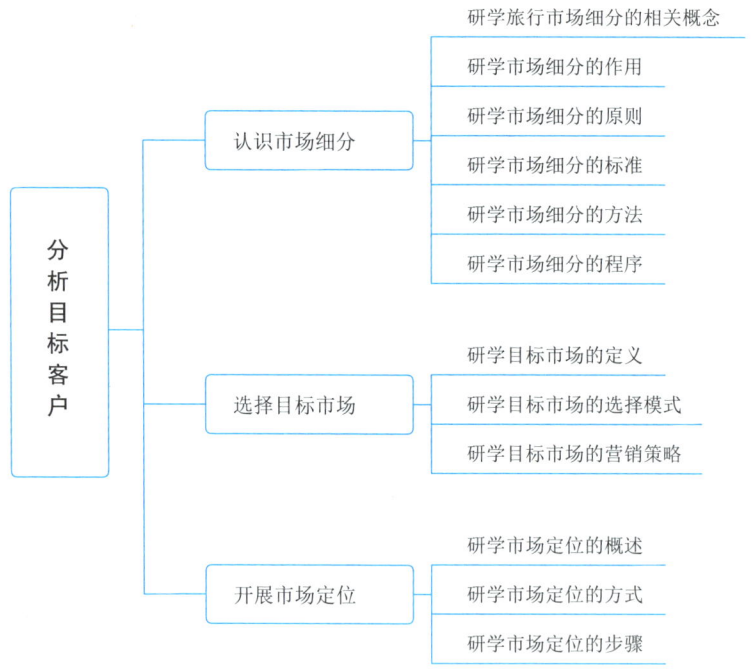

分析目标客户
- 认识市场细分
  - 研学旅行市场细分的相关概念
  - 研学市场细分的作用
  - 研学市场细分的原则
  - 研学市场细分的标准
  - 研学市场细分的方法
  - 研学市场细分的程序
- 选择目标市场
  - 研学目标市场的定义
  - 研学目标市场的选择模式
  - 研学目标市场的营销策略
- 开展市场定位
  - 研学市场定位的概述
  - 研学市场定位的方式
  - 研学市场定位的步骤

项目五 分析目标客户

任务一 认识市场细分

一、研学旅行市场细分的相关概念

研学旅行市场细分是研学市场营销活动的重要环节，是发现潜在市场机会的重要手段，同时也是实现研学旅行市场营销目标的基础和前提。只有对研学市场细分做出正确的理解和把握，研学企业才能作出恰当的目标市场选择。

（一）市场细分

市场细分是企业根据消费者需求的不同，把整个市场划分为不同的消费者群的过程。可以说市场细分的目标不是为了分解，而是为了聚合，即在需求不同的市场中把需求相同的消费者聚合到一起。

市场细分最早由美国学者温德尔·斯密提出。在此之前，人们将市场看作一个整体，认为所有的消费者对产品的需求也大致相同。因此，企业单纯地大量生产单一品种的产品，主要通过高产低价的方式占领市场。到了20世纪50年代，人们对市场的认识逐渐提高，发现可以通过针对不同的产品去满足不同消费者的需求，从而更好地占领市场并取得更大的经济利益。温德尔·斯密就是在这一背景条件下提出了市场细分这一新概念。温德尔·斯密认为，市场细分就是将一个大市场划分为若干个小市场的过程。每一个需求特点相类似的消费者群体被称为一个细分市场，不同细分市场之间顾客的需求和对营销活动的反应具有明显的差异性；而在同一细分市场内部，顾客的需求相对一致。

当然，细分市场并不是企业的目的，不能为了细分而细分，市场也不是划分得越细越好。任何一个企业通常都不能面向整个市场为所有消费者提供最佳的产品和服务，因此必须在市场细分的基础上确定自己的目标市场，选择恰当的营销策略，才能在市场竞争中占领一定的市场份额。

（二）研学旅行市场细分

研学旅行市场细分是指企业根据研学者特点及其需求的差异性，将一个整体市场划分为两个或两个以上具有相类似需求特点的研学者群体的活动过程。经过市场细分后，每一个具有相类似需求特点的研学旅行者群体就是一个细分市场。

由于研学者和其所在学校（培训机构等）的学习欲望、购买力、地理环境、文化、社会、购买习惯和购买心理特征的不同，决定了研学旅行者之间的需求存在着广泛的差异。因此，研学机构可以根据研学旅行者的特点及其需求的差异性，把一个整体研学市场加以细分，即可以划分为具有不同需求、不同购买行为的研学者群体。属于一个细分市场的研学群体是假设他们有相同的需要和欲望，但他们并非等同于一个人。某些细分市场成员希望增加基础产品和服务以外的附加功能和利益，而另一些却希望放弃他们不想要的那一部分内容。比如，一个研学项目的目标群体是注重书本知识的学生，因此在项目中增加了非常多通用课本和地方课本所展现的知识，以提高研学者的满意度。但正是在这些目标群体中，有些研学者并不需要这些知识，而另一些研学者却希望减少一些课程设计以降低研学团费。因此，对市场的细分不可能精确到每个人，但比大众化营销要精细得多。

二、研学市场细分的作用

研学市场细分是分析研学消费需求的一种手段，实践证明，科学合理的细分市场，对于研学企业开展营销活动、开拓研学市场、实现战略目标具有重要的意义。其作用主要表现在以下六个方面。

微课：研学市场细分的作用

（一）有利于研学企业扬长避短，发挥优势

每一个研学企业的营销能力对于整体市场来说都是有限的，所以研学企业必须将整个研学市场进行细分，确定自己的目标市场，把自己的优势集中到目标市场上，否则企业就会丧失优势，从而在激烈的市场竞争中遭受失败。特别是有些小型研学企业，更应该注意利用市场细分原理，选择自己的市场。

（二）有利于提升研学行业专注度

自研学作为中小学生课外教育重要组成部分开始，市场就给予了极高的关注度，基（营）地、研学旅行指导师、机构等资源迅速聚焦。研学旅行是旅行+，或者是教育+，其实不论是哪种形式，都无法否认这是一个横跨两个万亿级市场的行业。它所需的社会资源远远超出目前我们所具备的。市场供应

项目五　分析目标客户

的需求决定了行业发展的需求，短时间内，综合性、集大成的机构或是导师都很难规模化出现。那么，对研学市场进行细分，聚焦其中某种或某类学科，就成为行业迅速满足市场需求的最佳手段。

（三）有利于研学企业优化营销资源配置

通过研学市场细分，企业可以了解各细分市场的概貌，根据市场需求程度状况、自身条件和市场竞争状况扬长避短，对营销资源进行合理配置，集中使用有限的人力、财力和物力资源生产特色研学产品，科学开发研学目标市场，争取最佳的经济效益。

（四）有利于系统设计研学课程体系

细分下的研学产品将更容易成为一个系统。当下研学对象从小学到高中不等，无法同样对待。小学研学偏重看现象，初中在于知其然，而到了高中则有了知其所以然的更高要求。专注于某一领域，机构能够更加从容地建立其自有的授课系统，从而针对不同年龄段的学生，制定不同的课程，而这些课程最终将形成整体，满足学生成长过程中的学习所需。

（五）有效地拓展新市场，扩大市场占有率

企业对市场的占有不是轻易就能拓展开来的，必须从小到大，逐步拓展。通过市场细分，企业可先选择最适合自己占领的某些子市场作为目标市场。当占领这些子市场后再逐渐向外推进、拓展，从而扩大市场占有率。

（六）有利于提高研学目的针对性

研学的细分很大程度上给予了机构一定的指向性。研学初期，很多学生出去，仅仅是游览了景色、锻炼了身体，研学变成了户外拓展。究其原因，无非是研学机构的迷茫。"教什么？""去哪教？""怎么教？""谁来教？"学生在这样的情况下，研学目的毫无方向。在细分下，研学机构的方向性更加明确，首先解决了"教什么"的迷茫。针对其学科的定位，后面的问题将更容易解决。制订了明确合理的课程，选择了适宜的授课导师，学生的研学目的将更清晰、更具有针对性。

三、研学市场细分的原则

研学市场细分的方法有很多，细分的因素和标准也各不相同。企业在进行

市场细分时，不是随便根据什么标准都可以进行的，而有效的研学市场细分可以帮助研学企业更好地认识研学市场，发掘新的研学市场机会。一般来说，有效研学市场细分需要满足以下四个原则。

（一）可衡量性原则

指细分的市场是可以识别和衡量的，即细分出来的市场不仅范围明确，而且对其容量大小也能大致做出判断。即说明该细分市场研学者的资料必须能够加以衡量和推算，否则将不能作为细分市场的依据。

（二）可实现性原则

指细分出来的市场应是企业营销活动能够抵达的，即企业所选择的目标市场是否易于进入，企业的营销组合通过适当的营销途径必须能达到目标市场等。一方面，有关产品的信息能够通过一定媒体顺利传递给该市场的大多数消费者；另一方面，企业在一定时期内有可能将产品通过一定的分销渠道运送到该市场。否则，该细分市场的价值就不大。

（三）可营利性原则

即细分出来的市场，其容量或规模要大到足以使企业获利。进行市场细分时，企业必须考虑细分市场上顾客的数量，以及他们的购买能力和购买产品的频率。如果细分市场的规模过小，市场容量太小，细分工作烦琐，成本耗费大，获利小，就不值得去细分。因此，细分市场要有足够的需求量且有一定的发展潜力，以使企业赢得长期稳定的利润。

（四）可区分性原则

可区分性指在不同的细分市场之间，在概念上可清楚地加以区分。可区分性要求各细分市场的需求特征和购买行为等能被明显地分开，这就要求所选择的细分标准与研学旅行者的某种或某些研学购买行为有必然的联系，并且对不同细分市场内的研学消费行为产生不同的影响，从而使得根据该标准划分的研学细分市场之间存在比较明显的差异性。

四、研学市场细分的标准

研学市场细分的标准是指研学市场细分时所依据的条

微课：研学市场细分的标准

项目五　分析目标客户

件。出于受年级、性别、家庭收入、教育观念、监护人职业、监护人受教育程度和生活方式等因素的影响，不同的研学者有着不同的需求，这些不同的需求即成为研学市场细分的依据。细分市场不存在统一的标限变量，较为常用的四个依据是地理变量、人口统计变量、心理变量和行为变量。

（一）按研学市场地理因素细分

地理环境因素，即按照研学消费者所处的地理位置、自然环境来细分市场。具体变量包括国家、地区、城市规模、不同地区的气候及人口密度等。之所以将地理环境因素作为研学市场细分的首要依据，是由于处于不同地理位置和环境下的研学消费者，对同一类产品往往会呈现出差别较大的需求特征，以至于对研学企业营销组合的反应也常常存在较大的差别。地理环境因素易于辨别和分析，是研学细分市场时应予考虑的基本因素，同时这也是一种普遍使用的细分研学市场的方法，这种细分方法比较简单易行，并且资料容易获取。

1. 根据客源细分研学市场

通常可将研学市场细分为市内研学市场、省内研学市场、国内研学市场和国际研学市场。这一划分标准是根据政策文件中关于不同年级研学者可前往的研学地理范围而划分的。通常情况下，一个城市或者省内部的消费往往具有许多相似性，而不同城市、省份和国家之间则会出现较多的差异性。

2. 根据客源地和研学目的地的空间距离细分研学市场

以此为依据，研学市场可以分为远程市场和近程市场。通常而言，远程研学需要时间较长，研学者年级较高，研学消费也较高。近程研学是指研学者来源地和目的地之间短距离的研学活动，近程研学市场一般比较活跃，具有旅途时间短，研学花费少的特点。无论是远程研学或是近程研学都很有潜力，不能片面地追求其中一方的发展，应该在大力发展近程研学市场的同时，有针对性地扩大远程研学市场，挖掘潜在研学市场。

可见，地理环境因素是一种相对静态的变数，处于同一地理位置的研学消费者对某一研学产品的需求仍会存在较大的差异，因此研学企业选择目标市场，还必须同时依据其他因素进行研学市场细分。

相关链接

青岛地区研学旅行市场分析

一、研学旅行市场规模庞大，消费能力较强

据不完全统计，目前青岛市高中阶段（包括普通高中、中等职业教育、技工学校、成人高中）在校生共计20余万人；全市共有初级中学在校学生30余万人；全市小学在校学生50余万人。市场群体的数量是稳定的，体现了青岛市开展研学旅行的市场基础较为庞大。同时作为山东省龙头城市，青岛市市民整体旅游消费投入和教育投入较高，家长对学生的教育投入可观，重复投入率较高；作为旅游城市，市民对各种类型的旅游均有较好的认可度，对校方组织的各类活动参与积极性高。

二、研学旅行活动基础优良

青岛位于中国东部黄海之滨，地处山东半岛东南部，是副省级城市和首批沿海开放城市，被评为"最适合人类居住城市"和"世界最美海湾"之一，是一个开放而且充满活力的国际化旅游城市。青岛市经济实力雄厚，旅游资源丰富，先后荣获中国首批优秀旅游城市、中国最佳休闲城市、十大中国最佳旅游目的地等殊荣，随着上合组织峰会在青岛举办，青岛市的旅游资源和旅游基础设施会再上一个台阶。

依托良好的自然和人文旅游资源，青岛形成了多元旅游产品体系：滨海休闲度假之旅、邮轮母港之旅、欧陆风情体验之旅、城市人文之旅、崂山道韵之旅、研学求知之旅、啤酒美食之旅、节日盛宴之旅等。青岛作为旅游资源强市，开展研学旅行活动的基础较为优良。

三、各类市场主体参与度高

青岛市共拥有AAA级以上旅行社94家、A级旅游景区（点）123个、博物馆100余家。经过统计，80%以上的旅行社及98%以上的景区正在积极加入研学旅行市场，其中品牌较大的旅行社已经取得多家中小学的研学订单，进入区一级教委的供应商库；场地面积较大、停车方便、讲解品质高、与课本贴合度高的部分研学基地也成为中小学研学选择的热门目标；部分中小学主动成立研学教研小组，结合本校实际情况撰写研学旅行课程标准、设计相关产品、再寻求合作商，完成研学活动。

不仅如此，青岛部分区教委、旅游局主动作为，引导市场发展。如从2018年开始，青岛西海岸新区教体局协同旅游委、妇联、关工委、团市委、科协等部门对区域内景点、基地、场馆等摸底排查，遴选出研学资源丰富、主题特色鲜明、教育功能突出、组织接待成熟的首批32处研学旅行基地。基地共分为科普类、高校类、田园类、企业类、景观类、实践体验类六大类，包括红色教育、传统文化体验、科普创新探究、自然地质和人文景观考察、企业实践等内容。在全区幼儿园大班幼儿、义务教育段学生、高中阶段1~2年级学生中全面开展研学旅行活动，新区10余万学子在"行万里路"中学习体验，增强创新精神和实践能力。

四、产品研发设计创新、课程设计科学

青岛市在有关部门的引导下，积极组织专业人士对现有旅游资源进行梳理，设计出符合青岛中小学的研学旅行产品：蓝色海洋、休闲度假、工业旅游、品质乡村、科普文化、户外运动、红旅研学等；并根据教学规律、运用先进的教学理念和手段，设计出相应的研学旅行课程，举办青岛市优秀研学旅行课程评选活动，避免"游"而不"学"的情况发生。

五、现有接待体系较为完善

青岛市结合学校教育的目标与学科的特点，科学预估本市、山东省、全国研学旅行客源规模，整合相关资源，如青岛市的高等院校、科研院校、历史文化资源、特色传统手艺、工业园、海洋科普基地等，青岛市旅发委严格考核各营地和基地接待能力、条件及是否存在安全隐患。

（资料来源：青岛日报官网）

（二）按研学市场人口因素细分

在研学旅行市场细分因素分析中，人口因素不仅仅针对研学者本人，还包括其监护人和长期接触的家庭成员。人口因素是指可以依据的人口统计变量，包括年龄、婚姻、职业、性别、收入、受教育程度、家庭生命周期、国籍、民族、宗教、社会阶层等。显然，这些人口变量因素与需求差异性之间存在着密切的关系。譬如，年龄不同、受教育程度不同的消费者在价值观念、生活情趣、审美观念和生活方式等方面会有很大的差异。因此，依据人口统计变量来细分市场，在企业营销管理中受到普遍重视。譬如，某一市场的就读年级结构对于研学产品和课程需求具有基本的制约作用，因为不同年级所需要的产品类型和消费方式可以有显著不同。在政策上，对于不同年级阶段的学生，其研学内容、方式、价格和时间都有着明显的差异，研学旅行者往往随着年龄的增大，研学需求不断发生变化。学校也会充分考虑不同年级学生的不同需求。在研学概念中，幼儿、大学生、其他成年人、老年人也存在一定的研学需求，需要研学旅行企业分别关注。根据人口统计变量细分研学市场，是研学企业常用的方法。

> **相关链接**
>
> **研学旅行相关政策**
>
> **政策一：教育部等 11 部门《关于推进中小学生研学旅行的意见》**
>
> 学校根据教育教学计划灵活安排研学旅行时间，一般安排在小学四到六年级、初中一到二年级、高中一到二年级，尽量错开旅游高峰期。学校根据学段特点和地域特色，逐步建立小学阶段以乡土乡情为主、初中阶段以县情市情为主、高中阶段以省情国情为主的研学旅行活动课程体系。
>
> **政策二：《青岛市中小学研学旅行工作管理办法》**
>
> 第六条　中小学生研学旅行应当依据学校的教育教学活动实际和季节特点，一般在每年 3~5 月、9~11 月等 6 个月中进行。
>
> 原则上小学 4~6 年级每学年安排集体研学旅行不少于 2 次，每次 1~2 天；初中 7~8 年级每学年安排集体研学旅行不少于 2 次（含学工学农），每次 1~5 天；高中 1~2 年级每学年安排研学旅行不少于 2 次，每次 1~7 天。

（三）按研学市场心理因素细分

心理因素，即按照研学消费者的心理特征细分市场。很明显，按照上述几种标准划分的处于同一群体中的消费者，有时对研学产品的需求仍显示出差异性，这通常是心理因素在发挥作用。心理因素十分复杂，包括个性、购买动机、价值观念、生活格调、追求的利益等。譬如，兴趣爱好是指人们对消费、娱乐等特定习惯和方式的倾向性。追求不同的兴趣爱好和特长的研学者对商品的爱好和需求有很大差异。现在越来越多的研学企业越来越重视按照研学者的兴趣爱好和特长来细分市场。学生们外出研学主要追求的是一种精神和知识的享受，因此研学旅行者的研学活动主要取决于他们的性格特征与心理类型。研学企业可以把具有相同的个性、爱好、兴趣和价值取向相近似的消费者集合成群，并结合他们的行为方式有针对性地制定营销策略，如针对舞蹈兴趣班、跆拳道训练队、老年大学的摄影小组等。

（四）按研学市场行为因素细分

按研学市场行为因素细分是指根据研学旅行者的购买行为对研学市场进行

划分。这种购买行为主要包括研学目的、研学时机、研学方式、研学频率、品牌忠诚度、营销因素的敏感程度等内容。

根据研学旅行者的研学目的细分研学市场是一种非常基本的方法，其实质是按消费者购买研学产品所追求的利益有所侧重。它为研学产品的开发设计和营销组合的制定提供了主要的依据，并由此来确定研学产品的主要类型。目前，以此变量为标准，主要可以将研学市场细分为以下五个市场：知识科普型、自然观赏型、体验考察型、励志拓展型、文化康乐型。

（1）知识科普型：主要包括各种类型的博物馆、科技馆、主题展览、动物园、植物园、历史文化遗产、工业项目、科研场所等。

（2）自然观赏型：主要包括山川、江、湖、海、草原、沙漠等。

（3）体验考察型：主要包括农庄、实践基地、夏令营营地或团队拓展基地等。

（4）励志拓展型：主要包括红色教育基地、大学校园、国防教育基地、军营等。

（5）文化康乐型：主要包括各类主题公园、演艺影视城等。

五、研学市场细分的方法

研学企业市场细分的变量因素复杂多样，必须根据具体研学旅行者的需求特征和企业要达到的目标加以选择运用。研学市场的细分方式即如何选择或组合运用有关细分变量进行市场细分的具体方法，大体包括以下两种。

1. 单变量细分法

单变量细分法是指根据影响研学旅行者需求的某一种重要的变量因素，进行一定的研学市场细分的方法。这种方法一般只适用于产品或服务通用性较强、选择性较弱的市场。在大多数情况下，单变量细分法只能作为细分研学市场的起点，也就是前期用这种方法对研学市场进行粗略划分。在一定条件下，可以采用单变量的深度细分法，即把菜单项细分变量的细分程度加深，从而适应不同研学旅行者的需求和市场竞争。

2. 多变量细分法

多变量细分法是指综合运用与研学旅行者需求紧密相关的两种或两种以上的并列变量因素对一定的研学市场进行细分的方法。例如，可以同时用研学旅行者的"家庭收入""年级""研学目的"三个变量细分研学市场。运用这种方法，要注意选择与一定研学产品消费需求有关并且影响突出的变量因素来综合分析，这样细分出来的研学市场比利用单变量细分法细分的市场对企业营销活动更有参考意义。

六、研学市场细分的程序

研学企业要进入相关的细分市场，就要依据上述的标准和方法按照一定的程序开展细分，对整个研学旅行市场进行划分、分析和评估，进而确定自己的目标市场，在目标市场中确立企业自身的特色与优势。

美国的市场营销专家麦卡锡教授提出了市场细分的七个步骤，后来成为市场营销中市场细分的重要遵循，研学旅行市场作为一个新兴市场，同样可以遵循这一重要程序。

微课：研学市场细分的程序

（一）选定市场范围

进入研学旅行市场首先要确定企业的市场范围，选定市场范围要充分考虑企业的实力、优势、资源、特点等相关因素，要确认企业自身大约属于哪一种档次，确定企业的大体经营方向。

（二）列举消费者的全部需求

市场范围和大体经营方向确定之后，研学旅行企业可以根据地理差别、人口特征、消费目标等各方面因素，大致列举出在这一范围内现在和未来潜在的全部需求。例如，企业确定专门针对义务教育学段开展红色研学，作为义务教育学段小学一年级到初中三年级的学生在红色研学方面的需求和潜在需求全部列举，井冈山精神研学、延安精神研学、沂蒙精神研学应该作为首选需求，符合当前国家红色旅游和红色教育的要求，同时军事教育研学、海洋教育研学、民族英雄研学等互动性强的研学需求也是学生的重要需求。其他的需求也要一一列举。

（三）分析消费者的不同需求

即将不同类型具有鲜明特点的消费者的潜在需求进行归纳，分析找出可能存在的适合本旅游企业的新的细分市场。例如，可以将义务教育学段小学一年级到初中三年级的学生分为三类人群：小学一年级到三年级，小学四年级到六年级，初中一年级到三年级。根据这三类人群的消费特点分别进行红色旅游研学方面的需求列举，同时将列举的需求进行一定分类和归纳，在列举和归纳的过程中要充分考虑企业的实际情况，尤其是企业资源的占有度。

（四）找出潜在顾客的共同需求

在粗略划分市场的时候，潜在消费者的共同需求是一种参考，但在市场细分的时候不能作为标准，应该予以排除，研学旅行企业需要的是它们的差别，应该选择一些具有鲜明特征的需求作为市场细分的标准。

（五）划分相应的市场群

具有明显需求差异的几个顾客群，就是可能存在的细分市场，按照他们的特征予以定名。例如，小学一年级到六年级的顾客群在研学过程中更加偏重和课本知识学习的结合，所以可以将小学一年级到六年级的顾客群专门作为一个特定的细分市场，同时结合红色研学的变量，来确定细分市场的名称。

（六）分析已经明确的各个细分市场的具体情况

即根据细分市场的特征，深入分析每一个细分市场的具体信息和其中的特点，分析的过程尽可能详细，这样有利于后面的市场容量评估。

（七）评估各个细分市场的规模和容量

如需求量的多少，顾客群的人数，市场客群的稳定性，市场客群的可重复度，预期利润率的多少等，经过评估可以去掉经过分析没有前景的细分市场。

任务二 选择目标市场

研学企业的一切营销活动都是围绕目标市场进行的。研学企业在市场细分的基础上,应根据企业自身的资源、能力状况,选择和确定正确的目标市场,明确企业具体的服务对象,实施相应的目标市场营销策略,从而促进企业的持续发展。

一、研学目标市场的定义

研学目标市场是研学企业的目标消费者群体,即研学企业研学产品的销售对象。市场细分与目标市场之间既有区别又有联系:市场细分是按不同的消费影响因素划分消费群体的过程;目标市场是在市场细分的基础上,挑选少量细分的市场目标作为消费群体的过程。市场细分是目标市场的前提和基础,目标市场是市场细分的目的和归宿。

一般而言,研学企业选择的目标市场,应该符合以下条件。

首先,研学目标市场的确定有利于有效的市场细分,有效的市场细分是选择和确定研学目标市场的重要条件。

其次,研学目标市场具有一定的市场发展潜力。研学企业选择某一或某些细分市场作为研学目标市场,其最终的目的是期望研学企业在该领域中具有竞争优势和理想的长期盈利能力。

最后,研学目标市场符合企业的目标和能力。只有选择企业有条件进入、能够充分发挥自身资源优势的市场作为目标市场,研学企业才能增强发展与竞争能力,获得最佳效益,立于不败之地。

相关链接

神奇的科技研学

科技研学旅行目的地主要是通过VR、AR、3D/4D等高科技手段来

项目五　分析目标客户

静态展示或科技体验，通过展示与体验实现科技教育的目的。一般科技研学旅行目的地主要包括展馆类、科研类和科技园区类。其中，展馆类主要以知识普及类博物馆、科技馆为主，具有占地面积较小，投资金额适中，内容灵活，复制性强等特点；科研类主要依托高科技企业、科研单位的实验室、生产工厂为载体，复制性差；园区类载体则主要是动物园与植物园，科技含量相对较低，占地面积较大。

（资料来源：搜狐网）

二、研学目标市场的选择模式

（一）市场密集单一化

最简单的方式是研学企业选择一个细分市场集中营销，集中力量设计、组织、提供一种研学产品为之服务。研学企业通过密集营销，更加了解本细分市场的需要，并树立了特别的声誉，因此便可在该细分市场建立巩固市场地位。另外，研学企业通过生产、销售和促销的专业化分工，也获得了许多经济效益。但是市场集中化模式对于选定的市场依赖性过强，经营风险通常较大。

微课：研学目标市场选择模式

（二）有选择的专门化

采用此方式选择若干个细分市场，其中每个细分市场在客观上都有吸引力，并且符合研学企业的目标和资源。研学企业有选择地确定若干目标市场，分别为之提供不同的产品、课程与服务。研学产品多的企业一般都会选择这类模式。在实际市场选择时，不同的细分市场因为其可能的营利性而被选中，但这些细分市场之间可能根本没有任何内在的联系。这种多细分市场目标优于单细分市场目标，因为这样可以分散研学企业的风险，即使某个细分市场失去吸引力，研学企业仍可继续在其他细分市场获取利润。

（三）产品专业化

用此方式集中生产一种研学产品或者课程，研学企业选择几个甚至所有细分市场，向各类研学消费者销售这种产品。研学企业通过这种战略，在某个产品方面树立起很高的声誉。采用这类目标市场选择模式可以分散市场风险并凸显研学企业的特点与风格。

（四）市场专业化

研学企业选择一个细分市场作为其目标市场，然后向该市场提供他们所需要的各种产品。这种模式能与消费者建立良好的关系，树立企业的信誉，降低经营风险。

（五）市场全面化

研学企业将整个研学市场作为目标市场，生产和提供各种研学产品来满足所有研学旅行者群体的需要与欲望。通常大型研学旅行公司集团会采用这种目标市场选择模式。

三、研学目标市场的营销策略

在分析各研学细分市场具体情况的前提下，企业还得从整体上考虑营销组合在目标市场覆盖范围上的针对性。通常企业有以下三种目标市场营销策略可以选用。

微课：研学目标市场营销策略

（一）无差异目标市场营销策略

无差异目标市场营销策略是研学企业将整体研学市场看作一个大的目标市场，只注重于市场的共性，不考虑细分市场之间的区别，仅推出一种产品、单一的营销组合来满足所有研学旅行者的需求，致力于顾客需求中的相同之处。这种策略认为：企业面对的是一个同质市场，即研学者的需求是无差别的；或者说，研学者的需求即使存在差异，但是其共性大于特性。通常来说，无差异目标市场营销策略主要适用于一般的公益研学项目或者是通识研学项目，研学企业所设计的产品和营销方案，都是针对大多数研学旅行者的。

但实际上研学旅行者的学识积累、兴趣爱好都在不断地发展变化，无差异目标市场营销策略已不适应研学市场的竞争。因此，无差异目标市场营销策略主要适用于市场上供不应求或竞争较弱的研学产品市场，如垄断性研学产品市场。此外，企业需要具有大规模生产线和广泛的分销渠道，产品质量好，在消费者中有广泛的影响力。

（二）差异性目标市场营销策略

差异性目标市场营销策略是研学企业把整个研学市场划分为若干个细分市

场，从中选择不止一个细分市场作为自己的目标市场，并有针对性地进行营销组合以适应研学旅行者不同的需要，凭借研学产品与市场的差异化，获取最大的销售量。例如，对同一地区不同学校，设计不同的研学方案；对同一学校不同年级设计不同的研学方案；对同一年级不同地区学校设计不同的研学方案等。目前，较为先进的研学企业大多采用这种策略。

差异性目标市场营销策略是教育进步的结果，也是研学企业之间激烈竞争的产物。研学企业在采用差异性目标市场营销策略时，必须保证所选定的目标市场由于总销量扩大所带来的收益要大于营销总成本的增加。因此，实力相对较小的研学企业一般不宜采用此策略。

相关链接

青岛市市南区实验小学海洋研学课程

该小学将同一实验室作为研学旅行资源点，经过研发设计，开发出针对不同年级的研学旅行产品。

年级	编号	实验名称	主要材料	实验简介	选择
三年级	1	贝类（扇贝）的观察和解剖实验	扇贝、解剖盘、解剖剪、镊子、培养皿、直尺	通过解剖贝类，了解贝类的外壳、闭壳肌、外套膜等常见的结构，提高学生的动手能力和观察能力	四选一
	2	章鱼、鱿鱼、墨鱼的形态学观察	章鱼、鱿鱼、墨鱼	通过比较章鱼、鱿鱼、墨鱼这三种海洋生物的形态学差别，提高学生的观察能力和分析能力	
	3	鱼拓的制作	鱼、宣纸、墨、调色盘、固定板、毛笔、喷雾器、电吹风、颜料、脱脂棉、大头针等	将墨汁直接涂在鱼体上，然后将宣纸铺盖在鱼体上拓印。拓出的鱼拓和鱼体在拓印中的方向是相反的	
	4	浮游生物的采集与观察	学生显微镜、载玻片、盖玻片、塑料吸管、藻类、离心管、采集瓶、浮游生物	（1）学会浅水带海洋浮游生物的采集 （2）认识青岛当地滨海浮游生物 （3）会使用显微镜观察	

续表

年级	编号	实验名称	主要材料	实验简介	选择
四年级	1	对虾行为观察和标本制作	对虾、玻璃缸、酒精等	通过实验，观察对虾的行为，对对虾的摄食行为、运动行为、防御和攻击行为等进行观察，提高学生对动物行为的理解	四选一
	2	开放性实验：死海为什么淹不死人	量筒、天平、海水、淡水、酒精灯、坩埚、弹簧测力计、铝块	海水的盐分含量较高，密度大，浮力相应的也会大。通过探究"死海为什么淹不死人"，让学生们了解海水的物理性质	
	3	海水盐分粗测量	天平、量筒、坩埚、坩埚钳、海水	通过实验直观认识溶解于海水中的固体成分	
	4	大型藻类细胞的观察	烧杯（2个）、镊子、吸管、载玻片、盖玻片、吸水纸、显微镜	（1）了解常见的海藻（2）观察紫菜在显微镜下的结构，以及加入盐水后紫菜在显微镜下的变化	
五年级	1	浒苔观察及爆发原因分析	培养皿、显微镜	（1）浒苔清理公益活动、标本采集（室外）（2）制作浒苔玻片，用显微镜观察浒苔的结构，绘制浒苔在显微镜下的结构，从这个角度介绍浒苔的生理特点和爆发的原因	四选一
	2	认识可燃冰	塑料小球，动手制作可燃冰分子模型，或者在纸上画出模型	学习可燃冰的形成、分布、研究手段、未来的用途等知识，通过动手做甲烷可燃冰分子模型，了解可燃冰的微观结构	
	3	神奇的海藻酸钠凝胶球	海藻酸钠、氯化钙、注射器、磁力搅拌器、玻璃棒、硫酸铜、试管	锐孔滴定法制作海藻酸钠凝胶球，用凝胶球吸附硫酸铜溶液，观察颜色变化，了解海藻酸钠对重金属的吸附作用	
	4	海带提取碘	干海带、坩埚、酒精灯、铁架台、泥三角、玻璃棒、双氧水、硫酸等	（1）海带中提取碘（2）通过实验了解碘的化学性质	

续表

年级	编号	实验名称	主要材料	实验简介	选择
六年级	1	海水水质监测	pH、氨氮、亚硝酸盐试剂盒	通过对海水中pH、氨氮、亚硝酸盐等化学指标的测量，了解这些指标对海洋生物的影响和对环境的意义	四选一
	2	鱼的解剖实验	鱼、解剖盘、解剖剪、镊子、培养皿、直尺	观察鱼类的外部形态和内部结构，掌握鱼类的外部测量方法，正确识别常见鱼类	
	3	海水油污处理实验	药匙、水桶、石油或废机油、吸油材料等	物理法和化学法处理海水中泄漏的油污	
	4	有孔虫——大海中的"小巨人"	显微镜、薄片、有孔虫系列卡片	学习有孔虫的基本知识，外观形态，实验流程及其研究应用	

（三）集中性目标市场营销策略

集中性目标市场营销策略也叫密集性目标市场营销策略，是指研学企业在研学市场细分的基础上只选择一种或极少数几种细分市场作为研学目标市场，集中企业的全部营销力量实行高度的专业化经营，争取在这些子市场上占有大量份额。通常该策略适合小型研学企业和研学资源独具特色、能吸引一定类型研学旅行者前往的研学基（营）地。

集中性目标市场营销策略的缺点主要表现在研学企业的经营具有很大的风险性。由于目标市场比较单一和窄小，一旦市场出现不利于企业的情况，如发生较大变化或者有强大竞争者进入同一目标市场，都可能使企业没有回旋的余地而陷入困境。

任务三　开展市场定位

一、研学市场定位的概述

（一）研学市场定位的定义

科特勒对市场定位有如下定义："定位是对企业的产品和形象的策划行为，目的是使它在目标顾客的心理上占据一个独特的有价值的位置。"定位大师杰克与艾尔曾说过："定位不是要你在产品上动手脚，而是要你在消费者心中动脑筋，并把你的产品放进去。"简言之：定位就是在客户心目中树立独特的形象。定位不是改变产品本身，改变的是名称和沟通等要素。因此，定位在开始的时候是被作为纯粹的传播策略提出来的。定位在目前的营销理论中占据重要地位，构成了营销战略的最后一个阶段。

研学市场定位是指研学企业根据目标市场上的竞争者和企业自身的状况，从各个方面为本研学企业的研学产品和服务创造一定的条件，进而塑造一定的市场形象，以求在学校、研学者心目中形成一种特殊的偏好。定位对于研学企业营销同样至关重要，研学市场定位的目标就是要将企业、品牌或产品留在消费者心目中，以期让研学企业获得更多回报。

（二）研学市场定位的作用

研学企业进行准确的市场定位，主要有以下三个作用。

1. 有利于企业建立竞争优势

研学企业要建立竞争优势，最大限度地让顾客满意，就必须事先明确企业在哪些方面与竞争对手不一样，在研学者心中处于什么位置，即定好位。

2. 有利于企业营销组合的精确执行

解决好研学企业的市场定位问题，就能够帮助企业解决好营销组合问题，进而保证营销组合的精确执行。如果说确定目标市场是让营销人员知道为什么要制定相应的营销组合的话，那么准确的定位战略则是告诉营销人员如何设计营销组合的内容。

3. 避免企业间的恶性竞争

研学企业如果不能突出自身优势，让企业与竞争对手区别开来，在争夺同样的目标研学旅行者时，由于客源的有限性，必然会进一步加剧市场竞争，甚至会出现恶性竞争的局面。

二、研学市场定位的方式

研学市场定位的方式有很多种，要针对不同的情况选择不同的定位方式。

微课：研学市场定位的方式

（一）根据研学产品来定位

1. 根据研学产品特色或是特殊用途进行定位

这是最为常见的一种定位方法，即根据本企业的研学产品和课程的某种或某些优点，或者说是根据目标研学者、学校所看重的某种或某些关注点去进行定位。

2. 根据"质量—价格"定位

"质量—价格"反映了研学者家庭对企业产品实际价值的认同程度，即对产品性价比的分析判断。这种定位方法通常包括两种情况：强调质量与价格相符或者质高价低。

3. 根据产品使用者进行定位

是指研学企业主要针对某些特定关键人物进行的促销活动，以期在这些研学者或者决策者心目中建立起企业产品"专属性"特点，激发研学者的购买欲望。

4. 借助竞争者进行定位

这种方法是指一个企业可通过将自己同市场声望较高的某一同行企业进行比较，借助竞争者的知名度来实现自己的形象定位。

（二）根据研学市场状况来定位

1. 避强定位

这种定位方式要求研学企业避开强有力的市场竞争者。优点是：采取这种定位方式的企业能够较快地在市场上站稳脚跟，并可能在消费者心目中迅速地树立其自身的形象。这种定位方式市场风险往往比较小，成功率比较高，因此，通常为多数企业所采用。

2. 迎头定位

这种定位方式要求企业与目前市场上占据支配地位的企业采取对着干的定位方式。实施这种市场定位，企业必须对自身以及竞争环境有所了解，并且在采取进取态势的同时不失稳健。

三、研学市场定位的步骤

（一）识别潜在的竞争优势

微课：研学市场定位的步骤

消费者一般都会选择给他们带来最大价值的产品和服务。因此，赢得和保持顾客的关键在于，比竞争者更清楚顾客的需要和购买过程，以及向他们提供更多的价值。通过提供比竞争者低的价格，或者是提供更多的价值以使较高的价格显得合理。研学企业可以把自己的市场定位为：向目标市场提供优越的价值，从而使研学企业可赢得竞争优势。这些价值可以是：研学课程的差异性，研学企业可以使自己的课程区别于其他产品；服务差异，除靠实际产品区别外，研学企业还可以使其与产品有关的服务不同于其他研学企业，如专家在线答疑。因此，研学企业可以通过树立形象使自己不同于竞争对手，从而获得研学消费者的青睐。

（二）选择合适的竞争优势

竞争优势主要是表明企业胜过竞争对手的能力，这种能力可以是现有的，也可以是潜在的。选择合适的竞争优势就是一个企业与竞争者各方面实力相比较的过程。比较的指标是一个完整的体系，主要包括经营管理、技术开发、采购、生产、市场营销、财务和产品等七个方面的要素，其中研学企业的竞争优势往往主要是研学课程开发、研学产品设计、研学产品定价和研学服务能力。通过分析以上因素哪些是强项，哪些是弱项，并与竞争对手进行对比，研学企业就可以发现自身潜在的竞争优势，并从中选择几个合适的竞争优势，据此建立起市场定位策略。

（三）显示独特的竞争优势和重新定位

这一步骤的主要任务是研学企业要通过一系列的宣传促销活动，将其独特的竞争优势准确传播给潜在顾客，并在顾客心目中留下深刻印象。

首先，研学企业首先应使目标顾客了解、知道、熟悉、认同、喜欢和偏爱

项目五 分析目标客户

本企业的市场定位,在顾客心目中建立与该定位相一致的形象。

其次,研学企业通过各种努力强化目标顾客形象,保持对目标顾客的了解,稳定目标顾客的态度和加深目标顾客的感情来巩固与市场相一致的形象。

最后,研学企业应注意目标顾客对其市场定位理解出现的偏差或由于研学企业市场定位宣传上的失误而造成的目标顾客模糊、混乱和误会,及时纠正与市场定位不一致的形象。

(四)传播和送达选定的市场定位

一旦确定市场定位,研学企业就必须采取切实步骤把理想的市场定位传达给研学消费者。研学企业所有的市场营销组合必须支持这一市场定位战略。给研学企业定位要求有具体的行动而不是空谈。研学企业必须谨慎选择能使其与竞争者相区别的途径。有效的差异化应满足下列各原则:重要性,该差异能给目标研学者带来高价值的利益;专有性,竞争对手无法提供这一差异,或者研学企业不能以一种更加与众不同的方法来提供该差异;优越性,该差异优越于其他可使顾客获得同样利益的办法;感知性,该差异实实在在,可为研学者感知;不易模仿性,竞争对手不能够轻易地复制出此差异;可支付性,研学者有能力支付这一差异;可营利性,研学企业能从此差异中获利。

相关链接

西安研学游大数据报告

随着研学旅行成为在校学生的刚需,未来3~5年内研学旅行的学校渗透率会迅速提升,研学旅行市场规模将超千亿元。

2017年,教育部在《中小学综合实践活动课程指导纲要》里明确提出,研学旅行是国家义务教育和普通高中课程方案规定的必修课程,与学科课程并列设置,是基础教育课程体系的重要组成部分,自小学一年级至高中三年级全面实施。

一、西安研学活动基础优良

早在2013年西安市就被确定为首批研学旅行试点城市,研学旅行研究起步早,发展模式成熟,从选择目的地、对接景区,到组织学生外出研学,已有一套完整的"西安模式"可以输出。陕西省教育厅、西安市教育局组织专家组对涉及的线路与课程、研学活动、师资队伍建设、校外基地委托,以及修缮与设备更新等五个方面进行了充分扎实的论证和分部分预算。教育研学拨款使"西安模式"发展更为充实。

二、西安研学游市场基数大

截至 2017 年，西安市共有学校总数 3249 所，其中小学 1125 所，普通高中 160 所，初中 288 所，职业高中 62 所，特殊教育学校 9 所，幼儿园 1605 所。各类学校在校生总数为 148 万人，其中小学在校学生 666 824 人；初中在校学生 259 263 人；高中在校学生 158 173 人；职业高中在校学生 45 145 人；特殊教育在校学生 2498 人；学前教育在园儿童 348 110 人。陕西省教育厅文件要求安排在小学四到六年级、初中一到二年级、高中一到二年级，每学年安排一次，每次小学 2~3 天、初中 3~4 天、高中 4~5 天。正是这些数据及政策决定了西安研学旅行的巨大市场。

面对西安市巨大的研学旅行市场，我们有针对性地选取了各不同年级之间、区域之间的学校进行问卷调查。数据反映，西安市中小学一学年组织一次研学游的频率最高，其次是一学期一次，还有多数学校未组织过研学旅行。从参加研学旅行的人数规模来看，基本上以 300 人左右居多，其次是 300~500 人。19% 的学校组织研学旅行时间以 1 天为主。从花费情况来看，200 元以下占比 74.07%。从调查结果来看，大多数学校组织的研学旅行都不符合教育部门的规定，学校若要依据政策逐步完善研学旅行制度，也将会对研学旅行市场提出更多的需求。就目前来看，多数学校教育管理方式仍处于传统的课堂式教学，即便是组织研学旅行，都多以 1 天为时间单位，选择就近目的地，未能将研学旅行的真实目的和寓教于自然、寓教于乐的教学效果发挥出来。

2017 年 3 月，陕西省教育厅等 12 厅局联合发布《关于推进中小学生研学旅行的实施意见》（陕教〔2017〕139 号），公示了由相关专家及学校代表进行认真评审拟定的首批 62 个中小学生研学实践教育基地。其分布主要以西安居多，具体可以分为六大类：历史文化类、红色教育类、亲近自然类、科普益智类、动手实践类和励志拓展类。

那么，研学景区由谁来筛选？学校如何选定景区？西安市中小学在研学旅行景区选择方面，首先由教育部门和学校共同决定，其次是旅行社等合作机构来帮学校选择；学校对于研学旅行目的地信息来源获取则主要是通过教育部门的文件、旅行社的推荐和媒体的报道。在研学旅行目的地类型方面，亲近自然类景区最受欢迎，其次是科普益智类、红色教育类和历史文化类，而历史拓展类和动手实践类较少。同时，多数学校将研学旅行目的地定在西安市内，其次是其他地市，省外较少。结合西安市本地旅游资源发展情况，未来几年，素质拓展类、动手实践类、

科普教育类的景点和基（营）地，将成为研学游热门目的地。

哪些类型的景区可以承接研学旅行？将景区安全性、教育性、实践性、公益性作为一级维度，餐饮、住宿、性价比、交通、医护设施、通信、实践能力、课程安排等30个维度作为二级维度，严格遵守研学旅行的要求和准则考虑，也发现了60个适合作为研学旅行基地的景区。根据4个一级维度和30个二级维度，经过科学严谨的权重设计和计算得出，每一个入选景区都经得起研学旅行的"考验"。那么作为一个景区，如何才能让自身也加入研学旅行的市场，成功分享这杯羹呢？

三、景区如何从研学市场分羹

随着各级教育部门对研学旅行的重视，景区如何才能抓住研学旅行的浪潮，进行自我转型实现高阶营利模式，下面五点或是努力方向。

（一）找准自身定位，凸显景区自身优势特色

陕西省的各类景区都有一个明显的特点——标签明显，定位准确。这个特点对于有心涉足研学旅行的景区而言，都是明显优势。步入西安众多的历史文化遗迹景点可帮助孩子拓宽文史知识，秦岭的大好山川能让孩子们更好地亲近自然，延安当然是进行红色革命教育最好的选择……所以，进军研学旅行市场之前，景区首先要找准自身定位，凸显优势与研学旅行的需求对接，创造更多的机会与研学旅行合作。

（二）完善景区基础设施建设，提高景区承载力

对于景区而言，承接研学旅行最主要的困难，首先表现在自身承载力不足上。研学是一项集体性活动，景区要同时接待数百名乃至数千名学生团体，提高景区自身基础设施建设能力，提高承载力和接待力是必要的。作为研学旅行基地，景区不仅要提供优质的服务，也要让每一位学生的基本要求都能够得到保障，建立良好的口碑，寻求长期合作关系。

（三）拓展景区优势特色，延长研学旅行活动链，提高附加值

不少单一景区的优势特色具有局限性，难以满足教育部提出的研学旅行需求，所以景区在立足自身优势特色的同时，还要延长研学活动链，通过拓宽景区服务能力、增加相关研学项目来达到研学旅行的目的和要求，将是各大景区面临的主要问题。

（四）提高传播力，将景区特色品牌进行推广

对于景区而言，提高传播力，将景区特色品牌文化进行推广迫在眉睫。有了自身的定位优势，完善的基础设施，健全的安保制度，那么如何与学校进行对接和挂钩呢？这个时候就需要提高传播力，要"第三人"

进行推广宣传，与当地媒体合作、大型门户网站推广是一条良策。

（五）时刻把握市场动态变化，了解最新变革

研学旅行近年来变得火热，与政策支持有很大关系。对于一个新兴市场而言，时刻跟进市场动态变化，了解政策，对教育改革有最新潮的认知和理解，是很有必要的，对于研学旅行的承办者而言，也可以随时提高自己从而适应市场。

（资料来源：消费者导报）

项目思考与练习

一、单选题

1. 美国的市场营销专家（　　）提出了市场细分的七个步骤，后来成为市场营销中市场细分的重要遵循，研学旅行市场作为一个新兴市场，同样可以遵循这一重要程序。

A. 麦卡锡　　　　　　　　B. 尼尔·鲍顿

C. 菲利普·科特勒　　　　D. 舒尔茨

2. 在研学市场细分的可实现性原则下，细分市场指的是（　　）

A. 使企业获利的　　　　　B. 企业营销活动能够抵达的

C. 可以识别和衡量的　　　D. 概念上可清楚区分的

3. 在按研学市场地理因素细分的标准下，以下不是其参考衡量的标准的是（　　）

A. 国家　　　B. 地区　　　C. 人口密度　　　D. 位置

4. 以下选项中，属于集中性目标市场营销策略缺点的是（　　）

A. 经营具有很大的风险性　　B. 企业投入成本高

C. 投资回报效率低　　　　　D. 产品单一

5. 市场细分是企业根据（　　）的不同，把整个市场划分为不同的消费者群的过程。

A. 消费者行为　B. 消费者需求　C. 社会因素　D. 环境因素

二、多选题

1. 根据研学旅行者的研学目的细分研学市场是一种非常基本的方法，其实质是按消费者购买研学产品所追求的利益有所侧重。目前，以此变量为标准，主要可以将研学市场细分为以下几个市场（　　）

项目五 分析目标客户

A. 知识科普型　　　　　　B. 自然观赏性
C. 体验考察型　　　　　　D. 励志拓展型
E. 文化康乐性

2. 人口因素是指可以依据的人口统计变量，包括（　　）
A. 年龄　　B. 婚姻　　C. 职业　　D. 性别
E. 收入　　F. 国籍

3. 以下选项中，属于市场密集单一化模式优势的有（　　）
A. 树立良好的声誉，建立巩固的市场地位
B. 专业化分工，获得许多经济效益
C. 分散市场风险并凸显研学企业的特点与风格
D. 降低经营风险

4. 以下属于研学市场定位步骤的有（　　）
A. 识别潜在的竞争优势
B. 选择合适的竞争优势
C. 显示独特的竞争优势和重新定位
D. 传播和送达选定的市场定位

5. 以下属于研学市场细分作用的是（　　）
A. 有利于研学企业扬长避短，发挥优势
B. 有利于系统设计研学课程体系
C. 有利于提升业务人员的个人因素，提升企业专业形象
D. 有效地拓展新市场，扩大市场占有率

三、名词解释
1. 研学旅行市场细分
2. 研学市场定位

四、简答题
1. 请简要概括研学市场细分的作用？
2. 研学目标市场营销的策略有哪些？

五、实操题
1. 根据所学知识，针对某研学基地的目标客户进行分析。
2. 结合市场细分的知识，讨论如何针对小学生市场制订相应的营销策略。

参考答案

项目六

设计研学旅行产品

全国中小学生研学实践教育基地——上海科技馆

项目导读

要创作出符合要求的研学旅行产品,就要对研学旅行相关的知识进行学习,明确研学旅行产品设计的目的,全方位对工业研学、农业研学、科技研学、军事研学、天文研学、地理研学、历史研学、建筑研学、美食研学、民俗研学等细分领域进行深入挖掘,有效设计出符合不同年级、不同层次、适应市场、可持续发展的研学旅行产品。本项目主要通过对研学旅行产品设计的学习,使同学们认识研学旅行产品的设计内容和要素,有效掌握研学旅行产品设计的方法,科学合理地为研学旅行产品制定价格。

课程思政:精神谱系——开发红色旅游产品 更好传承沂蒙精神

学习目标

了解研学产品的概念与构成;了解产品的内容要素;熟悉研学产品服务设计;熟悉研学产品定价方法;掌握研学产品的生命周期;掌握研学旅行产品各个阶段的营销策略;掌握研学产品价格策略。

思维导图

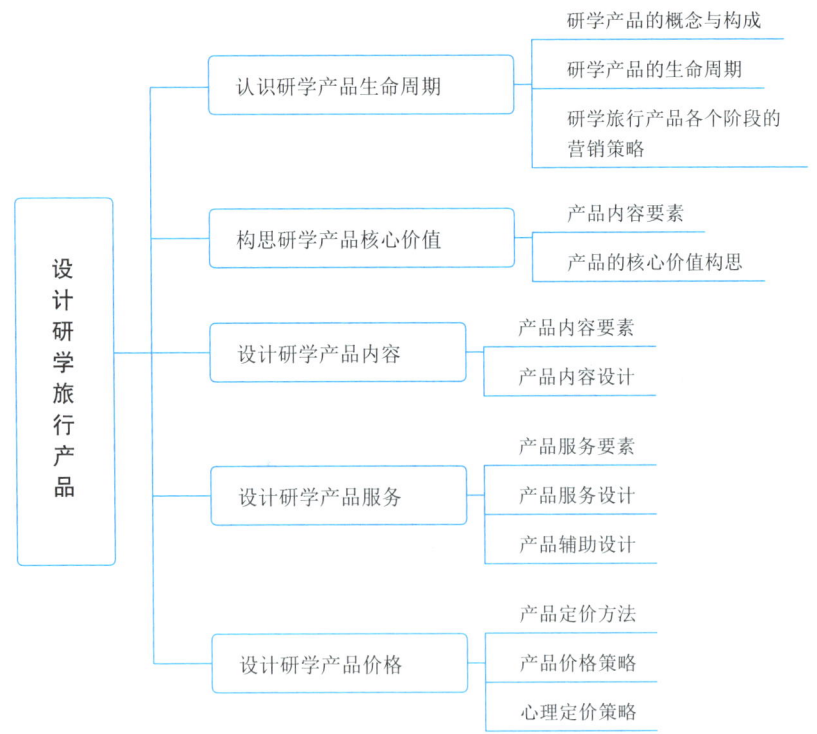

项目六　设计研学旅行产品

任务一　认识研学产品生命周期

一、研学产品的概念与构成

（一）研学旅行产品的概念

要做好研学旅行产品设计，首先要明确什么是研学旅行产品。研学旅行产品是以研学旅行基（营）地为基础，以培养研学旅行者的素养为核心，为研学旅行者提供物质产物和精神产物的总和。研学旅行产品和研学活动紧密相连，研学活动是一种综合性的活动，包括食、住、行、游、购、娱。研学旅行产品是一种以研学者需求为中心的整体概念。需求不同，对食、住、行、游、购、娱的组合要求也不同，于是形成了不同类型的研学旅行产品。

微课：研学产品的类型与特征

从研学旅行者的角度来看，研学旅行产品应从课外实践教育的角度出发，结合课程体系以及教学计划，让研学者有所获。

从研学旅行产品设计者的角度出发，应根据研学旅行的目标有针对性地设计不同类别的研学旅行产品。

从育人要素的角度出发，研学产品设计的主题可以有家国情怀类研学旅行教育主题、沟通交往协作类研学旅行教育主题、个体发展类研学旅行教育主题等。家国情怀类研学旅行教育主题可以分为爱国主义教育、革命传统教育、国情教育、国防意识教育、传统文化教育、现代化教育、"四个自信"教育；沟通交往协作类研学旅行教育主题可以分为集体主义教育、爱的教育、文明素质教育、合作意识与能力培养；个体发展类研学旅行教育主题可以分为理想信念教育、意志品质教育、自我管理教育等。

（二）研学旅行产品的类型

根据文化和旅游部发布的《研学旅行服务规范》，将研学旅行产品的类型分为两大类。其一，从研学产品定义的角度出发按研学旅行资源进行分类；其二，按照研学旅行的研学课程分类。

研学旅行产品按照资源分为自然观赏型、知识科普型、体验考察型、文化康乐型、励志拓展型。自然观赏型主要包括山川、江、湖、海、草原、沙漠等资源；知识科普型主要包括各种类型的博物馆、科技馆、主题展览、动物园、植物园、历史文化遗产、工业项目、科研场所等资源；体验考察型主要包括农庄、实践基地、夏令营营地或团队拓展基地等资源；文化康乐型主要包括各类主题公园、演艺影视城等资源；励志拓展型主要包括红色教育基地、大学校园、国防教育基地、军营等资源。

按照研学旅行的研学课程分类，可以分为自然类、历史类、地理类、科技类、人文类、体验类等课程。

（三）研学旅行产品的特征

1. 无形性

无形性是服务产品的共同特点，研学旅行产品属于服务性产品，因此具有无形性的特点。例如，一条自然景观类型研学线路、某一专项研学主题活动，它们都不是作为实体而存在的。虽然研学旅行产品中研学旅行资源包括的研学旅行基（营）地与研学设施是有形的，但它们只是作为研学服务的条件而存在。无形性的研学旅行产品在购买之前，研学者只能依靠直接和间接的经验判断研学产品所包含的内容及质量。由此，在研学旅行产品的深层次开发和对市场需求的满足较多地依赖于无形研学旅行产品的开发，也就是不断地提高研学旅行服务的质量和水平。

2. 生产与消费的同步性

有形产品拥有"生产—销售—消费"环节，而多数研学旅行产品的生产与消费却是同时进行、不可分割的，这也是服务性产品的共性。研学旅行产品的提供是与研学旅行消费者的消费行为同时发生的，而且是研学旅行企业的员工以及研学旅行指导师等与参与研学者发生面对面的接触。一旦研学旅行消费结束，研学旅行直接服务便停止。研学旅行产品的这一特点使研学旅行产品的质量难以控制。

3. 不可转移性

有形产品生产出来之后需要经过运输和一系列中间环节，才能到达消费者手中，对有形产品的购买表现为实物流动和产品所有权的转移。研学旅行产品是一种特殊产品，其购买、消费与使用是一种信息的交流和传播，研学旅行产品不发生位移。研学旅行产品无法运输，只有参加研学者趋近研学旅行产品，

项目六 设计研学旅行产品

到研学旅行目的地才能进行消费。

4. 不可储存性

不可储存性又可称为易消失性。研学旅行服务是一种行为，不能储存。任何时间、任何地点的服务都不可能提前生产出来等待研学者前来购买。虽然必要的设施、设备及劳力可以事先准备好，但这些内容仅仅代表了研学旅行产品的辅助生产能力或研学旅行接待能力，而不是研学旅行服务本身。

5. 综合性

研学旅行产品是一个综合性概念，这是由研学旅行活动的综合性所决定的。研学目的地提供的满足研学者在研学活动中食、住、行、游、购、娱等方面所需要的产品与服务，都是整体研学旅行产品的组成部分；各研学旅行承办企业所提供的各种单项研学旅行产品，都是多种无形的服务与有形产品的组合。随着研学者需求的日益多样化，研学旅行产品所包含的内容也必然更加广泛。

（四）研学旅行产品的构成

研学旅行产品一般由三个部分构成，即研学旅行产品的核心部分、形式部分和延伸部分。

1. 核心研学旅行产品

核心研学旅行产品是指能够满足研学者需要的基本效用和利益的研学旅行产品，它是研学者购买产品所追求的核心价值，也是研学者最主要的需求。研学者通过对核心产品的体验，能够获得各自所需的愉悦和知识，提高认识社会的能力。具体来说，食、住、行、游、购、娱的研学六要素构成了整体研学旅行产品的核心层次，其中带有游和娱特征的研学旅行项目是核心内容，核心产品是研学产品中最重要的构成部分。例如，某研学基地以传统文化和军事文化为其核心产品要素，打造了传统文化研学楼和军事文化研学楼两个研学基地。其中，传统文化研学楼打造了古代礼仪研学、科举文化研学、中国传统手工艺体验研学等三个品类40余个研学项目；军事文化研学楼打造了古代军事文化研学、红色军事研学、现代军事科技体验研学等三个品类30余个研学项目，每一个研学项目对应一门研学课程。以上研学项目和研学课程均属于核心研学产品，是研学旅行开展的核心载体和核心内容。

2. 形式研学旅行产品

形式研学旅行产品是指研学旅行运营企业向市场提供的产品实体和劳务的性质、外观、式样、规格、特点、品牌与包装等，它是研学旅行产品的实体状态和劳务外观，是核心产品的载体。研学旅行产品是特殊的商品，它具有商品的特性，可通过品牌和包装，推荐到研学市场去实现其价值。可以说，形式研学旅行产品在一定程度上直接影响研学者的购买决策。例如，某公司打造了名为"书院"的研学营地，书院的研学产品借鉴了古代中国书院的运作模式。书院最早源于唐代私人治学的书斋和官府整理典籍的衙门，是中国古代士人围绕着书，开展包括藏书、读书、教书、讲书、著书、刻书等各种活动，进行文化积累、研究、创造与传播的文化教育组织。研学学生来到营地之后，全部按照中国古代书院的运转模式来开展，同时书院研学营地还设计了书院的标识，方便大家对该营地品牌的认知和记忆，这些都是形式研学旅行产品。

3. 延伸研学旅行产品

延伸研学旅行产品是指研学者购买研学旅行产品时所得到的其他附加利益的总和，如咨询服务、优惠条件、付款条件、安全保障、信息服务、速度、准确及研学旅行产品的推销方式等。提供延伸研学旅行产品是使研学旅行运营企业的产品有别于竞争产品、实施差异化策略的有效选择。例如，某国内研学企业的一款国际研学产品的服务体系中提到以下六个方面。

（1）资深从业咨询顾问提供全方位的咨询服务，包括行程细节、核心亮点与学员收获等，公开透明，确保家长放心选择。

（2）专业的签证老师凭借多年的从业经验，站在签证官的角度看待问题，帮助学生更好地准备签证材料。

（3）报名后统一安排行前说明会，确保每一位学员及家长熟悉境外的行程、安全、风土人情以及时差气候等基本信息，做到心中有数，安心出行。

（4）专业境外研学旅行指导师，熟知紧急预案，在带团的过程中除了保证学生的安全，更能引导学生多体验、多经历。

（5）配备优秀的中文导游，妥善安排好境外的行程以及餐食住宿，为行程顺利进行保驾护航。

（6）定制研学课程、研学电子纪念册、游学证书，让每一位学员都能收获满满，留下美好回忆。

以上这些服务体系的内容都属于延伸研学旅行产品。

相关链接

青岛市成立首个应急安全研学旅行示范基地

2019年9月28日，由山东海丽应急安全培训中心承建运营的西海岸新区应急安全体验教育基地获批青岛市首批研学旅行示范基地，掀开了青岛研学旅游的崭新篇章，同时也为全国来青旅游研学的学生提供了

项目六　设计研学旅行产品

更加专业、规范、各具特色的研学旅行基地。

一、安全是研学旅行的生命线

青岛市首批6家研学旅行示范基地涵盖应急安全、自然科学、海洋科学、历史文化、社会实践等多种类型。安全是研学旅行的生命线，作为拥有山东省防震减灾科普宣教基地、青岛市科普教育基地、青岛市青少年应急安全教育基地等众多亮丽名片的西海岸应急安全体验教育基地，展现了青岛市"体验式"应急安全教育的整体实力和独特魅力，是全国学生研学旅行最基础、最重要的一站，更是所有学生开启研学旅行的第一站。

二、研学之旅——孩子们眼中独具魅力的应急王国

西海岸应急安全体验教育基地面积5000平方米，以"体验式"应急安全学习为理念，打造"趣味、探索、体验"式的应急学习王国。基地涵盖消防安全体验区、自然灾害体验区、交通安全体验区、医疗急救体验区等13大区域193个互动体验项目。

其中，研学旅行内容包括交通安全、关注消防、自然灾害、校园安全、急救知识、禁毒安全6大板块；课程涵盖火热校车逃生、火灾高层缓降逃生、地铁应急自救、校园安全18堂课、心肺复苏等20余项应急技能实操项目，10余个互动小游戏。"体验式"应急安全研学课程深受学生和家长们的喜爱，因参与度高、知识普及效果好，已经发展成为研学旅行公认的王牌项目。

此外，该基地还不断对研学项目改造升级，除定向开发编写小学版、中学版、教师版研学专用书籍外，在研学过程中，对于应急体验项目操作标准正确的学生，给予合格认证；进行优秀学员评选，为其颁发"小小急救员"证书。

未来，青岛西海岸新区应急安全体验教育基地将发展成为认识、探索"体验式"应急安全的科普胜地、旅游王国，为推动青岛市乃至全国研学旅行向纵深发展贡献力量。

（资料来源：山东网）

二、研学产品的生命周期

（一）生命周期理论

人们经过对市场活动的长期观察，逐步认识到，一种产品在市场上的销售情况和获利能力并不是固定不变的，而是随着时间的推移不断发生变化。研学旅行产品和其他产品一样，也都有产生、成长、成熟、退出的过程。研学旅行产品从进入市场，经历初创阶段、发展阶段、繁荣阶段后进入衰退阶段，直至退出市场，这个过程称之为研学旅行产品的生命周期。典型的研学旅行产品生命周期包括投入期、成长期、成熟期、衰退期4个阶段。

微课：研学产品的生命周期

在研学旅行市场中，由于竞争激烈，研学旅行产品的更新换代很快，每一件研学旅行产品的生命周期并非一样，有的研学旅行产品周期长，有的研学旅行产品周期短，有的研学旅行产品呈波浪状起伏，有的研学旅行产品则比较平稳，呈现出的市场现象各不相同。而不同的研学旅行产品类型，如科普类产品、自然观赏类产品、体验类产品，其研学旅行产品生命周期各有不同，相应的投资开发策略也不尽相同。

综上，研学旅行产品生命周期就是研学旅行产品从投放市场到退出研学市场的全过程。与一般商品的生命周期不同的是，研学旅行产品生命周期不是指研学旅行产品使用价值的存在和消失，而是指研学旅行产品是否被研学市场接受及接受程度。

研学旅行产品在市场上的生命周期有长有短、表现形态各异，一般来说，典型研学旅行产品的生命周期会经过投入期、成长期、成熟期、衰退期4个阶段。

相关链接

论研学产品的发展阶段及生命周期

在生命周期理论中，投入期的产品缺少用户，企业需要通过各种营销手段进行宣传；成长期产品销售直线上升，利润不断增加，市场规模不断扩大；成熟期消费者数量趋于稳定，市场趋于饱和，此时竞争最激烈；衰退期产品失去竞争力，面临淘汰的风险。目前，研学市场规模快速增长，用户不断增多，较符合生命周期理论中的成长期。2013年的政策发布可作为研学旅行走向成长期的拐点，即在此之前，研学旅行属于投入期。基于此，可进一步分析研学产品的发展阶段及其生命周期，将其划分为游学阶段、研学阶段、浸泡式学习阶段和个性发展阶段。

一、游学阶段

游学阶段产品刚刚发展，不被大众所知，靠旅行社宣传扩大知名度，较符合产品生命周期的投入期。我国研学产品萌芽于改革开放初期，受国外访学团影响，出现出国游学类的研学产品，产品缓慢发展，仅占据小份额市场。此类研学产品的特点在于以国际游学为主，以开阔视野、增长见识为主要内容，散客多于集体，各旅行社为主要产品开发方。游学产品是带有一定教育意义的观光型教育旅行产品，但它不以研学问题为导向，不引导学生自主探究，不涉及产品效果评价，不设定学生的考核方式。

二、研学阶段

从2013年至今，未来数年都将处于研学阶段，显然其市场规模快速扩大、产品销售额稳步提升、市场需求逐渐成为刚需。该阶段与产品生命周期的成长期较为相似。此类研学产品的特点在于紧密结合"研"和"游"，以研学问题为导向，前往特定目的地进行研学活动。在整个过程中，研学旅行指导师以引导学生进行自主探究为主，辅以知识讲解。以班级或学校为单位进行研学活动，校方参与产品设计开发和选择；重视对研学活动的评价和对学生的考核，学生的考核结果计入学生的综合成绩中；出现研学基地、研学机构、研学协会等；国内产品和国际产品并重，国内产品发展快于国际产品。

三、浸泡式学习阶段

研学产品可进一步发展为浸泡式学习产品。浸泡式教学来源于语言学习法，始于"加拿大法语浸泡式教学计划"，指以目标语为媒介教授非语言知识课程，语言学习作为副产品而获得。浸泡式研学产品是指学生在研学目的地进行中长期的研学活动，在研学旅行指导师的指导下，自主发现问题、研究问题、解决问题，主要特点在于无须以特定的研学问题为导向；在研学目的地上学生具有选择权；研学考核结果不仅作为学生的综合成绩之一，同时写进学生档案，作为自主招生院校的参考条件之一。在浸泡式研学过程中，学生的自主研究思维和能力都得到充分发挥和提高，这将是"研"与"游"的最佳融合状态，也是研学产品的成熟产品。不过该阶段的研学产品对旅行指导师、教材、课程设计和研学地点都有非常高的要求，需要一定的实践经验积累。

四、个性化发展阶段

研学产品不同于一般的旅游产品，其核心功能是"教育"，也意味着研学产品的需求将永远存在，研学产品将永不过时。虽然研学旅行的市场不存在衰落阶段，但是产品仍会有不符合市场需求而被淘汰的产品。在研学产品的发展稳定期，也是竞争最激烈的时期，若某类研学产品没有符合市场需求、没有运用新技术、没有跟进教育目标，很容易被市场淘汰。在未来的发展中，研学将不仅仅是作为学生的课程内容，还与学生的职业规划和人生规划等有密切联系，也承担着对学生的个性化培养的使命。集体出行方式不利于学生个性的完全培养，在未来借助技术、环境、指导师的支持下，突破集体出行的局限，实现个体研学培养，不仅是研学产品的改造升级，更是对研学旅行概念的重新塑造。

（资料来源：易静玉，吴水田.论研学产品的发展阶段及生命周期[J].浙江旅游职业学院学报，2018，14（3）.）

（二）影响研学旅行产品生命周期的因素

1. 研学旅行产品的吸引力

研学旅行产品的吸引力主要指研学旅行吸引物，即研学资源本身的吸引力以及研学内容与课程体系的融合度。一般来说，吸引力越大融合度越高，其生命周期越长。例如，我国具有深厚文化底蕴的人文景观，这是其他国家和地区无法仿制的，因此受到世界各国研学者的青睐。

2. 研学旅行目的地的环境

研学旅行目的地的环境主要包括自然环境与社会环境。因为研学旅行产品的吸引力不仅来自研学旅行产品本身的吸引力，还在更大程度上依赖于目的地的自然环境和社会环境，如优美的环境，安全、便捷的交通和居民的友好态度等。可以说，研学旅行目的地环境在很大程度上影响着研学旅行产品的生命周期。

3. 研学者需求的变化

研学者的需求可能因课程体系的变化而发生兴趣转移，从而引起研学市场的变化，导致此地研学资源吸引力的衰减。研学观念的变化、教学方式的调整、新的研学旅行基（营）地的出现、目的地的环境污染或服务质量下降都会影响消费需求的变化。

4. 正确的经营策略和方针

在研学旅行业市场竞争日趋激烈的今天，改变经营观念，加大与学校联系的力度，重视研学旅行产品的个性化定制，提升研学旅行课程开发的水平，实施正确的研学旅行产品组合策略和市场细分战略，才能保持可扩展的客源市场，才能延长研学旅行产品的生命周期。

5. 研学旅行市场竞争状况

当前，研学旅行市场已经成为教育行业和研学行业的热点，竞争越来越激烈，在研学旅行运营企业不断提高服务质量的情况下，新的研学旅行产品层出不穷，导致原有产品的生命周期不断缩短。因此，要在竞争中保持优势，需要研学旅行企业不断推出符合市场需求、生命力旺盛的研学旅行产品。

（三）研学旅行产品生命周期各阶段的特点

1. 投入期

投入期指新产品首次正式上市后的最初销售时期。投入期是新研学旅行产品正式上市后，销售增长缓慢的时期，如新的研学基（营）地的建成，研学旅行新线路的开通，新研学项目和服务的推出等。

投入期阶段，研学旅行产品的设计和生产有待进一步完善，服务质量不稳定。研学旅行产品尚未被研学者了解和接受，潜在的研学者对此持观望态度，购买不够踊跃，只有少数追求新奇的研学旅行消费者尝试购买。研学旅行产品销售量低，增长速度缓慢。由于销量小，投入费用高，研学旅行产品的单位成本较高。为使顾客了解和认识研学旅行产品，研学旅行运营企业需做大量广告宣传，开展促销活动，广告费用和其他营销费用开支较大，故利润较低，甚至存在一定程度的亏损。在此阶段，企业尚未建立最理想的营销渠道，还没有建立高效率的分销模式，在这个阶段企业承担的风险最大，但这个阶段市场竞争者较少，因此这个阶段的市场机会也是较大的。研学旅行运营企业应尽量缩短投入期的持续时间，以求迅速进入和占领市场。

2. 成长期

进入成长期，市场逐步打开，新的研学旅行产品逐渐被研学者所接受，研学旅行产品的设计和生产基本定型，主题明确。基础设施已趋完善，六大基本环节相互之间联系紧密，处于正常运转状态，研学旅行服务人员熟练的程度提高，服务趋于标准化和规范化，服务质量得以大幅度提高，研学旅行产品知名度逐渐提升，研学产品的销售额稳步上升。研学者对产品的了解和认知程度提高，研学旅行产品销售额快速增长。随着研学旅行产品销售量的增长，单位成本下降，企业盈利增长。由于研学旅行企业利润较高，新的研学旅行运营企业逐渐参与市场，展开竞争。

> **相关链接**
>
> **上海市青少年校外活动营地——东方绿舟**
>
> 　　上海市青少年校外活动营地——东方绿舟营地是上海市教委直属事业单位，位于青浦区西南，淀山湖畔，建于2000年，自2002年开始运行，总占地面积5600亩（373公顷）。东方绿舟营地是上海市落实科教兴国战略和大力推进素质教育的一项标志性工程，是上海最大的校外教育场所，拥有智慧大道区、国防教育区等八大园区，年接待国内外学生和社会游客150余万人次。东方绿舟营地紧紧围绕校外素质教育和社会服务两大中心职能，形成了国防教育、公共安全、国际修学、拓展培训、环保科普五大教育品牌。
>
> 　　东方绿舟建成开营15年来，营地的建设发展受到社会各界的广泛关注，党和国家领导人曾多次亲临视察并给予高度评价。营地荣获全国未成年人思想道德教育工作先进单位、全国实施妇女儿童发展纲要先进单位等国家级荣誉17项，5次荣获上海文明单位，获上海平安单位、上海市级机关先进基层党组织等上海市级荣誉11项。
>
> 　　（资料来源：上海教育网站）

3. 成熟期

这一时期是研学旅行产品销售的主要阶段，研学旅行产品成为名牌产品或老牌产品，并且在市场中享有较高的知名度和美誉度。研学者趋于大众化，学校和家长等愿意购买，拥有很高的市场占有率，销售额逐渐达到高峰而增长趋缓，年销售量增长率在1%~5%。研学旅行运营企业的利润也达到最高水平，市场开始饱和，供求基本均衡。市场中的竞争者大量涌现，竞争日趋激烈，研学旅行运营企业可能为了对抗竞争者而增加营销支出。

4. 衰退期

该时期是研学旅行产品逐渐退出市场的阶段。此时的研学旅行产品销售急剧下降，利润大幅滑落，是研学旅行产品逐渐退出市场的阶段。研学旅行产品的内容和形式都不能满足研学者的需求，研学者的兴趣发生转移。同行竞争者纷纷退出市场。一些研学旅行运营企业对衰退期缺乏足够的认识而猝不及防，随着现有研学旅行产品的衰退而走向衰亡。与此同时，市场出现了新的研学旅行换代产品或替代产品。

三、研学旅行产品各个阶段的营销策略

（一）投入期的营销策略

在产品投入期，由于不为人们所认识，故研学企业需在促销水平与价格间进行组合。由于这一阶段较高的生产成本和营销费用，再加上较少的产品销量，以及较少的竞争对手，因而在价格上多采用高价策略，这也为以后竞争对手增加时的降价留下了余地。在产品策略方面，应在尽快做好产品定型的基础上，考虑逐步提高产品质量。在研学产品投入阶段，定价和促销是两个突出方面，这二者的配合有以下四种策略可以选择。

微课：研学产品各个阶段的营销策略

1. 高价低促的缓慢撇取策略

以较高的价格树立产品形象，以此来弥补促销力度上的不足，从而把研学产品投放到市场。高价格的目的在于获取更大的盈利。而低促销则是降低新产品的销售费用，旨在通过高价格来提高研学产品的知名度。这种策略在短期内可获得巨大利润，以回收研学产品的生产成本。采用此策略必须具备以下基本五个条件：

（1）研学产品高度垄断市场，产品规格档次高，服务质量好，基础设施齐全。

（2）潜在研学消费者将愿意并有能力出高价。

（3）研学市场规模相对较小。

（4）研学市场已基本了解这类产品。

（5）潜在的竞争对手少，该类研学产品具有很大的垄断性。

2. 高价高促的迅速撇取策略

以较高的价格树立研学产品的市场形象，同时支付大量的促销费用，加大促销力度，在市场上树立良好的产品形象，以弥补高价格的不足，从而扩大市场占有率。这种策略适应于以下类型市场：

（1）研学产品的知名度较低。

（2）人们消费水平较高，市场上有一批重质量轻价格的成熟消费者。

（3）研学产品特色较为突出，与同类产品比较有明显优势。这类产品主要是高端研学产品，如太空研学、量子研学、VR 研学等。

3. 低价低促的缓慢渗透策略

企业以一种低姿态进入研学市场，目的在于促使市场尽快接受这类产品，随着产品知名度的提高，慢慢提高产品的价格，回收企业投资。采取该种策略的条件是：

（1）研学产品的价格弹性较大，消费者对价格比较敏感。

（2）市场开拓空间广阔。

（3）基础设施能稳步配套建设。

（4）有相当数量的潜在竞争者存在。

（5）产品的知名度较高，如红色研学、礼仪研学、乡村研学等为广大消费者熟知的研学产品在某地区发展伊始时，都可采取此种策略。

4. 低价高促的迅速渗透策略

以较低的价格搭配较高的促销，全力推出该产品。这种策略常使产品在最短的时间内进入市场，迅速提高产品的市场占有率。采取该策略出于以下原因：

（1）市场规模大，潜在研学消费者众多。

（2）消费者对研学产品特色还不了解。

（3）大部分研学消费者对产品价格敏感度高。

（4）潜在竞争的威胁大。

（5）研学产品因规模生产或新技术而使生产成本大大降低，如军事研学、滑雪研学、高尔夫研学和一般的出境研学，由于市场上同类产品数量的增加和产品生产成本的不断降低，过去曾经高不可攀的价位现在可以被消费者所接受。

（二）成长期的营销策略

成长期研学产品的销售应包括两个方面：一方面巩固已有的销售成果；另一方面进一步扩大市场的占有率，尽快提高销售量。这一时期，潜在竞争者已经出现。企业成长期的销售策略为：

1. 提高产品服务质量，增加研学产品特色

改进研学产品，进一步完善基础设施建设，提高研学的可进入性。做好各行各业之间的协调，提高企业接待能力（研学产品的生产能力）。增加产品新的功能和品种，以系列化的产品满足不同目标市场的需求。不断完善产品品质，并跟进产品的服务，获得更好的市场信誉，以吸引更多的潜在研学者。

2. 开拓并采用新的销售渠道

在巩固原有市场基础上，开拓新市场。通过加强销售渠道管理，搞好成员

之间的协调，以挖掘市场深度为主，将市场更加细化；采取多种销售形式，增加新的销售渠道。

3. 加强研学的宣传力度和增加促销方式

把产品宣传中心从介绍产品转移到建立产品形象上，树立产品品牌，培养忠实客户，吸引新客户。适当时候开展促销活动，吸引对价格比较敏感的消费者购买产品。另外，借助媒体，对外宣传，重点由介绍研学产品转为树立产品形象，宣传产品特色，提高产品知名度，走名牌产品的销售策略。

4. 开拓新市场

在分析市场价格发展趋势和竞争者价格策略的基础上，努力提高研学产品的规模生产能力，以此降低单位产品成本，可适当降低原有价格，以吸引对价格敏感的潜在购买者，以此主动开拓新市场。

（三）成熟期的营销策略

成熟期的市场竞争异常激烈，同类产品的生产企业却不断增加，企业为了保持产品的优势地位，可采取如下营销策略。

1. 市场改革策略

为了寻找机会市场，争取新的消费者，研学企业应进行市场开发，进一步挖掘市场潜力，稳定和扩大产品销售量。

2. 产品改革策略

研学产品的改进主要集中在两个方面：一方面是产品质量改进，增加产品的独特性、新颖性、技术的先进性、时代感等，以吸引不同需求的研学消费者。另一方面服务数量改进，规范服务技巧，使研学接待服务标准化，以此来稳定服务质量，同时尽可能增加服务项目，以此吸引研学消费者。

3. 营销组合改革策略

对原有的营销组合因素进行调整、变革，稳定市场，刺激销售量回升，继续提高市场占有率。如降价或增加销售过程中的服务内容，开辟多种销售渠道等。但这种策略如使用不当，容易为其他企业所效仿而加剧市场竞争，也可能因促销费用增加而导致利润的减少。

4. 新产品的研制和开发

当产品进入市场成熟期，随着研学消费者需求变化，使得企业难以预知现有产品衰退期何时到来。为使企业长期居于市场主动地位，研学企业应着手研制和开发新产品。研学企业还应以更长远的眼光，从战略高度把优质产品升华为名牌产品，进而把企业升华为名牌企业，为研学企业可持续营销创造条件。

（四）衰退期的营销策略

市场营销一旦进入衰退期，一般而言，企业应尽可能地缩短产品的衰退期，其主要措施有以下四点。

1. 立刻放弃策略

产品进入衰退期已无生命力，就意味着到了淘汰阶段。如果研学产品市场售价、销售量急转直下，甚至连变动成本也无法补偿，那么企业应采用此策略，果断将产品撤出市场。

2. 撤退和淘汰疲软产品

对于疲软产品，维持其生产会成为企业发展的一个包袱，使企业的人、财、物得不到及时转移；同时，疲软产品也会影响到企业的市场声誉。因而对于此类产品，企业应果断撤退和予以淘汰。

3. 逐步放弃策略

改善和扩充滞销研学产品，滞销产品在研学市场上仍具有一定的潜力可挖，面对同类产品或其他替代产品的竞争，市场销售量有所下降。对于这类产品，研学企业不应盲目放弃，开拓市场毕竟不是一件容易的事情，企业应当分析产品滞销的原因，对症下药，扩大产品的用途，提高产品的质量，使产品销售量得以回升。

4. 自然淘汰策略

研学企业不主动放弃某一产品，而是依据研学产品的生命周期，继续使用过去的市场、渠道、价格和促销手段，直至研学产品的完全衰竭。因为竞争者纷纷退出，市场上仍有"怀旧型"研学者，可坚守一段时间后再退出，或等待新的复苏。

项目六 设计研学旅行产品

任务二 构思研学产品核心价值

一个产品的价值有很多，对不同的主体体现出来的价值也不同。一个产品的价值，对产品提供方来说可能是营收、利润、美誉度、品牌价值、社会义务等；对用户来说可能是解决了他的一个痛点问题，或提升效率、自我实现等；对社会来说可能是提高社会的文明水平；对国家来说可能是GDP、国际影响力等。总之，一个产品的价值有很多。但是产品的核心价值就只有一个，即满足目标用户一个或多个需求，解决一个痛点问题。这个需求越是刚性需求，产品的核心价值就越大。鲁克在《产品的视角》中说："产品的第一价值是微笑价值，第二价值是商业价值。"其中，微笑价值是对用户而言的，因此一个产品的核心价值体现在它的用户价值上。研学旅行产品作为一种旅游与教育结合的产品，其核心价值应该体现在满足研学消费者的个性化需求上。从教育的角度来看，研学消费者的主体是K12学段的学生，其产品的核心价值就是满足以上学段学生的个性化需求，他们就是研学旅行的典型用户。

一、产品内容要素

研学旅行是一种特殊形式的校外综合实践活动课程，除了包括课程目标、课程内容、实施方式、评价方式等课程建设的一般性要素，还需要有研学旅行特有的要素，如研学主题、研学旅行线路、研学基（营）地、课程手册、活动过程、研学旅行指导师、安全管理、经费预算、研学旅行评价等要素。

研学旅行产品与旅游产品有着一定的区别和联系。旅游产品也被称作旅游服务产品，由实物和服务组成，包含食、住、行、游、购、娱等方面的设施设备、项目及其相应的服务；旅游产品的构成要素主要包括旅游吸引物、旅游设施、可进入性和旅游服务。研学旅行作为旅游的一种新业态，其产品有自己的特征，也与旅游产品相互联系，本质上研学旅行产品也属于旅游产品的一部分，不过研学旅行产品有其自身的特点，区别于旅游产品主要服务于旅游者的休闲需求，研学旅行产品主要服务于旅游者的研究性学习需要，带有一定的教育属性，强调在食、住、行、游、购、娱的基础上要有对应的研学课程。

研学旅行产品的内容要素核心就是研学旅行课程。研学旅行课程往往涵盖四个方面的内容：一是研学目标。以培养全面发展的人为核心，充分发挥跨学科综合育人功能。以核心素养为标准，明确"通过什么方式、学习什么内容，最终学生获得什么发展"的教学目标，凝聚跨学科合力，形成人的协调观、时空观、科学精神与社会责任等大观念，提升学生跨学科素养。二是研学主题。依托旅游资源开展研学主题设计，以学科的相关性、知识关联性以及思维共通性为原则，形成跨学科概念的主题。载体是实际生活中遇到的真实问题，核心是在解决问题的过程中所要运用的知识、能力、价值和高阶思维，表述是要归纳不同问题的共同属性，以类问题横向连接不同学科。三是研学实践。围绕研学主题，从真实情境出发，发现问题、提出问题，以问题驱动项目，通过研学路线、背景材料和活动内容的设计，将项目转化为具体的任务和活动。在研学旅行的真实情境下，既可以问题或项目为途径，使学生通过自主、合作、探究等亲身实践活动，将教材内容与现实生活有效联系；也可以由研学导师给出活动建议或活动支架，学生参考活动建议完成研学活动。四是研学评价。研学旅行课程的评价要兼顾学生学习的过程与结果，强调解决真实问题。评价标准侧重于学生能否发现和解决真实情境下的新问题并迁移应用。研学旅行课程的实践成果形式多元化，既可以是物化作品，如模型、伴手礼等；也可以是问题解决方案，如提案、报告、论文等，鼓励学生充分展示丰富的想象力和多元能力。评价维度包括学生对现实问题的解决能否关联和整合跨学科知识，是否借助了多学科技能和手段，情感、态度与价值观是否发生了变化。

二、产品的核心价值构思

研学旅行产品的核心价值是培养学生的核心素养，培养学生的核心素养归根结底需要通过课程建设和教学改革来实现。课程化研学旅行作为一种新的综合实践活动课程，倡导学生在行动中探索，在实践中体验和感悟，从而获得知识和经验，契合了学生核心素养培育的主题要义，是培育学生核心素养的一条重要路径。

微课：研学产品的核心价值

核心素养是指学生应具备的能够适应终身发展和社会发展需要的必备品格和关键能力。我国学生发展核心素养综合表现为文化基础、自主发展和社会参与三个领域，具体划分为人文底蕴、科学精神、学会学习、健康生活、责任担当和实践创新六大核心素养，18 个细目要点。

而研学旅行作为一种新的综合实践活动课程，提倡实践、探究、合作、反思等多样化的学习方式，注重知识与经验的整合，注重发展学生的创新精神、实践能力、社会责任感以及良好的个性品质，对学生核心素养的培育具有独特价值。

研学旅行产品核心价值的构思需要围绕核心素养的培养，挖掘依托资源本身所蕴含的优质资源进行产品核心价值的构思，并有针对性地设计研学旅行课程。例如，参观海南的文昌航天科普中心、贵州省黔南州平塘县的中国天眼景区可以围绕航天科技研学来构思；参观山西省晋中市平遥古城的日昇昌票号可以围绕古代票号文化研学来构思；来到四川省凉山彝族自治州冕宁县城的红军长征纪念馆可以围绕红色研学来构思；在临沂市沂南县的沂蒙红嫂纪念馆可以围绕中国共产党的精神谱系沂蒙精神来构思；在河南温县陈家沟的国内首座国家级非物质文化遗产博物馆——中国太极拳博物馆可以围绕太极拳文化来构思；来到我国首个茶主题世界文化遗产云南普洱景迈山古茶林可以围绕茶文化研学来构思；去往四川省广汉市三星堆博物馆、浙江省杭州市良渚古城遗址可以围绕中华文明探源的考古研学来构思等。此外，还有黄河研学、长江研学、长城研学、大运河研学、冰雪研学等，都是很好的研学旅行产品核心价值构思选题。

相关链接：读懂五大国家文化公园

任务三 设计研学产品内容

一、产品内容要素

一般来说，研学旅行产品由研学主题、研学旅行线路、研学基（营）地、研学旅行指导师、研学旅行课程手册、课程活动、安全管理、经费预算、研学旅行保险、研学旅行质量评价等要素构成。

微课：研学产品的内容要素

（一）研学旅行主题

研学旅行主题是研学活动的理念、内容、研学对象特色的高度概括和凝练，是研学活动的灵魂，贯穿于整个研学旅行活动之中。研学旅行的主题是否突出，是否形象生动，是否富有特点，能否高度概括和反映研学活动的内容，直接关系到整个研学活动的成效。

拟定研学旅行的主题时，应结合课本上的相关知识。主题拟定绝不能随心所欲、草率了事，应充分调查，与学校老师充分沟通交流，综合考虑研学旅行活动的受众对象心理和社会时代潮流，以及研学对象自身的目标、性质特点、活动内容等。

（二）研学旅行线路

研学旅行线路是研学旅行产品最主要的形式。研学旅行线路是研学旅行运营企业经过调研分析、筛选、组织、结合教材创意策划、服务采购等最终生产出来的产品。

应结合自身地理位置和周边资源，规划设计与所安排的研学课程相关的研学实践教育路线。

应提供2条以上的研学实践教育路线，每条路线均应包括以周边资源和环境相结合的外部路线和以基（营）地规划和配套设施相结合的内部路线，保证路线设置便捷、合理，与基（营）地研学主题协调一致。

应保证研学旅行线路有较强的针对性、可操作性、安全性。

（三）研学旅行基（营）地

研学旅行基（营）地是指自身或周边拥有良好的餐饮住宿条件、必备的配套设施，具有独特的研学旅行资源、专业的运营团队、科学的管理制度以及完善的安全保障措施，能够为研学旅行过程中的学生提供良好的学习、实践、生活等活动的场所。

（四）研学旅行指导师

研学旅行指导师是指策划、制订或实施研学旅行课程方案，在研学旅行过程中组织和指导中小学学生开展各类研究学习和体验活动的专业人员。

（五）研学旅行课程手册

课程手册是指在研学旅行的过程中，研学旅行运营企业为研学者设计的手册，主要包括目录、研学的课程、课程的目标、研学的路线、研学的作业、研学人员信息、研学安全预案、研学过程评价等内容。

（六）研学旅行课程活动

根据教育部门的教育教学计划、目标学生学龄段以及地域特色科学设计、灵活安排研学课程及相关活动的时间和内容。

应基于基（营）地实际，于研学旅行开展前指导学生做好准备工作并提前告知家长此次研学课程的具体内容。

每个研学旅行团体在本基（营）地内的体验教育课程项目，小学阶段宜不少于60分钟，初中阶段时间宜不少于90分钟，高中阶段宜不少于120分钟。

研学旅行过程中应组织学生参与教育课程项目，指导学生撰写研学日记或调查报告。

研学旅行结束后应组织学生分享心得体会，如组织征文展示、分享交流会等。

在实施过程中，随着活动的不断展开，基（营）地研学旅行指导师有能力或可以配合随团教师指导学生根据实际需要，对活动的目标与内容、组织与方法、过程与步骤等作出动态调整，使活动不断深化。

课程设计及实施应有利于教育机构采用质性评价方式，即有利于教育机构将学生在综合实践活动中的各种表现和活动成果，作为分析考察课程实施状况与学生发展状况的重要依据，有利于对学生的活动过程和结果进行综合评价，避免将评价简化为分数或等级。

（七）安全管理

研学旅行在市场运营的过程中，要有安全运营的保障体系，即预防方案和行前备案，应急预案应包括有效的程序和实施细则，监督问责的主体要明确，奖罚制度要严格执行。研学旅行经营主体与学校签订合同时，要有科学契约和保障机制。目前，市场上基本采用两种模式签订合同：一是直接使用旅行社的研学模板合同；二是新草拟合同。但这两种方式都不足以满足研学旅行新型育人模式的需要。

研学旅行对象的特殊性，促使研学保险的险种具有多元性，如云南省某旅行社的研学保险组合，主要由三类保险构成：第一种类型为个人责任险，第二种类型为研学意外伤害险，第三种类型为旅行社责任险。研学旅行的经营主体应学会合理搭配研学组合保险，完善研学旅行产品的投保率，提高研学旅行安全保障性。

（八）研学旅行人、财、物安排和预算

研学旅行人、财、物安排和预算是对研学旅行活动实施所需的人、财、物所进行的估算与安排。人力安排指研学旅行活动所需要的人员的数目、类型以及何时需要等；财力安排指所需资金的数额与何时需要；物力安排指需要的各种物质条件和时间。

（九）研学旅行保险

研学旅行运营商在提供研学旅行产品时，必须向保险公司投保旅行社责任险，由研学者自愿购买意外伤害险。

（十）研学旅行质量评价

（1）建立研学课程的教育效果测评制度，真实反映学生知识、技能的掌握情况，持续改进教育服务。

（2）做好写实记录和归档工作。研学活动记录、事实材料要真实、有据可查，应分类整理、编排、汇总、归档，为质量评价与提升提供必要支撑。

（3）采取问卷调查方式，收集学生对研学实践教育活动的满意度测评。

（4）定期征求、收集学生家长对研学实践教育活动的看法和评价。

（5）学生所在学校应在研学旅行活动结束后对基（营）地各项工作进行综合评价。

（6）宜建立与学校、学生及家长实时沟通的网络平台。

> **相关链接**
>
> **研学旅行产品开发策略研究（以南宁市为例）（节选）**
>
> 一、产品开发思路
>
> 选取丰富有特色的研学旅行资源，开设体验感好、互动性强、活力性高的项目，给予学生良好的研学体验感。整合研学课程资源，如优质师资、特色壮乡文化资源、课程标准设计等，建立不同研学基地，分层次开发，加强研学与课程的融合性。根据课程目标、课程计划、课程标准和评价将研学旅行课程化。在研学旅行产品的开发过程中，要树立研学旅行品牌。将旅行与研学两者整合，打造适合本土主题的品牌，通过加强与学校的合作，加强基础设施建设，提高管理服务水平，建立安全保障机制，打响研学旅行品牌知名度。
>
> 二、产品开发原则
>
> 研学旅行产品开发应遵循教育性原则、体验性原则、主题性原则、时效性原则等。
>
> 教育性原则，即研学旅行是对室内课堂的补充，是素质教育的另一种形式，具有教育目标性。
>
> 体验性原则，即将研学旅游与体验式教育相互融合，以提升研学旅行产品的品质以及中小学生教育的质量。
>
> 主题性原则，即围绕研学旅行特定主题，配备对应主题的研修课程、活动设计和研学旅行指导师。开展探究性学习的研学之旅，一方面可体现研学旅行的专业性、教育性，另一方面主题明确更容易让研学产品出彩。
>
> 时效性原则，即在产品设计时，必须对某时段、某课程类型设计相应主题的研学旅行线路，及时采集社会信息、资源供研学产品开发。
>
> 三、开发模式
>
> 中小学生研学旅行是由教育部门和学校有计划地组织安排的活动，是通过集体旅行、集中食宿的方式开展的研究性学习和旅行体验相结合的校外教育活动。因此，在进行研学旅行产品的开发中，教育部门要充分加强与政府、旅游企业、社会等方面的合作，采取学校自主开发、校企合作开发、商业化开发及政府主导开发等模式。

（一）学校自主开发

学校自主开发是目前研学市场上比较常见的一种开发模式，由学校负责开展研学的老师和研学小组根据自己的研学目标以及学生的生理特点和需求，结合教学计划和教学内容，依托课本自主开发设计符合学段特征的研学线路及研学产品。

（二）校企合作开发

校企合作开发，一般是由学校提出要求，专业教师参与旅行项目设计开发，旅游企业给予符合学校要求的个性化旅游产品设计，并在出游中做好研学旅行服务工作。校企合作开发，减少了学校的工作量，学校和旅游企业分工明确，学校做好研学目标、研学方案的设计把关，旅游企业根据学校的需求设计专业的研学产品，提供标准化研学服务。

（三）商业化开发

商业化开发是旅游企业以商业盈利和市场需求为目的进行的商业化行为，强调旅游的经济功能，追求旅游经济效益，是旅游企业主导开发符合市场需求、有盈利空间的研学旅行产品。在这种开发模式下，研学产品标准化、充分市场化，具有共享性和普及性，适合不同年龄段的研学人群。但是商业化开发模式下的研学产品容易出现破坏生态环境、研学旅行目的地景区作假、丧失景区真实性等问题。

（四）政府主导开发

政府主导开发是指政府根据区域旅游发展的规划，指导相关重点研学资源开发利用，对相关研学项目、措施和服务功能配套提出特定要求。中学研学旅行由政府主导开发，可做到统筹区域资源，进行有重点、有层次的研学产品开发。

四、研学旅行产品谱系设计

根据国家文件精神，以教育目标和不同学段特点为前提，初中阶段宜设计以知识科普型、体验考察型和励志拓展型资源为主的产品，高中阶段宜设计体验考察型和励志拓展型资源为主的产品。

在素质教育的理念指导下，依托现有研学旅行资源，根据研学旅行开发原则和教育目标，着力构建起南宁市研学旅行产品谱系，可将研学旅行产品分为以下几种类型。

（1）体验考察类研学旅行产品：乡村旅游、森林公园、运动休闲、海洋观光和水族馆。

（2）观赏类研学旅行产品：山岳、溶洞、古迹遗址、水域观光。

（3）励志、知识类研学旅行产品：民族文化、会展节庆、工艺美术、红色旅游。

（资料来源：彭小珊，毕燕，兰瑛.研学旅行产品开发策略研究：以南宁市为例［J］.广西师范学院学报：哲学社会科学版，2019，40（2）.）

二、产品内容设计

研学旅行产品的核心是研学者的研学活动，所有研学服务都是围绕研学活动而进行的，因此研学旅行产品设计的重点是对研学活动内容的设计。

各类课程的开展、设置应由中小学或中高等教育院校和相关主管部门共同规划、设计，并做详细记录。

应根据基地的主题，编制研学旅行解说教育大纲，凸显本地的资源或文化特色。

微课：研学产品内容设计

应设计与学校教育内容相衔接的课程，学习目标明确，主题特色鲜明，富有教育功能。

研学课程应融入理想信念教育、爱国主义教育、革命传统教育、国情省情教育、文化传承教育、学科实践教育等内容。

应设计不同学龄段学生使用的研学教材，内容编排合理，保证教育性，实践性强。

课程体系设计应较为科学、完整、丰富，教材、解说词内容规范，符合相关要求。

任务四　设计研学产品服务

一、产品服务要素

研学旅行产品服务要素应具有较高的观赏价值、历史价值、文化价值或科学价值，该类价值在本地具有一定的教育意义。

应有丰富的研学产品，提供知识性、趣味性的体验与互动项目，配有体现寓教于乐功能的专用设施和研习交流场所。

在文化知识普及方面应具备可供宣传教育的基础，在观光游览和休闲度假方面应具有较高的开发利用价值或较大影响力。

以科技、文化、历史、革命教育、体育、生物、影视、动漫、探秘、拓展等为特色，应至少具备一个主题。

以培养团队协作能力、动手实践能力、自理自立能力、纪律约束能力，传统文化教育、传统民俗展示、爱国主义教育、科技知识教育、生态文明教育、体能训练等为主，应具备以上两项研学功能，满足研学活动需求。

二、产品服务设计

研学旅行产品服务设计是指在一定的区域内，根据现有研学旅行基（营）地的分布状况以及整个区域研学旅行发展的整体布局，以一定的研学时间和费用作为参照，分析、选择、组合各种研学旅行的要素，将其包装成综合性的研学旅行产品，并使研学旅行者获得最丰富的研学经历的过程。

（一）研学产品设计的原则

1. 教育性原则

基（营）地应结合学生的身心特点、接受能力和实际需要，注重系统性、知识性、科学性和趣味性，为学生全面发展提供良好的成长空间。

2. 实践性原则

基（营）地应因地制宜，呈现地域特色，引导学生走出校园，在与日常生活不同的环境中拓宽视野、丰富知识、了解社会、亲近自然、参与体验。

3. 安全性原则

（1）基（营）地应始终坚持安全第一，配备安全保障设施，建立安全保障机制，明确安全保障责任，落实安全保障措施，确保学生的安全。

微课：研学产品服务设计原则

（2）基（营）地应远离地质灾害和其他危险区域，有完整的针对研学旅行的接待方案和安全应急预案。

4. 公益性原则

（1）基（营）地应把谋求社会效应放在首位。

（2）基（营）地应对贫困家庭的学生减免费用。

（二）研学旅行产品设计的程序

研学旅行产品设计是一项综合性、技术性与经验性较强的工作，除遵循一定的设计原则和掌握必备的基础资料外，还必须按照科学的程序进行。研学旅行产品设计的程序，一般分为市场需求分析、开发条件分析、研学旅行活动设计、销售业务设计、研学旅行产品投放试验五个主要环节和过程。

微课：研学产品服务设计程序

1. 研学旅行市场需求分析

进行研学旅行产品设计，首先必须分析研学旅行市场需求和研学者行为。研学旅行市场需求分析要建立在市场调研和统计分析的基础上，重点研究不同研学旅行消费群体的需求数量、消费行为、特征和变化趋势，分析研学旅行市场的供求状况，研学旅行活动的特点和方式，研学旅行产品的替代性和周期性，研学旅行目的地的竞争地位和能力等。

研学者行为分析，要重点分析和研究研学旅行者的研学动机、消费心理和研学行为，掌握研学旅行者的研学旅行价值取向和需求结构，使研学旅行产品设计能够更好地适应和符合研学旅行者的需要，满足研学者对研学旅行活动的多样性和复杂性需求。

2. 研学旅行开发条件分析

在研学旅行产品设计中，除进行研学旅行市场需求分析外，还必须重视对研学旅行开发条件的分析。研学旅行开发条件分析，既要分析研学者吸引物、研学旅行设施等"硬件"条件，更要重视对研学旅行服务"软件"的分析。

3. 研学旅行产品的设计

研学旅行产品是一种综合性的产品，包括研学旅行路线、研学旅行活动内容、研学旅行服务及辅助项目等，因此研学旅行产品的设计，通常也包括研学旅行路线设计、研学旅行活动内容设计、研学旅行服务设计、研学旅行辅助项目及活动设计等内容。

4. 研学旅行产品营销设计

研学旅行产品是一种特殊的研学旅行服务产品，其需要通过各种销售方式，把研学者吸引到研学目的地，才能达到研学旅行产品销售和消费的目的。因此，研学旅行产品营销设计在研学旅行产品设计中同样占有十分重要的地位。

进行研学旅行产品营销设计，首先是研学宣传促销方案的设计，包括以何种研学旅行主题和内容，用何种研学旅行促销形式，借助哪些宣传媒介来宣传促销研学旅行产品，才能有效地吸引和招徕研学旅行者。

其次是研学旅行产品销售范围的设计，包括目标研学旅行市场的选择，是大众市场还是中高端市场，研学旅行产品进入市场的策略是密集性、差异性还是无差异性，研学旅行产品价格是渗透价格还是撇脂价格等，都需要认真研究、仔细设计。

最后是研学旅行产品销售渠道设计，是采用直销渠道还是分销渠道。在实践中，对研学旅行产品销售渠道的选择，通常是采取多客户、多网点的方式，才能有效地实现研学旅行产品销售的最大化。

5. 研学旅行产品市场投放测试

研学旅行产品设计是一种案头工作，因此其完成后并不意味着整个设计工作的完成，还需要将研学旅行产品投放市场进行测试。一方面，把研学旅行产品投放市场测试后，才能客观地评价和检验研学旅行产品设计的可行性和效果；另一方面，通过把研学旅行产品投放市场测试，还能够检查研学旅行产品设计中存在的不足和问题，及时地采取有效的措施解决和完善，才能更好地适应研学旅行市场的不断变化，设计出适合研学旅行市场需求的研学旅行产品。

三、产品辅助设计

（一）产品辅助要素

研学旅行产品除由研学主题、研学旅行线路、研学基（营）地、研学旅行

项目六　设计研学旅行产品

指导师、课程手册、活动课程、安全管理、经费预算、研学旅行保险、研学旅行质量评估等要素构成研学旅行的核心要素外，还有一些辅助要素，如研学资讯、研学预警、研学投诉、研学救援等。

（二）产品辅助设计

研学旅行产品辅助项目设计，包括各种附加服务和保障要素的设计，是保证研学旅行活动顺利进行的各种研学旅行活动要素的设计。研学旅行辅助项目设计，通常是为研学旅行产品的经营者、销售者和消费者顺利实现各自的目标而设计的项目，也是研学旅行产品设计中不可忽略的重要内容。

任务五 设计研学产品价格

一、产品定价方法

（一）成本导向定价法

成本导向定价法是指研学旅行产品在定价时，以成本为主要依据来定价的一种定价方法，这是一种研学旅行运营企业广泛使用的定价方法。成本导向定价法具体可分为以下四种形式。

微课：研学产品定价方法

1. 成本加成定价法

成本加成定价法是按照在研学旅行企业成本的基础上加上一定量的利润来确定研学旅行产品的价格。这种方法的优点是计算简便，而且成本便于核算，特别是在市场环境基本稳定的情况下，可以保证研学旅行运营企业获得正常利润；缺点是只考虑研学旅行产品本身的成本及加成，忽略了市场需求和竞争等因素，制定的价格可能与市场价格相偏离，使研学旅行运营企业不能获得最高的收益。成本加成定价法的计算公式如下：

研学旅行运营企业产品价格＝研学旅行运营企业产品成本×（1＋成本利润率）

举例来说：某研学项目体验耗材的成本为30元，预计利润率为50%，则该项目的销售价格为：

$$30×（1+50\%）=45（元）$$

2. 盈亏平衡定价法

盈亏平衡定价法，又称收支平衡定价法或者保本定价法，是指在一定价格水平下，研学旅行运营企业的销售收入刚好与成本相同，收支平衡。根据该方法确定的研学旅行运营企业产品的价格，是企业的保本价格，若低于此价格销售产品就会造成企业的亏本，所以该价格是盈亏的临界点。简单来说，盈亏平衡定价法规定了在产量一定的情况下，什么价格是保证研学旅行运营企业不亏本的最低价格。盈亏平衡定价法的计算公式如下：

盈亏平衡点价格＝（固定成本＋变动成本）／预期销售量

3. 目标效益定价法

盈亏平衡定价法考虑的是保证企业不亏本的最下限价格，但是该企业的目的是取得利润，目标利润定价法就是根据企业的总成本和估计的总销售量，确定一个目标收益率来作为定价标准，目标效益定价法的计算公式为：

企业产品价格＝（固定成本＋变动成本＋目标利润）／预期销售量

目标效益定价法在酒店行业中广为应用，用于确定酒店客房价格的定价方法，是以目标收益率作为定价的出发点，预测饭店经营的各项收入和费用，测算出客房的平均价格。

举例来说，某酒店拥有 100 间客房，下月预期利润是 30 000 元，变动成本是每天每间房 80 元，固定成本 20 000 元／月，预计下月客房出租率可以达到 80%，该酒店下个月（按 30 天计算）要达到预期利润应定价如下：

单位客房价格＝（20 000+80×100×80%×30+30 000）／

（100×80%×30）=100.83（元）

4. 边际贡献定价法

边际贡献定价法又称变动成本加成法，这种定价法的价格是基于变动成本，而不是总成本。边际贡献是指研学旅行产品销售收入与产品变动成本的差额，在变动成本的基础上加上预期的边际贡献构成研学旅行产品总成本。在研学旅行企业经营不景气，生存比利润更重要或研学旅行运营企业生产能力过剩，只有降低售价才能扩大销售时，可以采用此定价法。

边际贡献定价法的计算公式为：

单位产品价格＝（总变动成本＋总边际贡献）／预期销售量

举例来说，某研学旅行运营企业推出的研学旅行产品，其变动成本总额为 42 000 元，边际贡献经计算为 400 元／人，预计销量为 10 人，则单位产品的定价如下：

单个研学旅行产品价格＝（42 000+400×10）／10=4600（元）

（二）需求导向定价法

需求导向定价法又称顾客导向定价法，是以研学旅行产品的价值认知和需求为依据的定价方法。这种定价方法考虑到研学旅行产品成本，但是成本不是决定性因素，更重要的是研学旅行消费者的需求和价值认知。需求导向定价法常见的有以下三种。

1. 习惯定价法

习惯定价法是研学旅行产品生产者按照研学旅行消费者的习惯心理制定价格。某些研学旅行产品，在长期生产和销售过程中保持着相对稳定的价格水平，使得研学旅行消费者也产生了一种习惯的心理价格。所以无论哪种类型的研学旅行运营企业在进入这个市场后开发的研学旅行产品只要其性能和功能同原来的研学旅行产品基本保持一致，就会采用市场原有的价格，而不宜对价格进行过大的调整。因为高于研学旅行消费者原有的习惯心理价格，会使其产生抵抗心理，从而拒绝购买，反之会使研学旅行消费者对新研学旅行产品的品质或功能产生怀疑而拒绝购买。

2. 理解价值定价法

理解价值就是指研学旅行消费者对某种研学旅行商品的主观评判。理解价值定价法是指研学旅行运营企业不以成本为依据，而以研学旅行消费者对研学旅行商品价值的理解度为定价依据。理解价值定价法认为，一种价格与消费者的认知水平大致相同时，消费者才会接受这种价格。运用这种定价方法，要求研学旅行运营企业必须准确测定研学旅行产品在消费者心目中的价值水平，在此之前，企业必须做好市场调查，了解研学旅行消费者的消费偏好，准确地估计研学旅行消费者的理解价值，然后进行定价。

3. 差别定价法

差别定价法是研学旅行产品生产者根据不同的市场需求对研学旅行产品制定不同的价格。这种定价方法，对同一研学旅行产品在同一研学旅行市场上制定两个或两个以上的价格，或是不同研学旅行产品价格之间的差额大于其成本之间的差额。其定价的基础是研学旅行消费者对同一或相似研学旅行产品或服务的需求存在差异。

（三）竞争导向定价法

竞争导向法是以市场上同类竞争研学旅行产品的定价为依据，综合考虑本研学旅行企业的产品特点，为本研学旅行运营企业的研学旅行产品进行定价的一种方法。该方法的重点是竞争对手和竞争对手的价格，需求和成本等因素则处于次要考虑因素。竞争导向定价法主要有以下三种形式。

1. 率先定价法

率先定价法是指研学旅行运营企业根据市场竞争环境，率先制定出适销对路、符合市场行情并为研学者所接受的研学旅行产品价格的定价方法。这种定价方法较为主动，一般是实力较强的研学旅行运营企业率先采用。在制定价格的过程中，研学旅行运营企业要对竞争对手的价格和本企业研学旅行产品的价

项目六　设计研学旅行产品

格进行比较和分析，然后对研学旅行产品各要素进行分析，从而对价格进行调整。这种方式所制定的价格如果符合市场的需求，便能使研学旅行企业在市场竞争中处于主动地位。

2. 随行就市定价法

随行就市定价法，是指研学旅行运营企业根据市场中同类产品的平均价格水平进行定价。在竞争激烈的情况下，这是一种比较稳妥的定价方法。在实践中，随行就市定价法通常体现为本地区研学旅行行业中各个研学旅行运营企业都无法决定价格，只能通过市场的反复调整，使研学旅行运营企业之间暂时处于一种平衡状态，从而将价格保持在一定的水平。

3. 追随核心定价法

追随核心定价法，即研学旅行运营企业根据研学市场中现行的同类研学旅行产品的平均价格水平或竞争对手的价格为依据的定价。此方法可避免研学旅行运营企业之间的正面价格竞争。大多数中小研学旅行运营企业的市场竞争力有限，不愿与生产经营同类研学旅行产品的大企业在价格上进行竞争；同时为了节省调查和测评费用，以缩减成本，就跟随主导研学旅行运营企业的同类产品，制定大致相同的价格，并随其变化而相应地调整本企业该产品的价格。

二、产品价格策略

一种研学旅行产品能否成功、能否得到研学旅行消费者的青睐，在很大程度上取决于它作为新研学旅行产品在进入市场时的表现。顾客对新研学旅行产品不了解，竞争对手也可能还没有出现，所以新研学旅行产品定价的正确与否，决定了新研学旅行产品未来的发展趋势。为了给新研学旅行产品制定合适的价格，一般情况下，研学旅行运营企业会采用以下三种定价策略。

微课：研学产品定价策略

（一）撇脂定价策略

撇脂定价策略又称高价格策略，或者高价法。撇脂定价法是指研学旅行运营企业在新研学旅行产品刚投放市场时把价格定得很高，尽可能在研学旅行产品生命周期的初期获得大量利润，然后随着时间的推移，再逐步降低价格。

此策略的优点是尽早争取主动，达到短期最大利润目标，有利于研学旅行企业竞争地位的确定。缺点则是由于定价过高，有时渠道成员不支持或得不到消费者的认可；同时，高价厚利会吸引众多的生产者转向此研学旅行产品的生产，加速市场竞争的白热化。

（二）渗透定价策略

渗透定价策略，又称渐取定价策略、低价格策略或薄利多销策略，是指研学旅行产品在进入市场初期，将研学旅行产品价格定得很低，以吸引大量研学者，获得较高的销售量和市场占有率。

渗透定价策略满足了研学旅行者求廉要求，使他们获得超值价值，有助于扩大市场份额；通过提高销售量来获得企业利润，也较容易获得销售人员的支持；同时，低价低利对阻止竞争对手的介入有很大的屏障作用；另外，随着研学旅行产品价值的提升，也为日后价格提升留有余地。

（三）满意定价策略

满意定价策略是一种介于撇脂定价和渗透定价之间的折中定价策略。满意定价策略是指研学旅行运营企业为研学旅行产品制定一个适中的价格，既对研学消费者产生一定的吸引力，又能使研学旅行运营企业获得盈利。

这种价格策略比较保守、稳定，在市场需求相对稳定，市场竞争相对平缓的情况下，研学旅行运营企业经营风险较小，可以按期实现利润目标；这种定价方式能较快被市场接受，避免不必要的竞争。

三、心理定价策略

心理定价策略指研学旅行运营企业通过对研学旅行消费者的心理进行分析，依据研学旅行消费心理对价格数字的敏感程度和不同联想而定价的方法技巧，主要有以下七种定价策略。

（一）组合定价策略

组合定价策略即研学旅行企业迎合研学旅行消费者求全和量多价必优的心理，将两种或两种以上有关联的研学旅行产品组合起来，制定一个报价，具体做法是将这些研学旅行产品进行组合销售。

（二）吉祥数定价策略

吉祥数定价策略，这是基于消费者对某些数字的偏好（其谐音比较吉祥），将其视为吉祥数，因而可以在定价中采用相应的吉祥数，如6、8、9等。

项目六 设计研学旅行产品

（三）整数定价策略

整数定价策略，是指研学旅行企业把研学旅行产品的价格特意定为整数，以使研学旅行消费者在心理上产生高质量、高档次的感觉。

（四）尾数定价策略

尾数定价策略，也称为非整数定价策略，是指研学旅行企业在制定研学旅行产品价格时以零头数结尾的非整数价格。

（五）价格段定价策略

研学旅行消费者通常在心理上把一段价格看作一个档位价格，如把101~199元视为100多元，201~299元视为200多元。研学旅行企业利用这种心理，把研学旅行产品原来价格188元调整为价格段的高位数，如198元，这样不容易被研学旅行消费者知觉，也容易被接受。

（六）招徕定价策略

研学旅行企业将某一种研学旅行产品的价格定得特别低，甚至不惜亏本；或特别高，并广泛宣传，引起研学旅行消费者的兴趣，扩大研学旅行运营企业的影响。此策略目的在于吸引研学旅行消费者消费，引发连带购买行为。

（七）声望定价策略

声望定价策略是研学旅行企业利用研学旅行消费者仰慕名牌和名店的心理，一般人会认为越是知名的国际酒店集团、知名研学旅行和知名研学景区等品牌研学旅行产品，价格必越高。因此，一些具有较高较好社会声望的研学旅行企业，对研学旅行产品实行高价格策略，以获得更多的利润。

项目思考与练习

一、单选题

1. 研学旅行产品分为（　　）大类。
   A. 3　　　　　B. 2　　　　　C. 4　　　　　D. 5

2. 研学旅行产品是一个综合性概念，这是由研学旅行活动的（　　）所决定的。
   A. 不可转移性　　　　　B. 不可储存性

C. 综合性　　　　　　　　　D. 无形性

3. 研学者购买研学旅行产品时所得到的其他附加利益的总和，如咨询服务、优惠条件、付款条件、安全保障、信息服务、速度、准确及研学旅行产品的推销方式等指的是（　　）

A. 旅游资源　　B. 核心研部分　　C. 形式部分　　D. 延伸部分

4. 影响研学旅行产品生命周期的因素有（　　）个。

A. 4　　　　　B. 5　　　　　C. 6　　　　　D. 7

5. 竞争导向定价法有（　　）、随行就市定价法和追随核心定价法。

A. 率先定价法　　　　　　　B. 习惯定价法

C. 理解价值定价法　　　　　D. 差别定价法

二、多选题

1. 投入期的营销策略（　　）

A. 高价低促的缓慢掠取策略

B. 高价高促的迅速掠取策略

C. 低价低促的缓慢渗透策略

D. 提高产品服务质量，增加研学产品特色

2. 成长期的营销策略包括（　　）

A. 提高产品服务质量，增加研学产品特色

B. 开拓并采用新的销售渠道

C. 加强研学宣传力度和增加促销方式

D. 开拓新市场

3. 成熟期的营销策略主要有（　　）

A. 市场改革策略

B. 产品改革策略

C. 低价低促的缓慢渗透策略

D. 提高产品服务质量，增加研学产品特色

4. 衰退期的营销策略有（　　）

A. 立刻放弃策略

B. 撤退和淘汰疲软产品

C. 逐步放弃策略

D. 自然淘汰策略

5. 研学产品价格策略（　　）

A. 撇脂定价策略　　　　　　B. 渗透定价策略

C. 满意定价策略　　　　　　D. 低价定价策略

三、名词解释

1. 研学旅行产品

2. 研学旅行产品服务设计

四、简答题

1. 研学旅行产品有哪些特征？

2. 研学旅行产品设计的原则有哪些？

五、实操题

1. 以个人或小组为单位，进行研学旅行市场调研与分析，选择一个研学旅行基地（营地）作为研学旅行的目的地，为中小学生参加研学旅行设计一个研学旅行产品。

2. 课后小组讨论研学旅行产品在设计过程中存在的问题，并提出各组的观点。

参考答案

项目 七

管理研学旅行市场渠道

全国中小学生研学实践教育基地——上海鲁迅纪念馆

项目导读

本项目主要学习营销渠道的功能和类型、研学旅行产品营销渠道的选择和管理、研学旅行产品销售渠道选择等内容，引导学习者理解营销渠道在研学旅行市场营销中的重要作用。营销渠道是连接生产者和消费者或用户的桥梁和纽带，研学旅行企业竞争优势的重要部分是渠道优势，渠道策略是营销策划方案编制中的重要部分，起到十分重要的作用。

课程思政：乡村振兴——雅礼学子"浙里行"——感受直播带货，实地体验助农"新花样"

学习目标

了解营销渠道的含义；了解中间商；了解研学旅行产品渠道的功能和特点；熟悉研学旅行产品营销渠道的类型；熟悉影响研学旅行产品营销渠道选择的因素；掌握研学旅行产品渠道选择的策略；掌握新媒体渠道的应用；掌握研学旅行产品营销渠道的调整策略。

思维导图

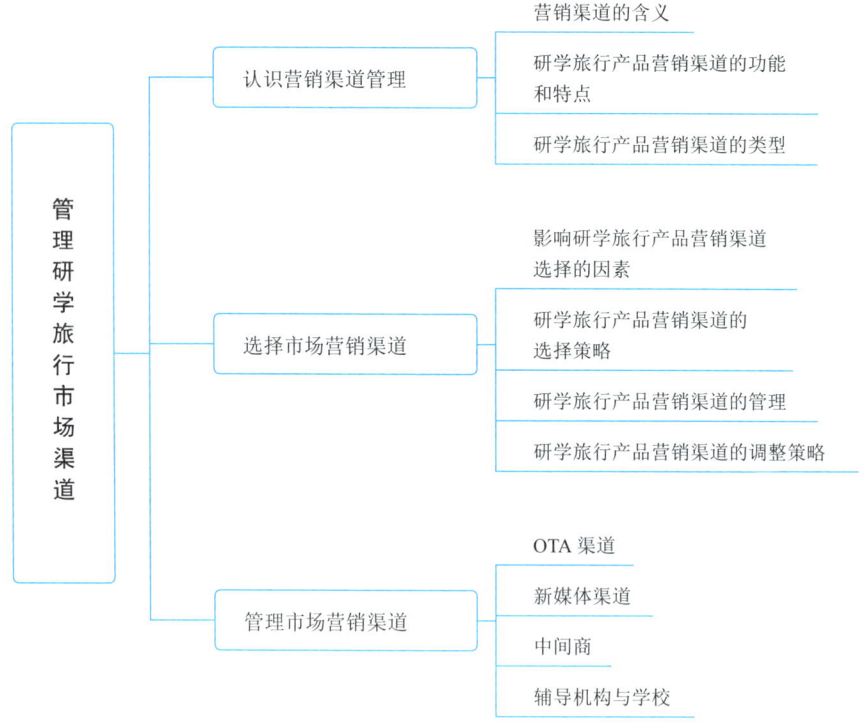

项目七　管理研学旅行市场渠道

任务一　认识营销渠道管理

市场营销的目的是要以顾客能接受的价格，在适当的时间、适当的地点，以适当的方式提供给目标市场，从而满足消费者的需要，最终实现企业的市场营销目标。那么，如何使顾客能在需要的时候、需要的地点轻而易举地获得其产品和劳务呢？这就是渠道策略要研究并解决的问题。

一、营销渠道的含义

营销渠道也称分销渠道、销售渠道，是指产品或服务在从生产者向消费者或用户转移的过程中，帮助转移所有权的所有企业或个人。营销渠道的起点是供应商或生产者，终点是用户或消费者。

菲利普·科特勒认为："销售渠道是指某种货物或劳务从生产者向消费者移动时，取得这种货物或劳务所有权或帮助转移其所有权的所有企业或个人。"

微课：营销渠道的含义

研学旅行产品营销渠道，是指研学旅行产品从生产企业向消费者转移过程中所经过的取得产品使用权，或帮助使用权转移的中介组织和个人，即这个过程中所经过的各个环节连接起来而形成的整个流通结构。研学旅行产品营销渠道主要包括各类研学旅行产品批发商、零售商、代理商以及学校、教育辅导机构和基（营）地等。

可以从以下三个方面来理解研学旅行产品营销渠道的内涵。

首先，研学旅行产品营销渠道是研学旅行产品使用权转移的通道，起到连接生产者与消费者的作用。

其次，研学旅行产品营销渠道是一个完整的流通过程，包含从研学旅行产品的生产（起点）、销售（中介）到消费（终点）的完整过程，而不是其中的某个阶段。

最后，研学旅行产品营销渠道具有长短、宽窄等属性，且灵活性较强。

相关链接

某研学旅行企业渠道营销主管岗位招聘要求

岗位名称	渠道营销主管
学历及专业要求	大学专科及以上学历；教育学类、旅游管理类、新闻学类等相关专业
人数	1人
工作内容	（1）执行各阶段的产品营销战略规划的具体工作，为部门目标的实现做好支持配合工作 （2）负责制定研学旅行等产品营销策略与实施方案，承担独立项目的统筹及资源调配工作 （3）挖掘并建立所需渠道资源，积极开拓新的合作伙伴并维护已有资源关系网 （4）配合其他部门，负责产品的市场推广活动及策划执行 （5）关注并收集同行业市场及渠道动态和数据资料
人员要求	（1）大学专科及以上学历，教育、旅游、营销、心理、传播等相关专业者优先；有学校沟通经验、销售渠道开发、大客户公关、B2B业务管理经验者优先 （2）责任心强，善于沟通，表达能力强，富有亲和力 （3）使命感强，有激情，抗压能力强，具备良好的团队合作精神 （4）有极强的洞察力，善于把握服务对象的心理活动 （5）熟悉中小学教育教学，关心青少年素质教育及核心素养培养事业 （6）有与中小学、教育主管部门沟通经验者或相应资源者优先
在岗时间	一周4天及以上

二、研学旅行产品营销渠道的功能和特点

（一）研学旅行产品营销渠道的功能

销售渠道在研学旅行企业的营销活动中，其功能主要是销售，也就是使商品或服务顺利地转移到旅游消费者手中，其功能可以细分为以下五个方面。

1. 销售功能

研学旅行企业通过渠道实现产品销售，达到研学旅行企业的经营目标，赢取利润，这是研学旅行产品营销渠道具有的最直接、最基本也是最有效的功能。

微课：研学旅行产品营销渠道的功能和特点

2. 洽谈功能

洽谈是研学旅行企业寻找潜在的旅游消费者，并与之接触，实现交易的活动。

3. 沟通功能

研学旅行产品营销渠道具有上下沟通商品信息，联系渠道成员之间关系的功能。

4. 服务功能

研学旅行产品的营销渠道还承担着为下游中间商提供服务的功能。

5. 信息功能

研学旅行产品营销渠道中的成员通过市场调研收集和整理有关旅游消费者的信息，并通过各种途径将信息传递给渠道内的其他成员。

（二）研学旅行产品营销渠道的特点

1. 地域性

由于每一个地区研学旅行消费者的消费习惯不同，每一个研学旅行企业在每一个地区的销售渠道都具有本地的特征，都打上了当地人消费文化的烙印。

2. 排他性

研学旅行产品营销渠道的排他性指的是有些渠道中，如果某一类研学旅行产品被某一个研学旅行企业抢先占领，那么其他研学旅行企业就很难进入，就可能被排斥到渠道之外。

3. 独特性

研学旅行产品营销渠道的独特性是指每一个研学旅行企业的渠道都和其他研学旅行企业的渠道不同，每一个地区的渠道结构都和其他地区的渠道结构不同，每一种渠道模式都有其不同的特征。换句话说，每一个研学旅行企业都可以在其目标市场建立自己独特的渠道结构和模式，通过渠道的差异化开展营销，形成研学旅行企业独特的渠道竞争优势。

4. 不可复制性

研学旅行产品营销渠道的不可复制性又称不可替代性，这是由研学旅行产品营销渠道的地域性和独特性共同决定的。一个研学旅行企业在某一地区具有优势的渠道，但不能将其搬到另一个地区，其研学旅行市场渠道的建设，特别是相关学校的沟通都必须从头开始，一步一步地构建。

三、研学旅行产品营销渠道的类型

（一）直接营销渠道和间接营销渠道

根据旅游生产企业在营销活动中是否经过中间商来划分，研学旅行产品营销渠道可分为直接营销渠道和间接营销渠道。

1. 直接营销渠道

直接销售渠道也称为零层次渠道，是指研学旅行企业不通过任何中间商直接把研学旅行产品销售给研学者的销售渠道。这是一种传统的销售模式，主要依靠研学旅行企业的市场销售部来进行，中间不经过任何中介环节，结构比较单一。这种营销渠道是一个单一的营销通道，没有其他任何组织和个人介入，也无层次环节多少之分。

直接营销渠道的模式有以下三种。

（1）学校直接购买。这种情况一般发生在学校方提出研学旅行需求，研学旅行企业通过竞标的方式直接销售研学旅行产品。这一模式十分常见，如旅游景点、餐馆、饭店、汽车租赁等旅游接待企业。

微课：研学旅行产品营销渠道的类型

相关链接

研学旅行活动—综合实践课程采购公告

根据《招标投标法》《××省招标投标条例》《必须招标的工程项目规定》（国家发展和改革委员会令第16号）及《××省人民政府办公厅转发省公共资源交易局关于加快推进阳光招标采购平台建设和运用实施方案的通知》的有关规定实施自主招标，拟对××市××区青少年学生行为活动中心项目发布采购公告。

一、采购单位：××市××区青少年学生校外活动中心

二、项目编号：×××××××

三、项目名称：研学旅行活动综合实践课程

四、采购方式：邀请招标

五、采购预算：300 000元

六、对投标单位资格要求：

具有研学旅行等资质的企业。

七、采购需求

（一）课程物资保障基本要求

（1）双肩加厚涤纶布背包、纯棉遮阳帽；

（2）研学手册、中性笔；

（3）随行大巴、保险（100万元责任险、5万元意外伤害等）；

（4）自助正餐（两荤两素一汤）、矿泉水2瓶；

（5）每20名学生必配备1位专业研学旅行指导师，每40名学生必配备1位专业医护人员，一车必配备1位专业安全员；

（6）驾驶员要求：驾龄10年以上且近5年无安全事故发生并具有A1驾照；

（7）参加本次活动的各类人员须出具健康出行绿码；

（8）每生配一个口罩，一包消毒棉片；

（9）花艺栽培专用土、瓷花盆、花苗；

（10）至少确保3000名中小学生参加此项研学旅行综合实践课程。

（二）综合实践课程内容基本要求

1. 第一课：红色精神传承

参观红色旅游线路和经典景区。在观光赏景的同时，了解革命历史，增长革命斗争知识，学习革命斗争精神，培育新的时代精神。

2. 第二课：矿产资源分配和利用

参观露天矿遗址，让学生真正理解艰苦奋斗、创业奉献的精神。通过综合性学习，认知地貌、分析厂区选址等问题，从活动中探究分析，用脚步丈量祖国的大好河山。

3. 第三课：环境资源保护和计划

游览湿地公园，让学生在实践活动中感受当地历史文化及人文精神，锻造意志品质。

4. 第四课：新农村规划与建设

参观社会主义新农村，了解新农村发展，解读农业文化。

5. 第五课：园艺艺术指导

学习园艺知识，学习花卉种植，学习盆景造景艺术。

八、投标登记、资质/响应文件审核及竞价时间

投标登记时间：××××年×月×日08:00至××××年×月×日23:55。

资质/响应文件审核时间：××××年×月×日12:00至××××年×月×日22:00。

竞价时间：××××年×月×日08:00至××××年×月×日12:00。

九、投标人（供应商）竞价须知

（1）请意向投标人（供应商）按规定要求自行登录××市政府采购限额以下自主采购平台竞价系统进行投标登记，并在规定的时间内进行竞价。

（2）本次网络竞价采取一（多）次性竞价，各投标人（供应商）报价的必须在有效范围内。

（3）投标人有以下行为的竞价无效：

①不按招标公告规定的时间、资质或响应文件要求报名的（上传资料不合格的）；

②不按招标公告规定的竞价时间、竞价方式和减价幅度进行竞价的。

（4）由于自主招标采购平台系统故障或因网络中断、停电、死机、受到攻击等原因造成承载网络竞价报价系统的服务器故障，或因网络及系统原因导致数据传输有误，致使网络竞价无法正常进行的，报价活动中止。当影响网络报价因素排除后，由组织方通知各投标人（供应商）重新进入自主招标采购平台进行网络报价。

十、联系方式

联系人：×××

联系电话：152×××××952

采购单位名称：××市××区青少年学生校外活动中心

××××年×月×日

（资料来源：研学旅行招标信息网）

（2）直接预订。这种情况一般发生在家长或者研学旅行者当中，家长或者研学旅游者利用电话、互联网等现代化通信工具直接向研学旅行企业预订产品。

（3）通过销售网点购买。这一模式是指研学旅行产品企业在目标市场设立自己的销售网点，如教育辅导机构网点、旅游公司的销售网点等。这种模式一般适用于规模较大的研学旅行企业，以此来达到提高知名度和扩大销售量的营销目的。

直接销售渠道可以省去支付给中间商的费用，降低产品成本，获得价格竞争优势；同时，直接销售渠道可以使研学旅行企业及时获取旅游消费者的需求信息，建立客户消费档案，有针对性地提高研学旅行产品和服务的质量。

2. 间接营销渠道

间接营销渠道是指研学旅行企业通过一个或多个旅游中间商将其产品销售给旅游消费者。其特点是研学旅行产品使用权的转移由旅游中间商来负责，研学旅行企业不直接向消费者售卖，而是通过一个或多个中间商进行售卖，通常也叫多层次营销渠道。

按中间环节的多少和使用平行渠道的情况，间接营销渠道有以下三种模式。

（1）一级营销渠道，又称为单层次销售渠道，是指研学旅行企业通过一个层次的中间商向旅游消费者销售其产品。这种模式的中间环节较少，流通成本较低，能在瞬息万变的市场环境下快速将研学旅行产品推向市场，但销售的范围和规模有限，仅适宜于规模较小、地区狭窄、产品单一的研学旅行产品。这一模式主要应用在代客订票、代订酒店、预约营地、预约研学课程等业务中，只是这些零售商不是向生产企业收取佣金，而是向顾客收取佣金。

（2）二级营销渠道，或称二层销售渠道，是指研学旅行企业通过旅游批发商，旅游批发商再经由旅游零售商把研学旅行产品销售给旅游消费者。旅游批发商以较低的价格大量购买研学旅行企业的某项产品，并根据自己目标市场的不同需求进行组合，然后经过旅游零售商销售给研学旅行消费者。这种销售渠道包含旅游生产企业到旅游批发商、旅游批发商到旅游零售商、旅游零售商到旅游者三个环节。这种销售是西方国家旅游业较为流行的销售方式之一，在我国研学旅行行业中尚不普遍。

（3）多层次营销渠道，是指研学企业通过旅游代理商，经由旅游批发商再到旅游零售商，最终将研学旅行产品销售给研学旅行消费者。因为中间环节多于以上三种类型，因此也称多层次销售渠道。当前，该销售渠道模式在我国国际研学旅行市场拓展中应用最为广泛。在这种销售渠道中，研学旅行产品从我国的研学旅行企业开始，经国内旅游批发商，通过国外的旅游代理商再经由国外的旅游零售商到达国外研学旅行者手中。

（二）短渠道和长渠道

根据研学旅行产品销售过程中所经过的中间环节的多少可分为短渠道和长渠道两种。可以说，营销渠道的长度取决于产品流通过程中经过的流通环节的多少。

1. 短渠道

短渠道是指产品在从生产者向消费者转移过程中，只经过一道环节。一般来说，渠道越短，中间环节所发生的营销费用就越少，信息传递快，销售及时，能对营销渠道进行有效的控制，旅游消费者购买的研学旅行产品的价格也较为便宜。但是研学旅行企业承担的销售任务就越多，需要生产商投入大量的人力财力，同样可能增加费用，不利于生产企业大批量组织生产。

2. 长渠道

长渠道是指旅游生产者经过两道或两道以上的中间环节，把产品销售给消费者，如通过旅游批发商、旅游零售商等。旅游销售渠道越长，表明销售环节越多，企业可以有效地覆盖目标市场，扩大产品的销量。但是由于环节增多，销售费用也会随之上涨，不利于生产者及时获得市场情报并迅速占领市场。

营销渠道的"长"与"短"只是相对而言，仅仅流通过程不同，并非衡量营销渠道优劣的标准。

（三）宽渠道和窄渠道

研学旅行产品营销渠道的宽度是指营销渠道中销售产品的中间商或销售网点的数目以及网点分配的合理程度。按渠道的宽度，产品营销渠道可分为宽渠道和窄渠道。

1. 宽渠道

所谓宽渠道，就是在某一销售环节上使用的同类中间商较多，产品在市场上的销售面较广的营销渠道。通常所说的要多设营业网点，就是指加宽销售渠道的宽度。如一般化、大众化的研学旅行产品主要是通过宽渠道进行销售，通过多家旅游批发商或代理商批发给更多的零售商去进行销售，从而能大量地接触研学旅行消费者，大批量销售研学旅行产品。

2. 窄渠道

所谓窄渠道，就是在某一销售环节上使用的同类中间商较少，产品在市场上的销售面较窄的营销渠道。窄渠道对于研学旅行企业而言比较容易控制，但市场的销售面有限，因此窄渠道一般只适用于专业化较高、特色较强或者费用较高的高端研学旅行产品。

（四）单渠道和多渠道

根据研学旅行企业采用销售渠道类型的多少，销售渠道又可分为单渠道和多渠道。有些研学旅行企业全部由自己直接销售或全部交给批发商经销，这就是单渠道。有的研学旅行企业则根据不同层次或地区消费者的不同情况而采用不同的销售渠道，这就是多渠道。

任务二　选择市场营销渠道

一、影响研学旅行产品营销渠道选择的因素

研学旅行企业在选择产品渠道时，会受到多种因素的影响和制约，必须充分考虑这些影响因素，主要有以下五个因素。

微课：影响研学旅行产品营销渠道选择的因素

（一）研学旅行产品因素

产品因素是研学旅行企业进行产品渠道选择首要考虑的问题。一般情况下，新的研学旅行产品应采取较短的销售渠道，因为其销售渠道尚不畅通，研学旅行企业缺乏选择的机动性，较短的产品渠道更有利于企业促销。研学旅行产品单位价值越高、产品越复杂，销售渠道就应越短、越直接。高质量服务的研学旅行产品，就必须由具有高水平服务或设备的旅游中间商进行销售。研学旅行产品越具有季节性，研学旅行企业自行组织销售系统就会越不经济，就越应该依靠旅游中间商来开展销售。研学旅行产品处于生命周期的不同阶段对销售渠道有不同的要求，产品在投入期和衰退期，销售难度较大，宜采用短而窄的渠道；在成长期和成熟期，可采用长而宽的渠道。

（二）客观市场因素

由于旅游市场是多方力量的聚合，因而旅游市场因素较为复杂，一般包括旅游者因素、旅游中间商因素和竞争者因素。

1. 旅游者因素

旅游者对销售渠道的影响首先表现在研学旅行产品的消费面的大小上，消费面大并且具有一定的区域延伸性的大众研学旅行产品，要求能在市场上广泛分布，销售渠道就应该"长"而"宽"，如短途研学旅行产品等；而对于出境或者专业考察的研学旅行等，因消费面较窄，产品渠道就可以"短"而"窄"。

旅游者的消费习惯对产品渠道的选择也会产生很大影响。

2. 中间商因素

中间商的性质、功能及其对各种研学旅行产品的销售服务是研学旅行企业进行销售渠道选择的重要影响因素。如果零售商的实力较强，经营规模较大，能提供优质的服务，研学旅行企业就可以考虑通过零售商来销售研学旅行产品，反之则通过旅游批发商进行分销。

3. 竞争者因素

研学旅行企业在进行产品渠道的选择时应充分考虑竞争者所采取的渠道策略，进而采取相应的措施。一种是正位渠道竞争策略，即在竞争对手的销售渠道附近建立销售渠道，贴近竞争；另一种是错位竞争策略，即避开竞争对手的销售渠道，防止与竞争对手的正面竞争。

（三）研学旅行企业自身的因素

研学旅行产品渠道的选择还要考虑研学旅行企业自身的因素，包括研学旅行企业的经营实力、管理能力、控制渠道的愿望和其他营销策略。

1. 经营实力

研学旅行企业的经营实力既包括有形资产也包括无形资产。研学旅行企业的规模越大、有形资产越雄厚，渠道选择的灵活性就越强；研学旅行企业的无形资产越大，企业形象和社会声誉越好、影响越大，挑选和利用各种有利的销售渠道的机会就越多。

2. 管理能力

如果研学旅行企业的管理能力较强，就可以自行组织销售系统，采取多级多层的产品渠道；而管理能力较弱的企业，则主要依靠旅游中间商来开展销售。

3. 控制渠道的愿望

研学旅行企业为了有效地控制销售渠道，宁愿花费较高的销售费用，从而建立"短"而"窄"的渠道；而对于不迫切希望控制渠道的研学旅行企业，则可以采用"长"而"宽"的渠道。

4. 其他营销策略

包括研学旅行企业的产品策略、定价策略、促销策略、营销组合策略等，都会影响研学旅行产品渠道策略。

（四）环境因素

研学旅行是一项综合性很强的行业，各种教育政策、学科体系、社会政

项目七 管理研学旅行市场渠道

治、经济、自然等大环境都会对研学旅行企业销售渠道的选择产生影响。

(五)突发因素

突发因素又称为不可抗拒因素,选择研学旅行产品的分销渠道时,还应考虑到各种突发因素,包括各种不可抗拒的自然灾害和人为灾害的影响。

二、研学旅行产品营销渠道的选择策略

为了提高研学旅行产品的销量,扩大市场份额,实现经济效益的最大化,研学旅行企业要选择有利的营销渠道。

(一)直接营销渠道和间接营销渠道的选择策略

微课:研学旅行产品营销渠道的选择策略

一般情况下,旅游市场营销中,企业的直接和间接这两种营销渠道兼而有之,这是由旅游市场的特性所决定的。研学旅行产品的目标市场往往非常分散,旅游生产企业一般无力凭借自身的力量去建立广阔的销售网络,因而要想扩大产品的覆盖面,获得充足的客源,就必须依靠各种中间商来开展销售。

一般来说,面向学校或者教育辅导机构等研学旅行企业多采取直接营销渠道,而面向家长或者研学旅行的企业等市场销售面较广,则主要采用间接营销渠道;高端研学旅行产品购买者较少,通常使用直接营销渠道,大众化的研学旅行产品应采用间接营销渠道。此外,研学旅行产品的生命周期也是影响营销渠道选择的重要因素之一,在产品的投入期、成长期、成熟期和衰退期等不同阶段,研学旅行企业所选择的营销渠道也应该有所不同。

(二)营销渠道宽度的选择策略

营销渠道的宽度选择所要解决的是选择每个渠道层级的中间商数量多少的问题。

1. 无限制型渠道策略

无限制型渠道策略即旅游生产企业在自身实力有限的情况下,为扩大产品的销售而不加限制地选择中间商。这种策略的渠道成员一般较多,旅游生产企业对渠道成员的控制力不强,容易造成渠道混乱。

2. 选择型渠道策略

选择型渠道策略即旅游生产企业在一定的市场区域内挑选数量有限、商业信誉好、服务质量高的优秀中间商销售其产品。这种策略较适用于价格较高或

数量有限的研学旅行产品。

3. 专营型渠道策略

专营型渠道策略即旅游生产企业在特定时期和特定区域内，仅选用一个旅游中间商来展开销售。该策略便于与中间商协作，提高中间商的销售积极性，有利于控制营销渠道，但是营销渠道较窄，风险较大。

（三）营销渠道长度的选择策略

营销渠道的长短取决于研学旅行产品销售过程中所经过的中间环节的多少。短渠道的中间环节少，相应产生的渠道费用就低，价格优势明显，所以企业在具有较强的经济实力或找不到合适的中间商时，多采用较短的渠道或自行组织营销系统完成整体销售工作。长渠道的中间环节多，销售范围较广。因此，当产品销量较大，市场广阔而分散时，需要产品在市场上广泛分布并具有区域延伸性，宜采用较长的渠道。

三、研学旅行产品营销渠道的管理

研学旅行产品营销渠道的管理就是对直接和间接销售渠道的控制、激励、评估和调整，其中主要是对间接销售渠道的管理。只有加强旅游营销渠道的管理，才能保证其运行活动按事先预定的方式和轨迹进行，才能达到选择、确立旅游销售渠道的目的，使研学旅行企业和旅游中间商获得应有的经济效益。

微课：研学旅行产品营销渠道的管理

（一）控制研学旅行产品营销渠道

对销售渠道的控制就是对销售渠道中旅游中间商的销售活动进行监督，以保证中间商按照双方约定合理合法销售产品。研学旅行企业要从选择中间商开始到中间商实施完成销售活动的整个过程进行严格监督控制，并采用不同的销售渠道策略，选择不同的控制方式。如何调动中间商的积极性和主动性，加强对中间商的评价和激励，是管理研学旅行产品营销渠道的关键所在。

1. 制定销售规划，统一销售目标

研学旅行企业要认真研究旅游中间商的优劣势，制定销售规划，并向旅游中间商详细介绍规划。

2. 明确中间商之间的责权利，合理分配中间商的利益

研学旅行企业要与渠道成员认真协商，合理分配中间商的利益，并确定责权利关系，从而控制中间商的行为，减少矛盾和冲突。

3. 对旅游中间商的绩效评价

旅游生产企业要想对营销渠道进行有效的管理，必须定期对中间商的绩效进行检查和评价。绩效主要包括以下三个方面。

（1）销售能力评价。销售能力评价主要包括中间商的销量指标完成情况、实现的利润额和费用结算情况，销售量占企业产品总销量的比重大小，对客户的服务水平等内容。

（2）商业信誉评价。研学旅行企业可通过对中间商的主要合作者、服务对象进行调研，了解中间商在旅游市场上的知名度、诚信度和美誉度。

（3）配合程度评价。配合程度评价主要包括中间商为企业宣传和推销产品的积极性，以及与其他中间商的关系及配合程度等。

实际上，在间接销售渠道中，由于研学旅行产品的特殊性，旅游生产者与旅游中间商的合作大多仅仅是建立在协议的基础上。研学旅行产品营销渠道的控制权很大程度上取决于市场供需状况，当研学旅行产品供不应求时，生产者往往具有更多的控制权；当研学旅行产品供过于求时，旅游中间商之间的合作关系是不够稳定的，旅游中间商的控制能力更强。

（二）研学旅行销售渠道的激励

研学旅行销售渠道的激励就是对销售渠道中旅游中间商的激励。旅游中间商加盟旅游销售渠道最终获得经济收益，获益程度越大，他们的积极性、主动性越强。为了使旅游中间商最大限度地为研学旅行企业服务，旅游生产企业应不断了解旅游中间商的需求，向他们提供能使他们获取利益的一些基本条件，并根据情况向他们施以激励措施以增加他们的收益。

常用的激励方式主要有以下四种。

（1）高质量的产品。在旅游中间商看来，获得热销产品是研学旅行企业对他们工作能力的重视和支持，这在客观上将进一步激励旅游中间商的工作热情，加强与供应者全面长期的友好合作。

（2）丰厚的利润。在定价时充分考虑中间商的利益，根据其实力提供不同的折扣和各种津贴等。分别给予中间商不同的折扣和让利，利用高销量高佣金的办法来提高中间商的销售积极性。

（3）合理的奖惩。旅游生产企业要制定出一套切实可行的奖惩制度，实施制度化管理。通过激励先进、鞭策后进的奖惩结合的手段来促使中间商保持销售本企业产品的热情，提升销售量。

（4）全面的支持。包括提供免费电话、宣传材料等，必要时提供资金资助；

同时为其提供一些增加收入的机会和条件，帮助其增强经营能力；甚至信息上的支持有时也能给中间商带来意想不到的销售效果。

（三）评估研学旅行产品营销渠道

要对渠道实行有效管理，研学旅行企业要采取切实可行的办法，必须对销售渠道进行定期评估，才能达到对旅游中间商激励和控制的目的。通过对他们的评估，一方面可以鼓励绩效好的中间商继续与企业合作，并创造出更好的成绩；另一方面可以鞭策绩效不好的中间商改进销售的方式方法。必要时可以帮助企业剔除绩效很差的旅游中间商，以保证整个销售渠道的功能正常运行。

对销售渠道进行评估主要包含以下五个方面的内容。
（1）销售指标完成情况；
（2）销售增长率及服务水平；
（3）为企业推销产品的积极性及销售范围的拓展情况；
（4）中间商为企业的竞争对手工作的情况；
（5）与其他中间商的关系和配合情况等。

通过以上评估，即可决定应和哪些中间商加强合作，维持或淘汰哪些中间商，以及如何调整销售渠道。

四、研学旅行产品营销渠道的调整策略

为适应复杂多变的市场需求，旅游生产企业应根据不同的情况，适时对营销渠道进行调整，促进产品的销售。研学旅行产品营销渠道的调整主要有以下三种形式。

微课：研学旅行产品营销渠道的调整策略

（一）营销渠道的长度调整

营销渠道过长，旅游生产企业与中间商的信息传递就慢，产品流通时间长，渠道成本高，对产品的控制力也就较弱；反之，营销渠道过短，生产企业承担的销售任务就多，市场覆盖面不够。

如果渠道过长，有些渠道作用不大，就要适当缩减一些渠道；如果渠道过短，不能使产品快速有效地传递到目标市场，影响产品销量，则应考虑增加新的渠道。此外，为了使销售面不受到影响，可以在削减现有营销渠道的同时，适量增加新的营销渠道。

（二）营销渠道的宽度调整

同一条营销渠道中，有的中间商销量较为可观，这是研学旅行企业要继续保持合作的中间商；而有的中间商销量较低，这是研学旅行企业要考虑淘汰的中间商，寻找新的中间商。

此外，当行业竞争者的渠道宽度扩大，而影响到自己的销售量时，或者本企业的规模有所扩大时，也应该相应增加扩大营销渠道的宽度，适当增加中间商的数量。

（三）整个营销渠道的调整

整个营销渠道的调整，就意味着放弃原有的营销渠道，建立新的渠道。研学旅行企业一般不会采取这种较为极端的调整策略，但是以下三种情况除外：

（1）研学旅行企业实施重大的战略目标或营销组合调整时；

（2）研学旅行企业基本丧失对原有营销渠道的控制时；

（3）研学旅行企业原有的销售渠道功能发生了不可解决的矛盾和混乱时。

任务三　管理市场营销渠道

线上渠道在研学旅行市场上占据重要地位，是因为线上渠道不受地理位置限制，突破了时间、空间的限制，具有大数据、流量、渠道等优势，使研学旅行过程更加便利，使研学旅行产品的预订和购买更加便捷、更贴近旅游者的需求和习惯。但由于线上渠道开展时间较短，品牌知名度、用户体验感与信用度、区域性资源等与传统线下销售渠道相比，还存在一定的差距，所以出现了客户投诉率增高等问题。

线下传统销售渠道具有直面消费者的品牌、专业的服务团队，有区域资源优势，且用户体验佳，但也存在不够便捷、覆盖范围有限、缺少系统化工具等缺点，所以发展受到制约。线上线下优劣势各异，只有融合线上线下渠道，整合优势资源，组成优化系统，开启创新，取长补短，研学旅行行业才能实现可持续发展。

一、OTA 渠道

OTA（在线旅行）渠道预订是指旅游消费者通过网络或电话向旅游服务提供商预订机票、酒店、旅游线路等旅游产品或服务，并通过网上支付或者线下付费。结合中国在线旅游的现状，从在线旅游服务提供商的网站查询，并通过 Call Center（呼叫中心）预订成功的交易，也算作网络旅行交易。

微课：OTA 渠道

OTA（在线旅行）是销售线下旅游服务的中介，具备"低频次、高单价"的特点。OTA 企业为研学旅行消费者提供了便利，为研学旅行企业提供了客源，提升了产业链整体运营效率，因此具备长期投资价值。OTA 企业可以解决研学旅行消费者预订课程、营地、机票、酒店或者旅游门票分散耗时以及信息不对称的痛点，为使用者提供了比价、预订、在线支付等一站式服务，同时满足了研学旅行企业的销售需求。OTA 企业优化了顾客的使用体验、降低了商家单独揽客成本，提升了预订环节的整体效率，完善了研学旅行产业的价值传递流程。

（一）OTA 的合作模式

OTA 的合作模式主要有三类：代理模式（Agency）、批发模式（Merchant）和广告模式。大部分 OTA 企业以代理模式为主要盈利模式。

1. 代理模式

即 OTA 企业为供应商，即研学旅行企业销售产品，并按照销售额以一定比例抽取佣金。在代理模式下，OTA 企业作为平台连接着消费者与供应商，帮助商家销售研学旅行单项或套餐产品，按比例抽取佣金。佣金由商家提供，但是最终仍然会转嫁到顾客身上。这一模式下 OTA 企业的参与度不高，实际交易由研学旅行企业和消费者进行。

2. 批发模式

OTA 企业以批发价格向研学旅行产品供应商采购产品，然后加价卖给用户，从而赚取差价。在批发模式下，OTA 企业先行买断部分服务（如研学课程、研学营地、机票、酒店或整套研学旅行产品等），再加价卖给消费者，从中赚取差价，较代理抽取佣金的回报率更高、风险也更高。这一模式下 OTA 企业的参与度很高，实际交易由 OTA 企业和消费者进行。OTA 企业提前买断存货并承担经营风险，消费者预付零售价款给 OTA 企业，OTA 企业在用户完成服务后按批发价款给研学旅行企业，这一过程中 OTA 企业既赚取价差收入还占用用户资金，一举两得、回报率更高。但由于存货风险更高，一旦需求不达预期则可能产生亏损。

3. 广告模式

OTA 企业为研学旅行供应商提供展示广告服务并收取广告费用，按收费标准的不同又可细分为 CPM（按展示付费）、CPC（按点击付费）、CPS（按销售付费）。广告模式针对揽客需求大的研学旅行企业，OTA 企业为他们提供营销的平台，目前广告收入占比最小。客源压力大的研学旅行企业为了吸引更多有效客户，会选择在 OTA 网站或者移动平台上做广告，OTA 企业多以效果收取广告费用，赚得广告收入。目前，OTA 企业的广告收入占比最小，随着平台价值增强，其广告收入占比也有望提升。

OTA 企业可选择的盈利模式并不唯一，一般 OTA 企业可以选择一种模式为主或多种模式组合的盈利模式。

国际 OTA 巨头中 BOOKING 以代理模式为主，EXPIDIA 以批发模式为主。代理和批发模式各有优劣，如何选择取决于企业战略及业务规划。国际 OTA

平台以代理模式为主流。代理模式对消费者更友好、收费更少、便利性更强，在 OTA 市场的拓展阶段占据了明显优势。

国内 OTA 龙头以代理抽取佣金的商业模式为主，具体到上游采购和下游付款模式，又分为直采与代理、预付与现付。OTA 企业很大程度上取代了传统分销商，因此直接采购占据主导，消费者选择具备多样性，因此预付和现付基本占比各半。虽然直采和预付占比都不低，但实际上需要 OTA 企业批发买断并承担存货风险的情况很少。

上游采购产品根据其不同来源，可分为直采与代理。直采是从供应商处直接采购，没有中间商赚差价，这是目前 OTA 企业最主要的采购形式。对运营能力要求较强的研学旅行套餐，OTA 企业会实行二次代理。

下游付款形式根据其不同时点，可分为预付与现付。预付是用户预订时即向 OTA 企业付款，供应商履行服务后 OTA 企业才向供应商付款，其好处是跑单率低，OTA 企业还可占用用户资金。针对决策更谨慎的用户及需自行结算的研学旅行企业，OTA 企业采取现付形式。

相关链接：文化赋能安徽研学旅游多姿多彩

（二）OTA 的未来竞争趋势

OTA 未来的行业竞争趋势有四点，分别是低线化、年轻化、本地化和多样化。一是市场对 OTA 企业现有业务精细化运营提出了更高的要求。二是未被充分满足的市场、服务和未被充分满足的用户将成为新的竞争点。三是三、四线城市是未来最具消费空间的市场，新生代客群是最具消费潜力的人群。四是本地化消费需求增多、多样化消费需求兴起的趋势也越来越明显。因此，谁能够最快速地、最具成本效益地实现向低线城市下沉、吸引年轻化客群、向本地市场倾斜、满足多样化需求，谁就能从 OTA 未来之争中突围，最先享受 OTA 行业增长红利。

1. 低线城市需求崛起，成为 OTA 未来之争的主战场

一、二线城市在线旅游渗透率逐渐进入稳态，其用户增长也逐渐趋缓，而三、四线城市处于渗透率提升、用户增长的高成长阶段。过去一年 OTA 预订低线用户占比从 43% 提升至 50%，低线城市需求崛起。因此，三、四线城市成为 OTA 下半场之争的主要战场，美团具备先占优势且交叉获客优势明显，携程也在加速布局并有望通过线下店实现低成本获客。

2. 年轻客群正在成长，未来将是 OTA 市场的消费主力

30~45 岁是我国最核心的高支柱型消费群体，携程深耕的是这一群体，当前消费能力最强；25~30 岁是我国最好的高潜型消费群体，美团深耕的是这类

群体，消费能力尚未到顶。随着代际更替，大约3~5年后，二三十岁的年轻客群将成长为OTA市场的消费主力，因此现在就培育这些人并争取其几年之后成为忠诚客户，是各OTA企业的竞争重点。携程加强对年轻用户的覆盖，过去几年29岁以下占比从30%升至近50%；美团年轻客群崛起，过去3年交易额增长接近40%；此外，飞猪"90后"的预订用户占比已经超1/4。

3. 本地市场需求提升，OTA消费正向本异地场景并举转移

随着研学旅行需求及本地用户周边旅行需求持续增加，OTA预订从过去的异地预订为主向本异地场景并举转移。主打本地生活服务的美团在本地预订市场占据优势，易于实现相关生活场景配套服务。携程就上线了"玩转当地"频道，未来也将持续发展本地化战略。

二、新媒体渠道

新媒体营销是指利用新媒体平台进行营销的方式。在Web2.0带来巨大革新的时代，营销方式也发生变革。新媒体具有沟通性（communicate）、差异性（variation）、创造性（creativity）、关联性（relation）、体验性（experience），互联网已经进入新媒体传播时代，研学旅行企业可以使用公司网站、二维码、短视频、微博、微信、直播等主流新媒体平台。

微课：新媒体渠道

1. 公司网站

研学旅行企业应该建立属于自己的网站，发布公司产品信息，建立企业文化，维持与公众、市场的关系，建立品牌和推广品牌。自建网站应当购买质量较好的服务器。内容上要设一个板块专门发公司产品的信息，如最新的产品、报价、付款方式、在线联系信息；同时，设立研学旅行行业板块，以分析当前市场经济、行业发展前景为主，吸引合作企业；还可以设置已经举办的研学旅行活动介绍板块，吸引潜在客户；最后，要建立售后服务等板块，如公司是如何处理产品的质量问题，与客户建立信任关系的。

2. 二维码

二维码区别于常见的条形码（一维码），是用特定的几何图形按一定规律在平面（水平、垂直二维方向上）记录数据信息，看上去像一个由双色图形相间组成的方形迷宫。二维码信息容量大，比普通条码信息容量高几十倍。同时，二维码误码率不超过千万分之一，比普通条码低很多。另外，二维码编码范围广，可把图片、声音、文字、签字、指纹等可数字化的信息进行编码，易制作，成本低，持久耐用。

研学旅行企业可以设计产品的美图，加上二维码进行链接说明，二维码要清晰可见，图片交予美工美化，然后去社交群、各大论坛、微博上发表；也可以做成图片视频，目的在于让公司产品迅速地为大众熟知。

3. 短视频

随着短视频的普及，越来越多的用户加入了短视频营销的队伍。短视频具有其他营销所不具备的优势，现在人们更容易接受短视频的方式。短视频作为消遣娱乐方式，吸引了越来越多的用户，同时也是大众记录生活的新方式。短视频成为更多信息的载体，多种形式传播的载体。以抖音为代表的短视频营销，正在成为短视频时代的助推器，它不仅受到了很多年轻人的喜爱和关注，同样抖音给企业"带货"的价值也是非常惊人的。抖音在一定程度上推动了新兴营销新时代的到来。

以抖音为主的短视频，其产品价值在于增加了用户之间的互动，短视频是在一定技术上监测了用户的浏览行为、用户的互动行为、用户的喜好点击行为等。从内容营销生产上来说，重点在优质内容的产出，从用户消费角度，让优质的内容抓住用户，留存用户；从流量分发角度，找到合适的分发渠道；从评估角度，抓取用户在平台上的行为，将用户的主动获取行为计入品牌效果评估中。

更重要的是，具有学习价值和实用价值的内容相比搞笑娱乐化内容拥有更大的市场空间。有价值的内容意味着专业和精准，产出大量有价值的内容不仅能提升平台的用户量，而且能增加整个平台的用户黏性，而且在高质量内容环境中培养的用户也更加忠诚和长久。

当下图文和音频等所经历的变化形式正在短视频行业上演。短视频最大限度地扩大品牌覆盖面，对于任何一个研学旅行品牌而言，用户量的多少是衡量这个平台是否有价值的标准之一，平台用户量的多少直接影响到平台潜在的流量价值。短视频最大的营销价值首先体现在平台庞大的用户量上面，用户量大看到的人就多，品牌的覆盖面自然就广了；同样，短视频也提升了品牌的转化，缩短了用户的转化途径，这也是品牌营销时要考虑的重要因素。优质的内容也是短视频营销流量价值的体现，抖音在内容创意上，大大缩短了转化路径，更加吸引用户，提高了品牌的转化率。

短视频将凭借形象生动、极富感染力、传播力强的优势，以及庞大的年轻化市场，逐渐取代图文形式广告，短视频营销即将成为品牌营销最重要的战场。

4. 微博

微博营销是指通过微博平台为商家、个人等创造价值而执行的一种营销方式，也是指商家或个人通过微博平台发现并满足用户各类需求的商业行为方式。微博营销以微博作为营销平台，每一个观众（粉丝）都是潜在的营销对象，企业利用更新自己的微型博客向网友传播企业信息、产品信息，树立良好的企业形象和产品形象。每天更新内容就可以跟大家交流互动，或者发布大家感兴趣的话题，以此来达到营销的目的，这样的方式就是当下互联网较为热门的微博营销。

该营销方式注重价值的传递、内容的互动、系统的布局、准确的定位，微博的火热发展也使得其营销效果尤为显著。微博营销涉及的范围包括认证、有效粉丝、朋友、话题、名博、开放平台、整体运营等。微博虽然字数不多，但是也要有创意，可以重口味、幽默结合广告，在利用图片、文字方面来吸引粉丝。

5. 微信

微信包括微信社群、朋友圈和公众号三类营销渠道。企业微信包括头像、昵称、签名、朋友圈封面等。昵称要简单好记，最好使用真名或者能体现自己定位的名称；签名写自己能提供什么，或者自己的价值观；朋友圈封面，可以放自我介绍、工作场景，产品。朋友圈内容的规划要求是，能体现研学旅行企业的专业，能让更多的人知道公司是做什么的，能让别人信赖。微信朋友圈尽量避免纯粹打广告，这会让消费者觉得这就是一个营销号。微信的社群要树立社群运营目标，同时准备相关话题，筛选出活跃用户，维系好关系。微信公众号没有篇幅限制，要准备好的内容，助力打造专业形象和个人品牌。

6. 直播

直播营销是指在现场随着事件的发生、发展进程同时制作和播出节目的营销方式，该营销活动以直播平台为载体，达到企业获得品牌提升或是销量增长的目的。直播营销是一种营销形式上的重要创新，也是非常能体现出互联网视频特色的方式。

三、中间商

中间商是指介于研学旅行企业和消费者之间，专门从事转售研学旅行产品的经济组织或个人。旅游中间商一般可以分为旅游代理商、旅游经营商、旅游专业分销商、旅游俱乐部、旅游经纪人等。这五类中间商都代表生产研学旅行产品的研学旅行企业向顾客销售研学旅行产品，但每类中间商都以不同的方式运作。

微课：中间商

（一）旅游代理商

旅游代理商包括旅游批发代理商和旅游零售代理商，其主要任务是销售研学旅行产品，并促成大量供应商与潜在顾客的直接联系。

旅游代理商与传统零售商的一个重要区别是他们获得收益的方式不同。传统零售商向供应商购买产品或服务，然后加价再卖给顾客。而旅游代理商是把产品从供应商转移到旅游消费者手中，他们既不购买自己推销的研学旅行产品，也不标出高价推销，因此研学旅行企业支付给他们的是佣金。

（二）旅游经营商

旅游经营商一般是指向旅游消费者出售包价研学旅行产品的中间商。为组织包价旅游，旅游经营商既可向许多不同的旅游供应商大量购买研学旅行产品（通常会有相当可观的折扣），也可自己提供研学旅行产品。购买包价研学旅行产品的顾客不仅得到便利，也能因旅游经营商的购买力而获得低价优惠。

（三）旅游分销商

除旅游代理商、旅游经营商外，一些专业分销商也推销研学旅行产品。例如，通过购买大量未出售的研学旅行产品存货，然后直接推销给个体旅游顾客，或以折扣价交给旅游代理商的分销商。

（四）旅游俱乐部

这是一种相对较新的推销团体研学旅行的方法。旅游俱乐部通常制订团体研学旅行工作计划，根据这一计划，俱乐部所有成员都以优惠价格获得旅行和度假的机会。

（五）旅游经纪人

旅游经纪人是一种特殊的旅游中间商，他们不拥有研学旅行产品的所有权，不控制研学旅行的产品价格和销售条件，只为研学旅行企业与旅游者之间牵线搭桥，促成交易后收取佣金。

研学旅行企业与旅游中间商取得联系并建立业务关系的途径一般有两条：一是中间商主动与研学旅行企业接触；二是旅游供应商主动与旅游中间商接触。无论研学旅行企业采用哪种方式选择中间商，都必须对中间商的情况进行详细的调查与分析，待时机成熟，再向旅游中间商表达合作愿望。

具体调查旅游中间商的内容应包括：旅游中间商的市场重点、经营的范围、经营的产品种类；旅游中间商的竞争对手、在竞争中的地位、市场占有率、销售实力状况；旅游中间商的信誉、服务水平高低、偿付能力及与银行的关系；旅游中间商的历史与背景、现状和发展情况；旅游中间商的规模与数量；旅游中间商对旅游供应商的依赖程度；旅游中间商对本企业的研学旅行产品的兴趣和合作意愿等。

只有在了解、掌握各旅游中间商情况的基础上，对旅游中间商加以对比，才能从中选出最适合自己的旅游中间商。当选定某一中间商后，要经过3~6个月的"试用期"，并根据"试用期"的效果，来确定是否与其签订合作协议，合作期限一般在三年以上。

四、辅导机构与学校

近年来，因文旅融合、素质教育热潮、政策支持等因素，研学旅行发展势头迅猛。辅导机构与学校是研学旅行的首要负责人，所以研学旅行的整体设计一般交由学校来主导。而校方对于实施研学旅行的企业往往存在缺乏安全保障、游而不学、收费不合理等问题的担心。

微课：辅导机构与学校

因此，学校与辅导机构在购买第三方机构——研学旅行企业服务时，既要考察企业的资质，又要协商好、签好协议，严格约定服务内容，研学旅行企业不能随意更改行程，同时希望第三方服务的专业性能够让行程更加安全与便捷。整个研学过程由学生、家长共同参与，做到公开、透明，方案科学、价格合理，保证第三方服务的质量。

事实上，出于对安全责任的考虑，很多学校并不愿意组织研学旅行活动。这需要明确界定各方尤其是校方这一主导者的责任，比较适当的办法是，政府教育部门、学校、家长、研学旅行企业签署协议，明确各自在学生研学旅行中的责任、权利，在发生问题后，根据问题的性质，依据协议追究责任。如果是研学旅行企业没有按协议履行责任，要将其列入黑名单，今后不再购买其产品和服务，并依据相关法律对其进行责任的追究。

项目思考与练习

一、单选题

1. 直接销售渠道也称为（　　）
   A. 二层次渠道　　　　　　　　B. 零层次渠道
   C. 单层次渠道　　　　　　　　D. 三层次渠道

2. 研学旅行产品的消费面大并且具有一定的区域延伸性的大众研学旅行产品，销售渠道应该（　　）
   A. 短而宽　　B. 短而窄　　C. 长而宽　　D. 长而窄

3. 渠道的每个层级中所需中间商的数目多少称为（　　）
   A. 直接渠道　　B. 间接渠道　　C. 渠道长度　　D. 渠道宽度

4. 新媒体具有沟通性、差异性、创造性、关联性、（　　）
   A. 体验性　　B. 互动性　　C. 双向性　　D. 主动性

5. 研学旅行产品营销渠道，是指研学旅行产品从生产企业向消费者转移过程中所经过的取得产品（　　），或帮助使用权转移的中介组织和个人，即这个过程中所经过的各个环节连接起来而形成的整个流通结构。
   A. 使用权　　B. 所有权　　C. 推广权　　D. 运营权

二、多选题

1. 研学旅行产品营销渠道的功能有哪些（　　）
   A. 销售功能　　B. 洽谈功能　　C. 沟通功能　　D. 服务功能
   E. 信息功能

2. 对旅游中间商的绩效评价内容包括（　　）
   A. 适应能力评价　　　　　　B. 商业信誉评价
   C. 配合程度评价　　　　　　D. 顾客满意度评价
   E. 销售能力评价

3. OTA的合作模式主要有（　　）
   A. 代理模式　　B. 批发模式　　C. 销售模式　　D. 服务模式
   E. 广告模式

4. 研学旅行产品营销渠道的管理就是对（　　）销售渠道的控制、激励、评估和调整。
   A. 宽　　B. 窄　　C. 直接　　D. 间接
   E. 单一环节

5. 下列属于直接营销渠道的模式有（　　）

A. 学校直接购买 B. 通过直接代理商购买
C. 直接预定 D. 通过销售网点购买
E. 向旅游批发商预订

三、名词解释
1. 营销渠道
2. 长渠道

四、简答题
1. 简述研学旅行产品营销渠道的功能和特点。
2. 简述研学旅行产品营销渠道的调整策略。

五、实操题
1. 课后分小组讨论研学旅行产品销售渠道发展中存在的问题，并提出应对策略。

2. 立足所在区域，寻找近三年内所在区域学校研学旅行的招投标信息，提炼共同点，形成调研报告，并提出研学旅行企业有效利用学校招投标这一销售渠道的方法和策略。

参考答案

项目八

开展研学旅行市场促销

全国中小学生研学实践教育基地——绍兴市鲁迅故里景区

项目导读

促销在研学旅行企业市场营销策略中具有十分重要的地位,是研学旅行企业实现产品销售必不可少的环节之一,也是编制营销策划方案的重要内容。本项目主要学习研学旅行市场促销策略,熟悉广告、营业推广、公共关系与人员推销四种促销方式,重点掌握四种促销方式不同的适用范围和特点,学会合理运用研学旅行市场促销策略。

课程思政:文化自信——党的二十大报告学习辅导

学习目标

了解研学旅行广告的概念;了解营业推广的概念;了解公共关系的概念;了解人员推销的概念;熟悉研学旅行广告的旅行的类型;熟悉营业推广的方式;熟悉人员推销的步骤;掌握营业推广的步骤;掌握公关的危机管理;掌握人员推销的技巧。

思维导图

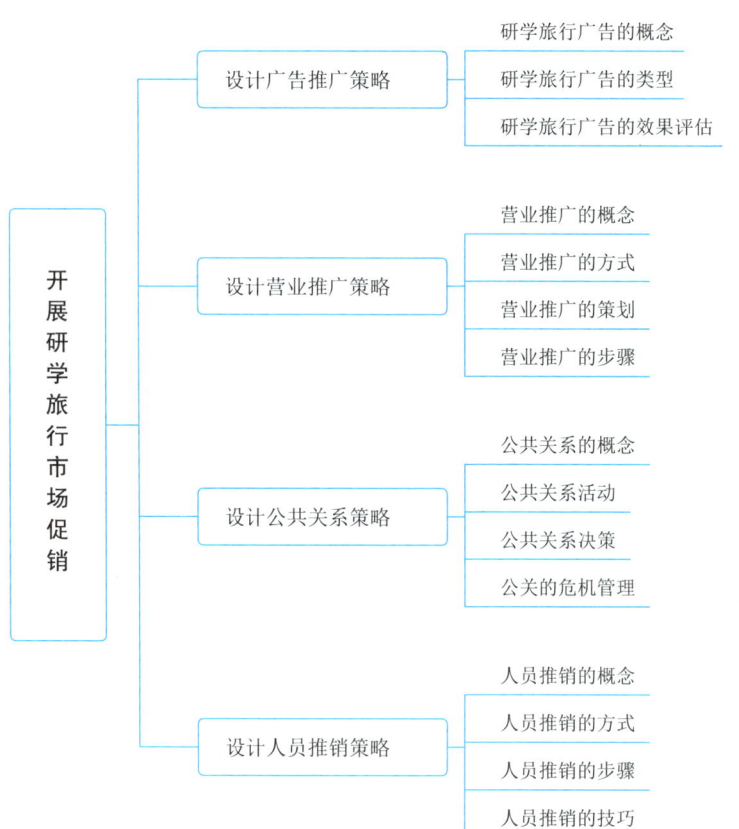

任务一 设计广告推广策略

一、研学旅行广告的概念

（一）广告

广告是指由明确的广告主，以付费的形式通过媒体做公开宣传，达到影响消费者行为，促进销售相关产品为目的非人员促销方式。广告在开拓市场、创造市场和发展市场方面具有十分重要的作用，是一种重要的促销手段。

（二）研学旅行广告

研学旅行是旅行的一种特殊形态和学习的一种特殊方式，是旅行主体开展的"研行一体"的旅行体验和学习活

微课：研学旅行广告的概念与类型

动。广告作为信息传播的重要手段，无疑对研学旅行的传播起到了推波助澜的作用。我们认为，研学旅行广告是指研学旅行企业借助一定的宣传媒体以付费的形式将有关研学旅行产品和服务的信息传播给目标研学旅行消费者的一种有偿宣传方式。

研学旅行广告主要由研学旅行广告主体、广告客体和广告媒体三个方面构成。研学旅行广告主体是从事广告活动的当事人，包括广告主、广告经营者和广告发布者，具体表现为研学旅行机构、企业等。广告客体就是广告信息，即广告传播的内容。广告媒体即广告主体，是传递信息、影响公众的纽带。研学旅行面对市场主体为K12学段学生的特点决定了其广告形式不能囿于传统广告，而是要多使用新媒体、互联网等新的平台和手段，与研学旅行消费者建立互联和互动，以达到营销目的。

二、研学旅行广告的类型

通过对研学旅行广告的分类，可以加深对研学旅行广告的了解。研学旅行广告根据不同的分类标准可以分为不同的类型。

（1）根据研学旅行广告使用媒体的不同进行划分，不仅包括大众媒体广告，如报纸杂志、电台电视、户外媒体等，还包括新媒体广告，如博客、微博、微信、电子杂志、网络视频、数字电视等。

（2）根据研学旅行广告的具体针对对象，可以将研学旅行广告分为研学旅行者广告、研学旅行中间商广告、研学旅行相关企业广告等。

（3）根据研学旅行广告传播范围的不同，可将研学旅行广告划分为国际性广告、全国性广告、地区性广告、地方性广告等。

（4）根据研学旅行广告表现的艺术形式分类，可将研学旅行广告分为图片广告、文字广告、表演广告、演说广告、情节广告、Web标志广告等。

（5）根据研学旅行广告的表现方式分类，可将研学旅行广告分为印象型广告、说明型广告和情感诉求型广告。

三、研学旅行广告的效果评估

研学旅行广告的效果评价是指运用科学的方法来检测评定研学旅行广告所产生的实际效果和效益，主要包括对经济、社会和心理效益等方面的评价。总体可以分为以下两个方面。

微课：研学旅行广告效果评估

（一）传播效果的衡量

传播效果的衡量，即传播效果的评价，是对广告效果的动态评估，是对广告作用于该研学旅行产品的直接体现。判断广告是否有效传播的核心在于广告对消费者的知晓度、认识和偏好的影响程度。

在广告播出之前测试的方法主要有以下三种。

（1）直接定级法。该方法主要将广告的方案反馈给消费者，让消费者来选择最适合的方案并提出意见。直接定级法能够最直接地了解消费者的偏好，但操作成本较高。

（2）综合测评法。在这种方法中，旅游消费者将观看或聆听一个广告组合，然后测试者请被测试者回忆所有的广告及其内容。通过消费者的反馈来改进广告，或者对广告的综合影响进行评估。

（3）实验室测试法。该方法主要是从客观角度，利用仪器对消费者在观看广告后的反应作出评价，但费用以及操作的不便性导致该方法在实际操作中难以实现。

在广告播出之后进行测量的方法主要有以下两种。

（1）回忆测试法。广告主请一些看过某些杂志或电视节目的人尽可能回忆他们所看到的任何有关广告和产品方面的信息。

（2）认知测试法。由研究人员请受众指出他们所看到的东西。认知的分值就可以用来评估广告在细分市场上的影响，并将本企业的广告同竞争者的广告相比较。

（二）销售效果的衡量

通常衡量广告的销售效果要比衡量传播效果困难。除广告之外，销售量还受很多其他因素的影响，如产品的特征、价格等。衡量销售效果的一种方法是将过去的销售量与过去的广告支出相比较，另一种方法是通过实验加以测试。

相关链接

黑龙江——故事带入和活力创新的艺术

黑龙江旅游局在自媒体的广告首秀《这里不仅有冰天雪地》中，并没有主推冰雪风景，而是运用了"温情讲故事"的情感思路。这条旅游营销界的第一个"讲故事"的朋友圈广告，向全国8个省市的1700万名旅游爱好者的微信朋友圈发出，凭借920万次的转发率，迅速席卷旅游圈。《这里不仅有冰天雪地》同名微博话题"听黑龙江讲故事"，也荣登微博热门话题榜第四位。

黑龙江省旅游局不仅准备了寒冷冬日的温暖情感营销，还借势大热的"葛优瘫"，让更多的用户主动参与到浓浓的黑龙江人与景的故事中，与消费者拉近了距离的同时也把"黑龙江"给推了出去。黑龙江省旅游局现身说法"如何完成一次优雅的'葛优瘫'"，仅在自媒体发布，就华丽地换来了近8000人点赞，跻身10万+阅读队伍。

一心想走"奇"招的黑龙江省旅游局，为了吸引年轻人的眼球，抓住年轻人的市场，还在形式、技术、体验感上都做足了文章。先是瞄准了7月的痛点"热"推出互动H5"我要25℃的夏天"，又联合直播平台举办了"万人直播五花山"的营销活动,还携手了网易新闻客户端、百度旅游跨界营销,共同打造"壮游黑龙江,做有态度的年轻人"活动。H5取得了2万点击量的好成绩,360度航拍直播开创了"所见即所得"体验式传播,跨界营销的年轻人活动使黑龙江作为国内最适宜夏季出游目的地之一进入年轻人的视野中。

(资料来源:搜狐网)

项目八　开展研学旅行市场促销

任务二　设计营业推广策略

一、营业推广的概念

（一）旅游营业推广的概念

旅游营业推广是指旅游企业在某些特定时期，固定预算和一定的空间范围内，促使旅游者尽快购买旅游产品而采取的一系列临时性促销手段。从这一定义中不难看出，旅游营业推广限定了时间和地点，以对购买者一定奖励的形式促使其购买，其直接的效果是使旅游者产生大量消费购买行为。

微课：营业推广概念

（二）研学旅行营业推广的概念

研学旅行营业推广是指研学旅行企业在某些特定时期，固定预算和一定的空间范围内，促使研学旅行消费者尽快购买研学旅行产品而采取的一系列临时性促销手段。

二、营业推广的方式

（一）影响营业推广的因素

营业推广不能一概而论，往往是根据客观情况的不同和实际的经营状况等因素综合考虑。结合研学旅行来看，研学旅行营业推广需考虑的因素主要有以下五种。

1. 研学旅行营业推广规模与强度

一般而言，研学旅行营业推广的规模与强度基本上决定了该产品的知名度。研学旅行营业推广规模越大，对潜

微课：营业推广的主要方式

在旅游者产生的影响面就会越大，强度越高，刺激程度就会越强。但营业推广的强度需把握恰当，若强度过高，可能会引起受众的抵制情绪，因此从最佳投入产出比来看，并不一定是规模越大、产出越高就能达到最佳投入产出比。

2. 研学旅行营业推广对象

研学旅行营业推广对象指研学旅行企业进行推广的对象是谁，是经销商、代理商、潜在旅游者，还是销售人员，主要是为了解决"向谁推广""谁去推广"等一系列问题。在向不同的对象进行营业推广时往往会采用不同的方式，研学旅行的推广对象主要包括学校、教学机构等。

3. 研学旅行的推广途径

研学旅行的推广途径形式多样，既可以采取与学校合作的方式定向推广，又可以采取赠券形式、赠物形式、抽奖形式等进行营业推广。无论采取哪种方式，目的都是为了研学旅行机构、企业利益的最大化。

4. 研学旅行营业推广时间

研学旅行营业推广需要掌握"火候"，营业推广时间太长会使消费者产生厌倦心理，客人会怀疑价格虚高；而营业推广时间较短则难以给消费者留下深刻印象，刺激作用有限，因此营业推广的时间和时机选择显得非常重要。

一些以自然资源为依托的研学产品季节性较强，因此一般在旺季到来前就要进行营业推广。销售高峰期也是营业推广的高潮期，如果错过时机，营业推广效果往往较差，而且因部分产品"过时"，不仅不能吸引旅游者购买，反而对企业有负面影响。

5. 研学旅行营业推广费用

研学旅行营业推广费用要根据研学旅行推广目标、规模强度、推广途径、时间等来确定，要与产生的效益相匹配。如果过高的支出无法得到应有的收益，就应当及时调整后续的推广方式和相关计划。

（二）研学旅行营业推广的方式

根据研学旅行营业推广对象的不同，可以分为三种营业推广方式。营业推广对象大致可以分为：研学旅行消费者、研学旅行中间商和研学旅行销售人员。

1. 针对研学旅行消费者的营业推广

一般旅游产品的适用范围较广，对精准投放的要求并不高，但研学旅行产品不同，绝大多数的研学旅行消费者或者说受众群体是学校的学生，因此针对这部分消费者的营业推广尤为重要，可以大幅度提升宣传效率，具体做法如下。

（1）免费试用。研学旅行主办机构可以邀请某一学校或教育机构的学生参与到免费的体验活动中，并及时收集用户反馈，利用适用主体的影响力扩散辐射范围。这一做法主要适用于研学旅行新产品的推广。

（2）赠送优惠券。研学旅行具有公益性的特点，研学旅行的发展需要政府、学校、社会三个方面的合力，以使学生个人的负担降到最低。赠送优惠券一方面能够一定程度上减轻学生的经济负担，另一方面可以增加回头客的概率，有利于研学机构积累稳定客源。

（3）赠送研学旅行纪念品。研学旅行企业可通过向团队客人赠送太阳帽、遮阳伞、文化衫、旅行包等研学旅行纪念品的方式进行营业推广。

（4）有奖竞赛或抽奖。消费者购买一定额度的旅游产品可以参加抽奖。例如，规定每月抽奖一次，中奖者可以免费享受企业某项活动或产品等。

2. 针对研学旅行中间商的营业推广

为了拓宽研学旅行企业的销售渠道，争取中间商的支持与合作，研学旅行企业会以中间商为媒介向目标群体推广。常见的针对研学旅行中间商的营业推广方式如下。

（1）价格折扣。研学旅行企业根据与研学旅行中间商签订的协议，在房费、餐费、交通、门票等方面给予一定的减免。

（2）研学旅行广告津贴补助。研学旅行企业补贴研学旅行中间商一部分广告费用，或以广告津贴的形式激励研学旅行中间商进行一定的广告宣传。

（3）提供研学旅行宣传品。目的在于让研学旅行中间商建立起品牌意识，树立品牌形象，激励中间商销售或推广某一研学旅行产品或项目。其次也为了方便中间商宣传研学旅行产品，向中间商提供音像视频、宣传册等资料。

（4）赠品。研学旅行企业对某些重要的研学旅行中间商赠送一定的赠品，以示奖励。

（5）旅游展销会推广。研学旅行企业参加旅游产品展销会，这是为研学旅行中间商提供宣传促销的一种常用方法。

3. 针对研学旅行销售人员的推广

销售人员是营业推广过程中直接与消费者接触的人员，销售人员在其中起到了关键的衔接作用，销售人员的业绩直接决定了研学旅行企业的利润高低。加强对销售人员的激励是营业推广过程中比较常见的情形，目的是激励销售人员，最大限度地增加公司的收入，其方式主要如下。

（1）提成让利。研学旅行企业给研学旅行销售人员一定的价格浮动权，多余的利润是销售人员的销售提成；或研学旅行销售人员每销售一件研学旅行产品，研学旅行企业给予一定的利润提成。

（2）销售竞赛。在每一年度或季度进行销售汇总，评出较为优秀的销售人员以资鼓励。一方面对获奖人员提供及时反馈，以维持销售的热情；另一方面树立优秀人员的引导和表率作用，激发其他销售人员的销售热情。

（3）销售奖励。研学旅行企业可以通过节假日给销售人员提供礼品，或按照事先约定的方式对于完成销售任务的人员发放奖金或奖品，定期组织销售人员旅游等方式给予销售人员以激励。

三、营业推广的策划

营业推广是旅游企业通过暂时性的奖励和展示，在短期内刺激顾客和中间商的购买行为，并提高旅游经销商和销售队伍绩效的促销活动。

一个好的营业推广方案能够起到事半功倍的效果。影响营业推广方案的因素有很多，企业应当统筹全局，详细分析影响营业推广的各项因素，并将各项因素进行汇总，制订营业推广方案。

四、营业推广的步骤

（一）选择推广对象

营业推广的对象很多，每次在进行推广活动策划时，都要根据不同情况确定不同的推广目标。是面对个人还是面对团体；是面向旅游者还是面向旅游中间商或者推销人员；旅游企业需要经过全面的考察来确定。对推广对象范围的控制，可以使旅游企业选择正确的主攻目标，从而使营业推广的目标能够顺利实现。选择推广对象的范围应该合适，范围太大会使推广的效率下降；范围限定得过小，不利于旅游企业开发新市场。

微课：营业推广步骤

（二）确定推广规模

推广的规模大小要根据推广对象以及自身的资金条件综合考虑，营业推广在具体实施时应重点考虑推广的规模。规模太大、时间较长会使促销效率降低，并且增加成本，而规模太小，又起不到应有的刺激作用，因此企业要根据推广的对象和预期效果来确定最佳的推广规模。通常情况下，旅游企业可以通过考察各种营业推广活动销售与成本增加的相对比例，来确定最佳推广规模。

（三）分析推广途径

推广途径主要是指向推广对象传送信息的渠道。推广的途径主要有广告、宣传单、邮寄、推销卡、新闻、人员推销、电话推销等。作为第三步，它是在确定对象和规模的基础上产生的，选择的途径应当与对象和规模相适应。研学旅行企业应在分析推广途径的费用、效率，以及推广对象对信息的最佳接受方式的基础上，选择最有效的推广途径。

（四）选择营业推广工具

研学旅行产品在选择营业推广工具上与实物的推广存在着很大的差别。例如，某品牌化妆品可以采用试用、样品展示、售点陈列的方式进行营业推广，以使得消费者对该品牌有一个整体性的感受。而研学旅行的产品价值在于实践，因此不能通过实物的具象化展示给消费者以直接的感受，其常用的营业推广工具如下。

1. 赠券

赠券是提供给购买某种特殊产品的顾客的一种优惠凭证。在研学旅行过程中，会产生住宿、餐饮等一系列的必要费用，而研学旅行企业通过赠券的方式减免其费用，能够刺激消费者的二次消费。除了能刺激成熟期产品的销售量之外，赠券对新产品引入阶段的推广也很有效。

2. 顾客酬谢

对经常购买企业产品或服务的顾客给予现金或其他形式的酬谢。另一种类型的顾客酬谢方式是对回头客给予特价优惠，以此增加消费者对本企业产品的印象。

3. 售点陈列

售点陈列是指在买卖现场所进行的各种陈列和演示，它可以用来宣传企业产品或服务信息，或者销售其他产品和服务。

4. 竞赛、抽奖和游戏

利用这些形式可以给消费者一个赢得某种物品的机会，这是一种常用推广工具。

5. 赠品

赠品是以较低的价格或免费提供物品，以刺激人们购买某种产品。

相关链接

故宫博物院的营销策略

近年来,故宫博物院通过各种形式,成功打造出极具人气的故宫IP,相关文创产品更是爆款频出。接地气的文创产品、精美的糕点食盒,《国家宝藏》《上新了故宫》等综艺节目的诞生,硬是把这座已有数百年历史的博物院推上了超级网红之路。故宫博物院院长曾说:"一座博物馆最重要的不是有多少'世界之最',而是给人们的生活带来了什么贡献,这才是最重要的。"

故宫的"网红"成长史,就是一部成功的营销案例手册。在对故宫文创的盘点中可以看出,从最早淘宝网店的注册成立到真正的走红,经历了长达5年的取经之路。直到文化消费和生活真正贴近之后,一系列趣味实用的文创产品才激发了人们内心原始的购买欲望和冲动。文创设计中,故宫拿出了"不掏空你的荷包誓不罢休"的诚意,围绕着已有的历史文化IP,以传承为目的,讲出产品背后的故事,融入现代人的生活,让普通大众真实感受到历史文化的鲜活气息。无论是傲娇的乾隆、比V的妃子、卖萌的鳌拜,还是走遍故宫角落的故宫人偶,它们虽然诞生于悠久的历史和深厚的文化基础,但是浑身上下都透着一股子活泼灵气劲儿,看了怎能叫人不喜欢。

如今的故宫,以自己不凡的勇气打破桎梏,从此在人们眼中,它不再是一家只能踏着中轴线参观的打卡景点,而是揣带上了几分"人间的烟火气",以一副全新的面孔,迎八方来客。

(资料来源:中小学生研学旅行冬夏令营网)

项目八　开展研学旅行市场促销

任务三　设计公共关系策略

一、公共关系的概念

公共关系是营销沟通的一种形式，是面向现有购买者、潜在购买者或其他相关利益群体传递产品或服务的价值，并影响他们对企业的产品或服务的感受、观点和信心的各种活动。

旅游业公共关系是指以社会公众为目标对象、以信息沟通为主要手段，以树立、维护、改善或改变旅游企业或旅游产品的形象，发展旅游企业与社会公众之间的良好关系，提高旅游业组织的认知度、美誉度为目标所采取的一系列决策和行动。

微课：公共关系的概念与主要活动

旅游公共关系对于塑造本旅游地或旅游企业及其旅游产品富有魅力的公众形象，提高自身的知名度和美誉度，增加市场竞争能力起到十分重要的作用。

> **相关链接**
>
> **钉钉"求饶"背后的公共关系**
>
> 2020年春节后，为响应教育部门"停课不停学"的号召，全国各级学校采取了线上授课的教学方式。由于其可靠的性能与便捷的操作方式，阿里巴巴旗下的办公软件钉钉被众多学校选为在线授课工具，下载量大幅上升。但与此同时，大量的学生用户用差评宣泄着对在家上网课的不满情绪，钉钉在各大移动应用商店的评分一落千丈。以苹果 App store 为例，钉钉的评分在 5 天时间内从 4.9 分跌落至 1.5 分，反讽、抱怨的言语充斥着评论区，知乎、微博、bilibili（以下简称 B 站）等新媒体平台出现了众多"控诉钉钉"的用户原创内容，获得了巨大的浏览量，并得到广泛共情，其中鬼畜音乐《你钉起来真好听》连续多日占据热搜榜。一时间，许多新媒体平台用户被海量的"讨伐钉钉"信息刷屏，一些针对

钉钉的谣言与猜忌，如"老师可以偷偷打开学生的摄像头进行监视"也借势迅速传播。这些状况对钉钉的品牌形象造成了不良影响，品牌危机开始浮现。

　　面对危机，钉钉团队进行了科学有效的品牌公关活动。其官方微博主动放低姿态，打破大型企业与普通用户之间的不平等关系，用贴近年轻人的语言，请求大家给钉钉"在阿里粑粑家留点面子"；钉钉在其他新媒体平台的官方账号也纷纷以诙谐的语气，在恶搞钉钉的内容评论区留言调侃，建立起与公众沟通的渠道，引发大量跟帖；钉钉的官方知乎账号在提问"钉钉侵犯过个人隐私吗"下发声，针对"摄像头可以被偷偷打开"的谣言，从技术与法律的角度进行辟谣，并提供证伪方式；钉钉的B站官方账号发布了有自嘲性质的鬼畜动画《钉钉本钉，在线求饶》，钉钉的吉祥物钉三多在动画中泪流满面，跪地求饶，称呼广大学生用户为"少侠""爸爸"，占据了B站当日播放量排行榜的第一。钉钉以投降认输的姿态加入了这起事件并澄清了谣言后，有效地协调了广大学生用户与自身之间存在的冲突，品牌危机开始趋向缓和。这时，钉钉团队着手进一步巩固积极态势，利用事件的热度，提高品牌影响力。钉钉官方微博多次转发声援钉钉的各类小作品，并与评论者积极互动；钉钉的B站官方账号发布了多个有调侃性质的鬼畜视听作品，其中歌曲《我钉起来真好听》与之前受到广泛关注的鬼畜音乐《你钉起来真好听》"短兵相接"，填词对"偷开摄像头"的谣言进行辟谣，还将钉钉刻画为帮助学生金榜题名的亲切助手；此外，钉钉举行了二次元形象征集活动，吸引了许多青少年参与。经过一系列的公关活动，钉钉与广大学生用户建立了有效的沟通渠道，遏制了差评潮，掌握了这次危机事件的主动权，并成功地化危机为契机，带动了品牌影响力的提升。

　　（资料来源：中国知网）

二、公共关系活动

　　公共关系活动是企业为了维持与特殊公众和普通大众的关系而举行的若干活动的总和。旅游公关方法种类繁多，研学旅行企业营销人员可以运用多种公关手段。实现公关的手段主要包括以下五种。

（一）新闻公关

由于新闻的普及面很广，人们在生活中往往会通过新闻来了解生活或国家的动态。新闻讲究的是客观性、公正性，新闻是从旅游企业和旅游者之外的第三者的角度去看待问题的，描述事件的客观事实，因此新闻的公关是最客观、最准确的，公众对新闻的信赖度也很高。

新闻公关不仅仅具有公关的作用。当发生有利于旅游企业的新闻时，新闻界客观、公正的正面报道，可以吸引公众对企业的关注和了解，对树立企业形象、扩大产品销售具有不可估量的作用。倘若发生不利于旅游企业的新闻，新闻界予以报道时，会对旅游企业产生不良的影响。因此，旅游企业公关人员应经常与媒介保持联络，争取新闻界的支持，使其在发消息之前通知企业，以便企业提前做好准备。

除了对已发生的新闻进行宣传报道之外，研学旅行企业还可以有意识地"创造新闻"。凡是涉及研学旅行企业和产品乃至员工形象的题材，或者是公众所关注的社会热点都可以成为"创造新闻"的素材。

（二）举办专题活动

企业只是依赖单纯的宣传无法达到预期的效果，很多研学旅行企业往往会采用线下活动的方式进行公关，这些活动能够最大限度地协助企业公关方案的实施。研学旅行企业通过举办专题活动，与消费者面对面接触，往往能够达到预期的效果。常见的专题活动主要包括以下五种。

1. 赞助和支持各项社会活动

研学旅行企业应积极参与社会活动和支持公益事业，如参与捐资助学、扶贫、救灾，支持社会组织的各类文化、娱乐、体育等公益性质的活动等。通过对公益事业的赞助会带来一定的积极效果，提高企业良好的社会形象，并且通过资助来宣传研学旅行产品，可增强宣传效果，建立企业和公众的良好关系。

2. 参加、举办专题展览会

旅游政府部门或研学旅行中间商会在每年的销售旺季举办各种规模、各种形式的旅游展销会。很多研学旅行企业和旅游者会参加，主要是通过实物、文字、图表和音像等媒介来展示研学旅行企业的成果，宣传研学旅行产品，让消费者感受研学旅行企业的特色产品。

3. 开放参观旅游企业

主要是让社会各界参观了解研学旅行企业的各种服务设施与消费水平，体验研学旅行产品生产的过程，提高研学旅行企业经营管理的透明度，培养公众对研学旅行企业的情感，达到公关和宣传本企业研学旅行产品的目的。

4. 联谊活动

包括研学旅行企业内部员工的联谊以及和外部公众的联谊，既可以增进内部员工之间的感情，也能使内、外部公众进行沟通，加强公众对研学旅行企业的深层了解，建立长期的良好关系。

5. 周年及特殊节日庆典活动

借助研学旅行企业的开业周年以及其他社会公众关注的特殊节日举行庆典活动，吸引公众的注意力。

（三）出版各种宣传资料

研学旅行企业还可通过印发、出版介绍企业发展历史、宗旨、产品介绍等内容的宣传品，来传播信息、树立良好形象。这些宣传品多以赠送为主，印刷精美，能激发公众的兴趣，提高其保存价值；同时，注明有企业的地址和联系方式等，以便联系。

（四）征询公共意见，传递信息

该种方法通过采集公众信息、舆论调查、民意测验等方式，了解消费者的需求、消费习惯以及他对本企业和产品的期望。企业根据消费者提供的反馈，加以汇总和整理，不断提高企业的公关形象，更好地为公众服务；另外，也可以传递旅游企业的信息，加强公众对本企业的了解。

（五）提供各种旅游服务

为公众提供热情、周到、方便、优惠的服务，以赢得公众的好感，从而提高研学旅行企业的形象。研学旅行企业要在为顾客提供优质服务的过程中，充分体现为顾客着想的理念；通过为公众提供服务，起到刺激旅游消费的作用；通过口碑效应，使体验过旅游服务的顾客帮助旅游企业进行有说服力的宣传。

三、公共关系决策

（一）旅游公关调查

旅游公关调查与其他社会调查不同，它是就公众对旅游企业形象的评价进行调查、统计、分析，显示公众对旅游企业的整体意见，了解旅游企业公众形象的现状，使旅

微课：公共关系决策

游企业根据具体情况组织有针对性的公关活动。就研学旅行公关调查来说，研学旅行作为新兴事物，消费者对研学旅行的了解并不全面和深入，因此通过研学旅行公关可以加深消费者对研学旅行的理解。旅游公关调查的主要内容包括旅游企业形象的调查、旅游企业的公众舆论的调查和旅游企业开展公众活动条件的调查。

（二）旅游公共关系策划

公关作为企业的一项活动，在实施前必须要制订完善的计划，设定公关活动的目标和具体措施，从自身实际出发，设计出最佳公关活动的方案。旅游公关策划分为公众对象分析、确定公关活动目标、选择沟通主题、确定公关活动方式以及制订公关计划等五个步骤。

1. 公众对象分析

消费者是一个十分庞大的群体，根据不同的分类标准可以将其分为不同的类型。面对如此庞大的消费者群体，企业应当要做到有针对性。公关者应当研究哪一类或哪几类群体是企业的潜在客户，鉴别出有消费需求的消费者群体；然后重点研究该类群体的消费习惯和对企业产品的偏好和要求，找出他们共同关注的问题，以此形成公关的主题。

2. 确定公关活动目标

确立目标之前应当考虑公关的目的是建立起企业良好的信誉和品牌形象，而开展公关活动的目的实际上就是旅游企业通过公关策划和实施达到所希望的形象状态和标准，即从目标到实践的过程。公关目标一般有两大类：一是利用公关活动来解决旅游企业和公众之间存在的信息交流问题，如联络双方感情、传播有关信息等；二是利用公关活动来避免或克服不利于旅游企业整体形象的不良后果发生。

3. 选择公关信息

公关信息内容的质量高低决定了公关的成功与否。在选择公关信息之前应该思考采用何种方式传播，要传播哪些信息。当然，信息的筛选也十分重要，企业不能将所有的信息都加以宣传。企业公关人员需要突出该企业的亮点，筛选出对企业最有益的信息。由于公关活动的形式多种多样，各种旅游企业所进行的公关活动也非常丰富，因此要想吸引公众的注意，就需要选择一个精彩、恰当、引人入胜的主题和内容。

4. 确定公关活动方式

方式的选择主要有内部和外部两个方面因素的共同作用。在内部，方式的选择依赖于企业自身的运营成本预算、选择的公关信息种类等；在外部，方式的选择依赖于外部的环境、市场定位、公众的特点等。

5. 制订公关计划

基于上述因素的考虑和汇总，即可制订出一个完整的公关计划，一般采用书面形式。内容包括整个公关活动的目的、宗旨、具体行动方案、经费预算、活动进度表、公关人员的责任、活动场地以及与策划相关的资料等。

（三）旅游公关计划的实施

实施属于计划的实行阶段，但由于客观因素时时刻刻都在发生变化，因此该计划必须保持一种动态平衡。在实施计划的同时，要时刻关注市场动态、消费者的产品偏好和需求。该环节中需要计划实施人员具有灵活变动的能力，能够适应不同的变化所带来的计划上的改变。因此，旅游公关计划的实施是旅游公关决策中最为复杂、最为多变的一个关键环节。

一般来说，影响具体实施过程的因素主要来自三个方面：一是公关活动的前期调查不准确导致活动目标实施困难；二是实施过程的沟通障碍；三是实施过程中的突发事件。这些因素都具有共同特点：难以预见性和突发性，这也是导致实施阶段更具灵活性的原因。

（四）研学旅行公关活动评估

旅游公关活动的评估就是根据特定的标准，对公关计划、实施过程和效果进行检查、评价。这一行为是为了及时发现公关活动中实际存在的问题，并且对活动作出整体性的评估。该评估主要分为两个部分：

一是公关在活动过程中的评估，这也与公关活动本身的性质相关联，为了防止在活动过程中存在潜在的问题而又难以发现，所以在实施计划的过程中，就要附带进行研学旅行公关的活动评估。

二是公关结束后的评估，如公关活动是否顺利结束？公众反响如何？此次公关是否达到了预期？这些问题需要在活动结束后通过数据化的形式加以分析和评估，以做到查漏补缺，能够支撑企业开展后续的活动。

评价公关活动的效果一般采用如下两种方法。

其一是曝光率，这是最容易衡量公关活动效果的方法，即在媒体上的曝光率，即曝光次数。曝光率很大程度上反映了此次公关的社会关注度。曝光率越高，意味着看过听过并且记住公关信息的目标群体就越多，潜在客户也就越多。

其二是销售和利润，这是衡量公关活动效果最直接的方式。

四、公关的危机管理

公关的危机管理是研学旅行企业的应急措施,是企业生存的最后一道防线。公关的危机管理的成与败直接决定了企业能否继续生存,它会产生很多后续的影响。危机产生的原因有很多,大多分为两类:人为和非人为。无论哪一类原因都影响了企业的品牌形象,使消费者对企业的信赖度降低,轻则导致企业的经济损失,重则丧失商业信誉无法继续维持企业形象。公共关系危机管理,是指为避免

微课:公关的危机管理

和减轻危机事件给旅游业所带来的严重威胁,通过一系列措施(研究危机、危机预警和危机救治)来恢复经营环境而进行的管理过程。由于引起公关危机的原因不同,旅游公共关系危机管理的方法主要有以下三种。

(一)不可抗力突发危机的管理

不可抗力是指不归结于人为因素,由于无法抗拒的原因所致。现实中主要包括两个方面:其一是由于地震、海啸等自然因素导致,该情形的发生是企业不可避免的;其二是政治或其他因素,包括战乱、重大疫情等。同样,该类情形无法归责于企业,因此企业在危机过后可以通过社会型旅游公共关系有效地重塑形象。

(二)旅游企业管理失误引起的危机

该种危机主要是由于企业本身的原因所导致的。企业在经营活动中,由于市场定位以及经营战略的缺失,导致企业经营出现失误,该种情况将直接导致企业的社会信赖度降低,严重影响企业的经营秩序。在该种情况下,企业应当在事情发酵之前及时地发布公关信息,在信赖危机出现之前及时处理妥当。

此外,服务型和宣传型旅游公共关系也可以帮助旅游企业重塑形象。这两种公共关系的共同点就是加强与消费者的沟通,争取社会公众的信任,通过增加与消费者之间的互动,消除消费者的顾虑。

(三)旅游企业恶意竞争引起的危机

这种危机是由于第三者的原因所致。往往是由于第三者恶意诋毁本企业,或者是通过其他不正当竞争行为损害本企业的名誉和品牌形象。针对这种情

况，首先旅游企业可以采用法律的途径维权，要求恶意中伤本企业的第三者公开道歉，这一措施对于恢复企业的名誉有着很大的助力。其次，企业公关人员可以综合运用各种旅游公共关系活动来提高旅游企业的形象，但应当做到公开、透明，以免出现信赖危机。

项目八　开展研学旅行市场促销

任务四　设计人员推销策略

一、人员推销的概念

（一）人员推销的概念

人员推销是指企业派出的销售人员，运用营销知识和技能向顾客直接传播信息以赢得顾客的信任和好感，达到扩大销售目的的一种销售推广方式。

旅游人员推销是指旅游企业派出专人向旅游消费者进行一对一的介绍、推广、宣传，以促进产品的销售。推销人员除了需要完成销售，还需要了解顾客的需求，为开拓市场做准备。人员推销是企业提高市场占有率、社会知名度的重要途径之一。

微课：人员推销的概念与方法

（二）人员推销的特点

1. 人员推销具有针对性

人员推销往往采用一对一的方式与消费者进行沟通，通过了解消费者的需求，有针对性地向消费者推送企业的产品。在研学旅行产品中，推销人员主要向消费者推送研学主题、线路、研学产品等。面对不同的客户群体，适用的研学旅行产品也有所差别：例如，小学生主要以乡土乡情为主；初中生主要以县情市情为主；高中生以省情国情为主。因此，面对不同的消费者，针对消费者的不同需求有针对性地推送研学项目，能够获得更大的效益。

2. 人员推销具有及时性

推销人员应当及时地与客户沟通，及时地强化客户的购买欲望。在推销过程中应当时刻伴随在消费者身边，始终保持和顾客近距离的接触，观察消费者的购买动机和意图，及时地对消费者的疑惑进行解答，强化消费者的购买意向。

3. 人员推销具有完整性

推销活动极具灵活性，推销人员需要根据当时的实际情况灵活处理，但在整体上也需要依据一定的步骤：接触客户—寻求动机和意向—洽谈—达成交易—客户的维护。在这里需要强调的是，处在人员推销最后阶段的客户维护也起到了非常重要的作用。在推销结束后，为了增加"回头客"，以及利用客户促成宣传效益，需要推销人员及时地进行客户维护以及收集客户体验的反馈，并采取优惠措施促成消费者的二次消费，因此客户维护对于开启新的推销循环起到了催化剂的作用。

二、人员推销的方式

旅游人员推销属于直接促销，推销人员不通过任何中间环节，同旅游消费购买者面对面或电话洽谈，直接介绍和宣传旅游产品或服务，说服消费购买者采取购买行为。旅游人员推销主要包括专业人员推销和全员推销两种形式。

（一）专业人员推销

专业人员推销是指由受到企业专业培训过的、熟知企业产品、项目等各项参数的销售人员，向消费者提供推销服务的推销方式。这是企业最常用的推销方式之一。该方式虽然会额外增加企业的成本，但能够获得更大的收益，大幅度提升企业营销效率。在实际推销过程中，由于旅游的最终消费者分布得比较分散，因此专业人员推销主要针对的是旅游中间商和团体购买者。一般来讲，专业人员销售经常采用以下三种方式。

1. 上门推销

指销售人员直接走访旅游消费者并进行推销的方式。这种方式要求推销人员有良好的沟通能力和说服能力，并掌握推销的技巧。由于学校是研学旅行最重要的目标群体之一，针对研学旅行市场促销，上门推销主要是专业推销人员走访相关的学校、教育机构，寻求这些客户的研学旅行需求，并有针对性地向其推销研学旅行产品。在这种推销类型中，要求推销人员有良好的社交能力，善于与人交流，并具有良好的变通能力。

2. 电话推销

在合法获取消费者电话等身份信息的前提下，通过电话向消费者推销产品。这种方式要求销售人员具有良好的语言表达能力和判断能力，并掌握语言沟通技巧。在目前通信发达的年代，电话的使用频率逐年增加，相伴而生的是骚扰电话的增多。研学旅行企业在电话推销前应当寻找潜在消费者，咨询其购买意图，然后再通过电话的方式向其推销。这也是为了规避部分消费者由于没有购买意向而打扰对方的生活，使其对企业产生负面印象。

3. 推销展示会

指推销人员利用各种会议介绍和宣传本企业的旅游产品或服务，如交易会、洽谈会、展览会、展销会、新闻发布会等。这种方式省时省钱，接触面广，一次成交量大，但是受会议时间限制影响较大。

（二）全员推销

全员推销是指旅游企业内部旅游产品或服务的各个环节的从业人员，在接待旅游者的过程中，借助于旅游企业的各种内部设施、设备、资料等，销售自身产品的推销形式。这里的推销人员并非单纯的一人或几人，而是动员企业项目中各个环节的人员。与专业人员推销不同的是，全员推销需要员工借助于旅游企业的设施、设备及相关资料，在消费者主动咨询某环节的情况下，准确地介绍企业该环节的服务特点、服务种类等。

这一推销方式相对于电话推销、上门推销，采用的是一种被动式的推销方式，推销人员只能依靠良好的销售环境和接待技巧才能满足顾客需求，完成推销任务。

三、人员推销的步骤

虽然人员推销具有灵活性，但总体上人员推销需要具备一定的程序性步骤，这种推销步骤被称为程序化模式，又称公式化模式。推销人员在步骤的整体框架中，针对不同的处境灵活运用推销技巧，便能事半功倍。总体上来说，人员推销需要具备以下六个步骤。

微课：人员推销的步骤与技巧

（一）寻找潜在客户

在推销初期，企业如果无法准确寻找目标客户，采用广撒网的方式毫无目的地推销，就会导致效率极低而且无法达到预期的效果。因此，在推销之前应当积极地寻找潜在客户。推销人员可以从旅游供应商、旅游中间商处寻找潜在线索，了解潜在客户的消费标准和需求，从中选择出适合推销的潜在或现有客户，做到"精准出击"。

（二）推销前的准备

推销是一个技术活，它要求推销人员对企业的产品和项目有充分的认识。这就要求推销人员在推销之前进行系统的培训，对于企业的项目和产品以及相关的推广活动都有一个整体的把握，能够做到熟练地向消费群体解答企业的各种问题。

在知识储备完成后，就需要准备推销的材料了。例如，研学旅行地区的说明材料、价目表等介绍材料，以及推销的工具，如宣传画册等。推销人员应当选择推广的方式，根据实际情况选择电话推销、上门推销还是全员推销等，其目的是达到最佳的营销效果。在与消费群体沟通完成后，应当及时地规划路线、时间等客观要素，以满足消费者的需求。

（三）面谈与讲解

研学旅行产品本身具有实践性，消费者无法切身感受产品的实质内容，并且没有一个实物可作为参考，因此相比于实物的推销，研学旅行产品的推销更依赖于推销人员的耐心讲解。推销的过程是相对短暂的，推销人员应该在有限的时间内重点突出该产品的特色，并依据消费者的反馈，重点推荐消费者感兴趣的内容。推销人员要依靠自己的专业知识，根据掌握的客户材料和实际情况，灵活运用各种讲解技巧吸引客户，让客户认可所推销的旅游产品，进而产生购买欲望。必要时旅游企业推销人员在讲解时可辅助采用图片和景点光盘，加深客户印象。

（四）处理异议

旅游企业推销人员在向客户推销时，客户无论是否有兴趣都会提出异议，这些异议一般包括需求异议、价格异议、产品异议、服务异议、购买时间异议、竞争者异议、对推销人员及其所代表的企业的异议等。这些异议考验了销售人员的心理素质以及对企业产品的掌握度。消费者的异议源于对产品的不理解，推销人员应当将其作为切入点，分析消费者异议产生的原因，巧妙地运用语言技巧化解异议。

（五）成交

成交是推销过程中的最后一个环节。成交在某种意义上是正确处理异议的结果。成交意味着消费者同意购买本公司的产品，是消费者对企业产品或服务的肯定。当然，成交过程中应当注意消费者的行为和评价，在消费者未脱离推销阶段时应当谨慎行事。一方面对于保守型心理的客户应当努力消除其交易障碍，另一方面也要努力强化消费者的交易意识。

（六）客户追踪

在与客户达成协议之后，意味着推销实践环节的结束，但这并不意味着整个推销过程的终结。为了促进消费者的二次购物，为了最大限度地提升消费者的购买体验，追踪和售后服务是必不可少的。一方面给购买者满意的消费体验，另一方面也通过购买者起到间接宣传的作用。积极的客户追踪，能够带来双倍的正面效应。

四、人员推销的技巧

人员推销是一个技术性活动，它要求销售人员不仅要有过硬的营销技巧、知识存储，而且还要有良好的物质性要素，即穿着、仪表、妆容等，所以说成功的推销是内在因素和外在因素共同作用的结果。

（一）语言艺术

语言交流是一门艺术，里面藏着很深的学问。良好的谈吐能够使人身心愉悦，它在一定程度上能够影响消费者的内心世界。要做一个合格的表达者必须要考虑以下五个因素。

（1）良好的外在形象能够给客户留下一个良好的第一印象。推销人员在上岗之前应当打理自己的仪表，做到干净整洁。

（2）语气缓和，不能给消费者营造出一种紧张和不悦的氛围。

（3）不能直接讨论话题的核心，而是利用其他的事件引出推销的产品。

（4）善于聆听。推销人员在推销过程中应当秉持谦逊的态度，多聆听消费者群体的观点，并且对该观点予以肯定。若消费者的观点存在隐性瑕疵，应该婉言提醒，时刻做到以消费者为中心。

（5）注重实际。推销人员应当注重语言的实际性，切勿高谈阔论，应该讲究实事求是。

（二）投石问路

业务洽谈初始可以海阔天空无所不谈，而后适时抛出一些问题。为了检验推销人员所掌握的信息是否准确，还应想方设法地找机会，巧妙地向对方提出一些推销人员事先已掌握的问题。假如对方回答得不一样，那就表明双方必有一方的信息不准确，接下来的洽谈就要格外小心，以免因情报不准带来失误。

（三）掌握火候

进行业务洽谈，如果推销人员提出的条件是经过调查研究、对比分析证实是合理的，理所当然应该坚持，但过早露底，有时又会妨碍洽谈的进行。因此，推销人员的既定条件与抛出条件应有一个"公差"，但这个"公差"不宜过大，应该让对方有讨价还价的余地。如果推销人员提出的条件哪怕是微不足道的，一旦对方开始让步，就应抓住苗头，步步紧逼，促使对方在其他方面继续让步，直到达到既定条件为止。

（四）巧用筹码

筹码，本是一句旧商业用语，意思是指手头上可以运用的资金数量。如今，筹码的含义更广，还包括经济条件。有个说法，叫作"用户即上帝"。其实，在国际市场上，对买主来说，卖主又何尝不是"上帝"呢？对于卖主来说，货俏时有筹码可利用，货不俏时是否也有筹码可利用呢？这要看推销人员会不会动脑筋、想办法。筹码用得好、用得巧，就能打开产品的销路，达到预期的效果。

（五）当机立断

当机立断，是说既定目标已经达到，洽谈就要马上结束，这时应迅速达成协议并付诸文字，以防节外生枝，甚至中途夭折。订货会上常常出现这样的现象：头天双方达成的口头协议，翌日单方就推翻，甚至在几分钟之内也有反悔的，出现这种现象，原因多种多样，这就需要我们善于把握时机，当机立断。

项目思考与练习

一、单选题

1. 公共关系是一项（　　）的促销方式。

　　A. 一次性　　　　B. 偶然　　　　C. 短期　　　　D. 长期

2. 人员推销的缺点主要表现为（　　）

　　A. 成本低，顾客量大　　　　B. 成本高，顾客量大

　　C. 成本低，顾客有限　　　　D. 成本高，顾客有限

3. 促销从本质上说是一种卖方与买方的信息传播沟通，这种信息沟通的特征是（　　）

A. 从买方向卖方传播沟通

B. 从卖方向买方传播沟通

C. 一次性的双向传播沟通

D. 反复循环的、双向式的传播沟通

4. 一般而言，下列各项中费用最高的广告媒体是（　　）

A. 报纸　　　B. 电视　　　C. 广播　　　D. 杂志

5. 下列各因素中，不属于人员推销基本要素的是（　　）

A. 推销员　　B. 推销品　　C. 推销条件　　D. 推销对象

二、多选题

1. 促销的具体方式包括（　　）

A. 市场细分　　B. 人员推销　　C. 广告　　D. 公共关系

E. 营业推广

2. 商业性广告的特点是（　　）

A. 有较高的艺术性　　　　B. 有明确的广告主

C. 使顾客产生信任　　　　D. 必须支付费用

E. 必须通过一定传播媒体

3. 作为促销策略的四种促销方式之一，人员促销的特点主要是（　　）

A. 传播面广

B. 传播速度快

C. 容易管理、控制

D. 容易建成比较亲切的人际关系

4. 杂志是企业常用的平面广告媒体，与其他广告媒体相比，它的优点有（　　）

A. 灵活　　　B. 针对性强　　　C. 保存期长　　　D. 触及面广

E. 信息量大

5. 促销作为促成商品交易的经济活动，必须包括（　　）

A. 公共关系　　B. 营业推广　　C. 促销主体　　D. 载体

E. 促销对象

三、名词解释

1. 旅游营业推广

2. 公共关系

四、简答题

1. 研学旅行广告的类型有哪些？

2.人员推销的步骤有哪些？

五、实操题

1.课后分小组讨论研学旅行市场促销策略的优缺点，总结不同策略的适用场合及条件。

2.选择所在地区的一家研学旅行企业展开调研，了解研学旅行企业促销策略的应用现状，并评估其效果。

参考答案

项目九

开展研学旅行市场销售

全国中小学生研学实践教育基地——中国科学院华南植物园

项目导读

本项目主要介绍销售的有效沟通技巧，了解沟通概念，熟悉信息传递方式，掌握冲突处理方式及沟通技巧；学习研学旅行商务谈判，了解商务谈判的概念，掌握商务谈判原则，熟悉商务谈判方法，掌握商务谈判技巧。

课程思政：德法兼修——鉴往知来，跟着总书记学历史。千年古城里的晋商精神

学习目标

了解沟通的概念；了解商务谈判的概念；了解商务谈判的原则；熟悉冲突的处理；熟悉沟通的技巧；掌握商务谈判的方法；掌握研学旅行的销售技巧。

思维导图

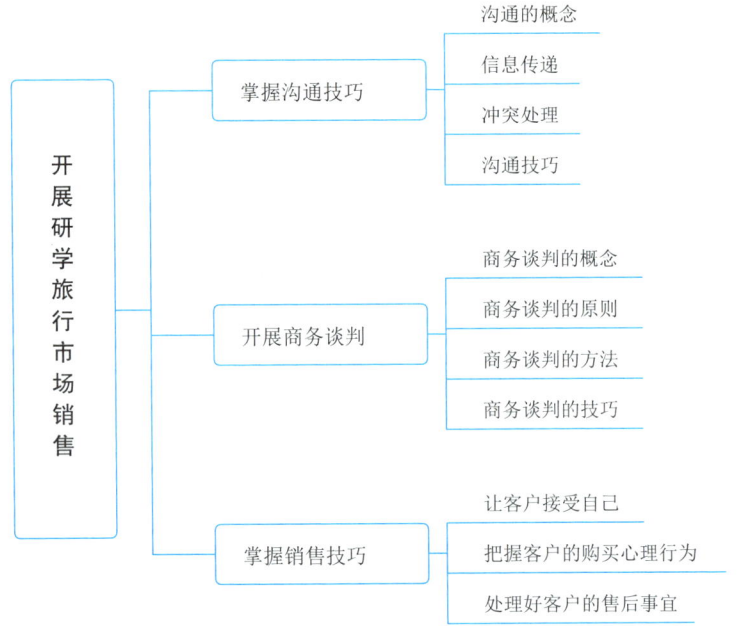

项目九 开展研学旅行市场销售

任务一 掌握沟通技巧

一、沟通的概念

沟通是研学旅行销售人员必不可缺的能力,沟通有两层含义:一是准确地采集对方信息,了解对方的真正意图,同时将自身信息也准确地传达给对方;二是通过恰当的交流方式(如语气、语调、表情、神态、说话方式等),使谈话双方容易达成共识。

微课:沟通的概念

就本质而言,营销与沟通是不可分割的:营销就是沟通,沟通就是营销。营销沟通的目的有两个:创建品牌和销售产品。

可以将营销沟通按功能、沟通双方的性质、信息传递方向和目的来进行划分。

(1)按功能划分,可分为工具式沟通和感情式沟通。

(2)按沟通双方的性质可划分为人际沟通、群体沟通、组织沟通和大众媒体传播沟通等。

(3)按信息传递的方向划分,可分为单向沟通和双向沟通。

(4)按沟通目的的划分,又可分为告知性沟通和说服性沟通。

(一)有效沟通的前提是专业度

研学旅行产品销售的本质,其实是"服务",是一个为客户解决问题的过程,也是一个服务客户的过程。解决问题是否到位,决定了能否产生价值。这些都是以建立专业度为基础的。什么是"专业度"?通俗地讲,就是懂客户、懂产品。作为一名销售人员,你比客户懂得多、在落地层面考虑得更周全、比客户还了解客户的需求。

以学校为例。拜访学校之前,作为研学旅行销售人员,你需要做哪些准备来建立专业度?比如,你要了解学校的情况,你要了解校长、分管副校长、教务主任、德育主任等关键决策人的资料，以及学生的基本情况等。这些都应该是在拜访之前就要做好的准备工作。

（二）有效沟通的基础是了解客户需求

还以学校为例。如何挖掘学校研学旅行的需求？有的学校研学实践开展较早，可以轻车熟路地告诉销售人员本年度研学的课程需求，以及需要配置的资源和课程活动。

而有的学校以前很少举办研学活动，当研学旅行销售人员去拜访了解需求的时候，学校关键决策人往往很难说清楚需求所在，这就需要研学旅行销售人员提前做足功课。可从以下四个方面下手做沟通准备。

1. 校训

结合校训阐明研学主题，进行研学活动设计。

2. 学校所在地区

老城区的学校在市中心，总体面积狭小，学生动手的机会比较少。自然野趣类、农作体验类、手工民俗类的研学旅行产品，对老城区的学校更有吸引力。而在新建城区的学校，学生来自城郊，如果再推"田间野趣"就不合适了，可以尝试在市中心名人故居、博物馆、科学馆等开展研学活动。

3. 预算

学校的预算与相关部门出台的政策更密切。比如，教育相对发达地区的学校，研学费用可能不由学生或家长承担，全由相关部门买单，这时候研学旅行产品就不适合推荐预算过高的。有的学校所在区域在预算方面没有明确规定，则可以根据学校的情况去推荐产品。例如，研学旅行中的夏令营产品，由于是自愿性质，就需要考虑学生家长的经济条件，综合费用、天数、研学资源去推介。

4. 目的

不同学校组织研学旅行的目的是不同的。有的学校有明确的素质教育导向，如借助研学活动体现该校的素质教育实践成果，有很明显的展示需求，就可以选择学生参与性强的、互动效果明显的产品；有的学校研学旅行要标新立异，如植树节研学活动要体验劳动教育新要求，社团活动别出心裁地请来专业的无人机教练，打造"明星社团"等，这时推介产品就要强调"最独特""人无我有"等属性。

（三）有效沟通的关键是针对性地提供服务

一次研学旅行产品的营销服务是否成功与项目决策人的选择是紧密挂钩

的。一个研学旅行销售人员需要了解学校内部关键决策人的从业经历、个性、喜好、研究方向、学术成果、推崇的教育理念、在研学项目中所处的决策位置等，才能有针对性地提供服务。拜访客户，明确关键决策人是至关重要的，有的学校关键决策人是校长，有的是副校长，有的是德育主任，或者年级主任都有可能。如果研学旅行销售人员在拜访前的功课都做好了，推介产品的时候则更有针对性，给人"量身打造"之感，专业性就体现出来了。

了解客户的信息和需求，远远不止以上提到的这些。只有把信息提前整合，充分了解显性的、隐藏的综合需求，才能切中研学旅行产品营销的"痛点"。研学旅行产品的销售就是发掘客户的需求，为其解决问题而产生价值的过程。

二、信息传递

在销售管理中传达商品信息就是用特定的方式去影响人们的购买行为，使其在市场上产生反应。

微课：信息传递

（一）信息管理的对象是信息资源和信息活动

1. 信息资源是信息生产者、信息、信息技术的有机体

信息管理的根本目的是控制信息流向，实现信息的效用与价值。但是，信息并不都是资源，要使其成为资源并实现其效用和价值，就必须借助人的智力和信息技术等手段。因此，人是控制信息资源、协调信息活动的主体，是主体要素，而信息的收集、存储、传递、处理和利用等信息活动过程都离不开信息技术的支持。没有信息技术的强有力作用，要实现有效的信息管理是不可能的。由于信息活动本质上是为了生产、传递和利用信息资源，信息资源是信息活动的对象与结果之一。信息生产者、信息、信息技术三个要素形成一个有机整体——信息资源，这是构成任何一个信息系统的基本要素，是信息管理的研究对象之一。

2. 信息活动是指人类社会围绕信息资源的形成、传递和利用而展开的管理活动与服务活动

信息资源的形成阶段以信息的产生、记录、收集、传递、存储、处理等活动为特征，目的是形成可以利用的信息资源。信息资源的开发利用阶段以信息资源的传递、检索、分析、选择、吸收、评价、利用等活动为特征，目的是实现信息资源的价值，达到信息管理的目的。

（二）信息管理是管理活动的一种

管理活动的基本职能"计划、组织、领导、控制"仍然是信息管理活动的基本职能，但信息管理的基本职能更有针对性。

（三）信息管理是一种社会规模的活动

信息管理是一种社会规模的活动，它反映了信息管理活动的普遍性和社会性，是涉及广泛的社会个体、群体、国家参与的普遍性的信息获取、控制和利用活动。

微观层面上的信息产品管理包括信息的采集、整序、分析，信息产品的流通。

中观层面上的信息系统管理包括设计、实施与评价，安全管理，信息资源配置等。

宏观层面上的信息产业管理包括产业结构和测试，信息服务业的机制与管理模式，产业政策和信息立法，社会信息化。

（四）信息传递的三个基本环节形成一个闭环

信息传递有三个基本环节，并形成一个闭环。第一个环节是传达人（销售经理）为了把信息传达给接受人（消费者），必须把信息"译出"，成为接受人所能懂得的语言或图像等。第二个环节是接受人（消费者）要把信息转化为自己所能理解的解释。第三个环节是接受人（消费者）对信息的反应，要再传递给传达人（销售经理），称为"反馈"。

三、冲突处理

冲突管理是指采用一定的干预手段改变冲突的水平和形式，以最大限度地发挥其益处而抑制其害处。在组织情境中，通常从确定适当的冲突管理风格、选择合适的冲突管理策略、采取必要的冲突管理措施三个方面开展或加强冲突管理。

微课：冲突处理

（一）确定适当的冲突管理风格

在人际互动过程中，组织成员对冲突的知觉、预期以及信念是各不相同的，因此首先应该有针对性地选择适当的冲突管理风格。

1. 两种冲突管理取向

采用不同的立场会影响成员解决冲突的方式和风格。双向取向认为双方最终能够寻找到一种互惠、共赢的方式来解决分歧；而输赢取向则认为双方的共有资源是有限的，若一方赢得较多，另一方的利益就会相应受损。在组织沟通过程中，若双方均持有输赢取向的立场，则容易激化冲突。事实上，在很多情况下，如果双方不以非此即彼的方式来看待冲突，而是以建设性的态度来理解分歧，则会有更多机会实现互惠和双赢。

2. 五种冲突管理风格

根据组织成员介入冲突的方式，分为五种冲突管理风格。每种风格均可用两个维度上的不同水平组合来标识。维度一为武断性，代表成员试图满足自身利益的动机；维度二为合作性，代表成员试图满足他人利益的动机。这两个维度形成了以下五种典型的冲突管理风格。

（1）协同：是指双方通过积极地解决问题来寻求互惠和共赢。其特征是双方乐于分享信息，并善于在此基础上发现共同点，找到最佳解决方法。通常，协同是首选的冲突管理方式，但只有在双方没有完全对立的利益，且彼此有足够的信任和开放程度来分享信息时，协同才能有效地发挥作用。

（2）回避：是指试图以通过逃避问题情境的方式来平息冲突。这种比较消极的冲突管理方式在应对不太紧要的问题时比较有效。此外，当问题需要冷处理时亦可采用回避作为权宜之计，以防止冲突进一步激化。但是回避无法从根本上解决问题，且容易导致自己和对方产生挫败感。

（3）斗争：是指以他人的利益为代价，试图在冲突上占据上风。这种极端不合作的冲突管理方式通常并不是最佳解决方案。但是，当确信自己是正确的，且分歧需要在较短时间内解决时，斗争是必要的。

（4）迁就：是指完全屈从于他人的愿望，而忽视自身的利益。当对方权力相当大或问题对于自身并不重要时，迁就就是比较有效的方式。但它容易令对方得寸进尺，从长远看，迁就并不利于冲突的解决。

（5）折中：是指试图寻求一个中间位置，使自身的利益得失相当。这种方法比较适合难以共赢的情境。当双方势均力敌时，且解决分歧的时间期限比较紧迫时，折中比较有效。但由于忽略双方共同利益，因此折中往往难以产生非常令人满意的解决办法。

总的来说，没有一种冲突管理风格使用与所有情境相适应，因此冲突管理的精髓在于针对不同情况采取不同冲突管理风格。

（二）选择合适的冲突管理

1. 强调高级目标

高级目标是指超越冲突双方各自具体目标的更高一级的目标，是冲突双方追求的共同目标。通过多种方法突出高级目标的重要性，有利于增强组织的凝聚力，减少社会情绪性冲突。在解决由于目标不兼容和差异化造成的冲突时，此种策略的作用尤为显著。通过提高成员对组织共同目标的忠诚度，可有效解决由于部门目标不一致造成的分歧；在异质性团队中，若成员理解并认同了组织的共同目标，则能够有效地避免差异带来的潜在冲突，使团队成员能够各施所能，全力为组织的共同目标服务。但由于该策略仅仅是通过引入一个参照目标来抵制差异化，因此它无法从根本上消除组织内部各种潜在的多样性及其负面影响。

2. 减少差异化

减少差异化是指通过改变或消除导致差异的各种条件，直接抵制分化，包括消除形式上的差别和培养共同经历等方法。

3. 增进沟通和理解

有效的沟通对冲突管理是至关重要的，它能够消除刻板印象带来的偏见和负面情绪，增进彼此的理性认识。在组织管理中，常用的沟通方法有对话法和组间镜像法。

（1）对话法：是指通过团队成员之间正式或非正式的交谈来讨论彼此的分歧，在了解各自基本设想的基础上构建团队共同的思维模式。

（2）组间镜像法：一般适用于双方之间，可为冲突各方提供一个充分表达各自观点、讨论分歧的机会，并最终通过改变错误观念来找到改善双方关系的途径。

4. 降低任务依赖性

降低任务依赖性可以有效降低冲突发生的概率。对于共用型任务依赖，可采用分利共用资源方法；对于顺序型和交互型任务依赖，则可采用合并任务的方式来降低任务依赖性。此外，还可通过建立缓冲带方法（如建立专门的调解委员会）来协调不同部门的工作。

5. 增加资源

解决由资源匮乏导致的冲突时，增加资源无疑是最直接、最有效的方法。当然，管理者需权衡增加资源的成本及冲突带来的损失。

6. 明确规则与程序

明确规则与程序能够有效解决由模糊性带来的冲突，尤其是当资源匮乏时，如何分配和利用资源需要做出明确的规定，这有利于消除误解，建立公平、公正的工作环境，增强组织的凝聚力。

（三）采取必要的冲突管理措施

1. 通过谈判解决冲突

谈判是指冲突各方试图通过重新界定他们之间相互依赖关系的条件来解决目标分歧。只要人之间存在彼此信赖关系，谈判就是解决冲突的有效方法。

研究者通过交易区模型来说明和解释谈判行为。在谈判过程中，冲突双方通常会确立三个基本点：起始点、目标点和阻抗点。起始点是各方开始时的报价或要求，代表了各自理想的目标或状态；目标点代表各方比较现实的目标；而阻抗点则代表谈判各方的底线。谈判之初，双方分别陈述自己的起始要求，随着谈判的进行，各方都会有所让步，要求也会相应地发生变化。只有当双方的要求均落入中间的交易区时，谈判才会达成协议，冲突才能得以解决。

以下两类因素影响谈判的效果和质量。

（1）谈判的情境因素：谈判地点、谈判场所的物理布局、时间进程和最后期限、观众特点。

（2）谈判者的行为因素：计划与目标设定、收集信息、有效交流、适度让步。

2. 第三方介入

第三方介入是指相对中立的第三方作为调解人或仲裁者，帮助冲突各方解决分歧。第三方介入主要应该达到以下几个目标：效果好、效率高、结果公平、程序公正。

根据第三方对冲突解决过程和结果的控制程度，可以将第三方介入分为三类：调解、仲裁和审判。

四、沟通技巧

有效的沟通者会选择合适的媒介，为对方量身定做信息，用对方可以理解的语言清楚、准确地表达想法。

微课：沟通技巧

（一）言简意赅、观点明确

认为词语"包含"固定意义的想法是错误的。词语的意义是人赋予的，而非本身固有的。一个词语只是触发了意义和感官联系（如果其意义是具体的话），而一个固定不变的意义是不存在的。

一个词语和它的含义可能是两回事。当我们听到"狗"这个词，大脑中就会出现一只狗的形象，你仿佛能听到它的吠叫，或者抚摸到它的皮毛。而像"战略"之类的抽象名词或词组仅仅是作为理念而存在。这些词语不会引起感官印象，对于不同的人，这些词语可能具有不同的意义。在一项研究中，80%的经理人表示他们竭力使其传达出去的技术信息精确无误。但是，精确的技术语言却常常加大了误解的风险。因为除了业内人士知道他们所使用的词语的通常意义，外人都不知道。正所谓隔行如隔山。据统计，有64.75%的家长对研学信息的获取来自学校的知识普及，36.51%的家长通过旅行社或教育机构的宣传获取研学信息，17.46%的家长来自朋友介绍，17.39%的家长通过其他渠道获取研学信息。因为家长获取研学旅行信息的渠道不一样，导致56.64%的家长表示对研学旅行不太了解，17.01%的家长不了解，21.84%的家长听说过研学旅行，仅有4.5%的家长完全了解研学旅行。

（二）把握信心、积极沟通

很多人似乎将"信息"和"沟通"混为一谈。信息和沟通的区别是：信息是数据、事实和商业情报，而沟通是人将信息、理念或感觉传递给另一个人或一组人。

沟通由两部分组成：发送者，用于传达信息的符号（通常是词语）。沟通有听觉方式（讲话及语调、非口头方式）、身体语言、手语、超语言、触摸、眼睛接触，以及书面方式。人们可以通过衡量所发出信息与所收到信息之间的相似度，来评估与他人之间的沟通的有效性。

沟通中存在的挑战是：你所讲的与听者所听到并理解的常常是风马牛不相及。生理的、环境的以及心理的干扰会阻碍并扭曲信息。

（三）掌握全局、各个击破

一家大型企业的业务开发主管说："我们花了两年的心血制定新的亚洲战略，而企业负责人员花了一个下午做了了解，然后在中层会议上做了一个小时展示，并把幻灯片电邮给每个人。企业负责人从未检查别人是否收到，他只是假定别人原封不动地收到了他的信息，并且已经对其认同。"

沟通不是一件有形的物品，如电子邮件、网址、宣传册、短视频、公众号那样。它也不是"把话传出去"那么简单。作为有效的沟通者，一定要增强对沟通的掌控，经过周密计划，且实施得体。沟通者在做有效沟通的时候，一定要注意沟通现场说的每一句话，做的每一件事、每一个面部表情，甚至沟通者的坐姿、步态、穿着、沟通环境的装修风格都在向外界传达信息，以至于沉默也会被看作一个信息。所以会产生"无法不沟通"的效果，因为信息的接收者也在"沟通"。

（四）察言观色、把握主动

作为一名成功的沟通者，不仅要学会输出信息，还要学会接收信息。调查研究表明，能言善辩者不一定是好的沟通者。其中的原因在于能言善辩者喜欢单方面"表现"。他们不愿倾听，对别人的话是不在意的；他们更关注自己的表现，完全以自我为中心；他们试图以花哨的信息来加深听众对他们的印象，而非倾听与投入。

有效的沟通者应当善于倾听，他们会选择合适的媒介或者渠道，为听众量身定制一套信息。这套信息会与听众所具备的知识和需要相匹配，会用听众可以理解的语言清楚、准确地表达他们的想法。有效的沟通者是真诚可信的，即使他们相对不那么老练圆滑。良好的沟通不是征服，而是妥协。

（五）业务精练、实事求是

很多人会把大型跨国公司的文化形容为事实、数字和信息的结合。这种占主导地位的说法有其合理成分。沟通都侧重于可见的和可衡量的效果，并通过思考、分析和得出结论等手段进行传播。

比如，以员工和经理之间的沟通为例。员工一旦接收到经理的信息，他们会进行"再创造"，所以经理要为他们多加考虑。对经理们来说，最常见的听众包括员工、业务对象（消费者和竞争者，以及与公司事务相关的各方）。员工最希望清楚了解经理所推荐的行动路径。他们希望行动步骤是"有意义的"。员工希望经理说的话，不管以什么形式，都能被他们迅速而轻松地理解。比如，针对每周简报、季度报表、营销报告或者战略文件，作为经理不能把这些文件作为附件发送出去。当你在跟员工沟通时，也不能直接宣读电子表格上的数据或者幻灯片的页面内容。你需要把这些材料打造成引人注目的信息，如一个惊人的事实、一个打动人的统计数字、一个励志故事，或者一个强有力的象征或比喻。知道如何去识别信息当中的核心元素。许多有效的沟通者使用故事，以简单、易记的形式传达他们的想法。简单易记的形式当中常包含多种理念。而故事可以起到启迪、激励、吸引和联结的作用，帮助听者让信息形象化，具有很强的象征力和"黏附力"。故事让理念更加具体，常常诉诸视觉感官，不断触动情感。故事的最大价值就在于它的情感力量。

相关链接

火爆出圈,淄博究竟做对了什么

"五一"假期已经结束,但淄博烧烤的热度仍在持续。"赴淄赶烤""三人行,必有烤串大师""淄博上一次这么热闹还是在齐国",网上关于淄博烧烤的各种段子也层出不穷。天下烧烤那么多,为何淄博能"出圈"?美食之外,还有哪些"淄"味更值得反复品味?火爆出圈,淄博究竟做对了什么?

不走寻常路,瞄准年轻人精准"种草"

淄博脱颖而出的第一步,首先是打动了年轻人。众所周知,淄博的这一次"出圈",选择了一个特别小的切口——烧烤。这一选择看似出人意料,仔细想想又在情理之中。近年来,各地文旅局局长纷纷"卷"起来,从策马宣传到拍摄特色短视频,不遗余力地宣传当地旅游。相比之下,淄博的选择似乎没有那么"文艺"和"高大上"。不过淄博深谙"人间烟火味,最抚凡人心"的道理,抓住年轻人精准"种草"。淄博烧烤物美价廉又自带社交属性,几百号人聚在一起吃烧烤,对于爱热闹的年轻人来说,无疑是一种极大的诱惑。

淄博烧烤的"火",也是由年轻人在网上"点燃"的。2月,淄博有关部门邀请拥有2000万粉丝的大V户外直播。3月,"大学生组团坐高铁去淄博撸串"登上抖音同城热搜。这些大学生通过他们熟悉的网络表达方式,短时间内集中传播淄博烧烤,这种食物就此"火"起来,很快成为"网红"。从最初让年轻人觉得"好玩"拍小视频,再到吸引一波又一波网红"前赴后继"打卡拍视频,淄博的走红之路,是年轻人用"流量"投票选出来的。年轻人选择了淄博,淄博也"满足"了年轻人。由此可见,得年轻人者得天下。

政府反应迅速,推出"宠粉"大福利

烧烤是一种很多地方都有的食物。单凭一种食物就能形成一个消费热点,淄博烧烤一定是让消费者体会到了一种"复合式"的感受。在全国各地的游客"赴淄赶烤"的同时,淄博市政府迅速意识到"流量也是一把双刃剑",针对外地人消费可能遇到的难题,提供了一系列的监管措施和公共配套服务。

3月31日起,铁路部门开行淄博"烧烤专列"。有乘客在乘坐专列时，被淄博文旅局长疯狂投喂，礼物拿到手软。随后，淄博市也增加了烧烤公交专线，为游客提供便利服务。4月初，淄博10余家景区陆续推出"高铁票免费换景区门票"的活动，持本人"高铁票＋身份证"，就可免费兑换领取多家景区入园门票。为缓解八大局市场周边"停车难"的问题，淄博仅用13天就建设完成八大局停车场，向公众和游客免费开放。

除了为游客提供便利，淄博市政府在落实相关监管举措方面也反应迅速，合理有效。4月22日，淄博市市场监督管理局网站发布通知，明确在2023年"五一"假期前后，对宾馆酒店客房价格实行涨价幅度控制措施。此后有网友发文称，之前订的1000元以上一晚的酒店房间，被通知改为571元一晚。工作人员回应称，因淄博烧烤热，客流量增大，政府为防止酒店房价过分上调，进行了价格控制和优化。为保障旅客出游安全问题，淄博当地公安部门增派执勤人员，加大巡逻密度。

在政府的不懈努力下，这一波大流量正在给淄博带来实打实的经济活力，天眼查App数据显示，截至4月27日，淄博4月已新增烧烤相关企业370余家，其中仅4月20日一天就新增注册30余家。目前，淄博市拥有烧烤相关企业超3000家。

用真心换真情，这是一场双向奔赴

有媒体报道，淄博烧烤出圈背后还有一个动人的故事：2022年5月，山东大学12000多名学生到淄博隔离，其中七八千人分配到临淄。临淄区政府给学生们安排的食宿环境，让大家感到很温暖。送别前的最后一餐，淄博请他们吃了一顿烧烤，并约定来年春暖花开时带上朋友再来。2023年3月，很多同学组团而至吃烧烤，演绎了一场互相温暖、双向奔赴的故事。

为了迎接每一位游客的到来，淄博每个人都拿出了最大的诚意。他们为了给外地游客留下好的印象，心甘情愿做了大量的工作，令人感动。一名安徽小伙着急赶高铁又想吃淄博烧烤，点了很多东西，老板娘怕他来不及烤，主动帮烤，让他专心吃。住在八大局的淄博市民张先生，在自己的车上拉横幅，欢迎外来游客免费乘坐，并表示"淄博是个好地方，欢迎大家过来"。千万粉丝博主"superB太"探访八大局市场，商贩无一缺斤短两，这让全国看到了淄博人的诚信，它在"秤"上，更在心中。

有网友说"真诚是永远的必杀技""淄博火的不是烧烤，是态度""去淄博不只是为了吃烧烤,更是感受政通人和!"或许上下齐心打造更开放友好包容的环境,才是游客与一座城市"双向奔赴"的秘籍。期待更多城市能像淄博一样火起来!

(资料来源:新华社新媒体)

项目九 开展研学旅行市场销售

任务二 开展商务谈判

一、商务谈判的概念

商务谈判（Business Negotiations）是买卖双方为了促成交易而进行的活动，或是为了解决买卖双方的争端，并取得各自经济利益的一种方法和手段。商务谈判是在商品经济条件下产生和发展起来的，它已经成为现代社会经济生活必不可少的组成部分。可以说，没有商务谈判，经济活动便无法进行，小到生活中的讨价还价，大到企业法人之间的合作、国家与国家之间的经济技术交流，都离不开商务谈判。

微课：商务谈判的概念

（一）商务谈判是企业实现经济目标的手段

不同的谈判者参加谈判的目的是不同的：外交谈判涉及的是国家利益；政治谈判关心的是政党、团体的根本利益；军事谈判主要是关系敌对双方的安全利益。虽然这些谈判都不可避免地涉及经济利益，但是常常是围绕着某一种基本利益进行的，其重点不一定是经济利益。而商务谈判则十分明确，谈判者以获取经济利益为基本目的，在满足经济利益的前提下才涉及其他非经济利益。虽然，在商务谈判过程中，谈判者可以调动和运用各种因素，但各种非经济利益的因素，也会影响谈判的结果，但其最终目标仍是经济利益。与其他谈判相比，商务谈判更加重视谈判的经济效益。在商务谈判中，谈判者都比较注意谈判所涉及的重点或技术、成本、效率和效益。所以，人们通常以获取经济效益的好坏来评价一项商务谈判的成功与否。不讲求经济效益的商务谈判就失去了价值和意义。

（二）商务谈判是企业获取市场信息的重要途径

商务谈判涉及的因素很多。谈判者的需求和利益表现在众多方面，但价值则几乎是所有商务谈判的核心内容,这是因为在商务谈判中价值的表现形式——价格最直接地反映了谈判双方的利益。谈判双方在其他利益上的得与失,在很多情况下或多或少都可以折算为一定的价格,并通过价格升降而得到体现。需要指出的是,在商务谈判中,一方面要以价格为中心,坚持自己的利益;另一方面又不能仅仅局限于价格,应该拓宽思路,设法从其他利益因素上争取应得的利益。因为,与其在价格上与对手争执不休,还不如在其他利益因素上使对方在不知不觉中让步。这是从事商务谈判的人需要注意的。

(三)商务谈判是企业开拓市场的重要力量

商务谈判的结果是由双方协商一致的协议或合同来体现的。合同条款实质上反映了各方的权利和义务,合同条款的严密性与准确性是保障谈判获得各种利益的重要前提。有些谈判者在商务谈判中花了很大气力,好不容易为自己获得了较有利的结果,对方为了得到合同,也迫不得已做了许多让步,这时谈判者似乎已经获得了这场谈判的胜利。但如果在拟订合同条款时掉以轻心,不注意合同条款的完整、严密、准确、合理、合法,其结果会被谈判对手在条款措辞或表述技巧上,引你掉进陷阱,这不仅会把到手的利益丧失殆尽,而且要为此付出惨重的代价,这种例子在商务谈判中屡见不鲜。因此,在商务谈判中,谈判者不仅要重视口头上的承诺,更要重视合同条款的准确和严密。

二、商务谈判的原则

1. 坚持利益为本

谈判就是为了解决利益矛盾,寻求各方都能接受的利益分配方案。因此,在谈判中要紧紧着眼于利益,而不是立场。

2. 坚持互惠互利

商界人士在准备进行商务谈判时,以及在谈判过程中,在不损害自身利益的前提下,应当尽可能地替谈判对手着想,主动为对方保留一定的利益。

微课:商务谈判的原则

3. 坚持客观标准

在谈判过程中,一定要用客观标准来谈判。这些客观标准,包括等价交换、国际惯例、法律法规等。比如,甲方(学校)向乙方(研学旅行企业)购买一次研学旅行服务,甲方希望低价,乙方希望高价。如何确定一个公平的价格,既要考虑成本,又要参考同类产品的市场价格。只有这样坚持客观标准,才会使谈判有更高的效率。

4. 坚持求大同存小异

谈判既然是作为谋求一致而进行的协商洽谈，本身就意味着谈判各方在利益上的"同"与"异"，因此为了实现成功的谈判，必须认准最终的目标，求大同，同时要发现对方利益要求上的合理成分，并根据对方的合理要求，在具体问题上采取灵活的态度、变通的办法，做出相应的让步举动，这样才能推动对手做出让步，从而促使谈判有一个公正的协议产生。

5. 知己知彼的原则

知彼，就是通过各种方法了解谈判对手的礼仪习惯、谈判风格和谈判经历。不要触碰对方的禁忌。知己，则是指要对自己的优势与劣势非常清楚，知道自己需要准备的资料、数据和要达到的目的以及自己的退路在哪儿。

6. 平等协商的原则

谈判是智慧的较量。谈判桌上，唯有确凿的事实、准确的数据、严密的逻辑和艺术的手段，才能将谈判引向自己所期望的胜利。以理服人、不盛气凌人是谈判中必须遵循的原则。

7. 人与事分开的原则

在谈判会上，谈判者在处理己方与对手之间的相互关系时，必须要做到人与事分别而论。要切记朋友归朋友、谈判归谈判，二者之间的界限不能混淆。

8. 礼敬对手的原则

礼敬对手，就是要求谈判者在谈判会的整个进程中，要排除一切干扰，始终如一地对待自己的对手，时时、处处、事事表现出对对方不失真诚的敬意。

三、商务谈判的方法

（一）商务谈判方法

谈判是双方谈判组成员在一起进行沟通、进行妥协，为达到一个双赢的目标而进行切磋的过程。我们强调妥协是沟通，但目标是双赢。所以谈判是人与人协调关系的过程，这样有许多谈判策略可进行调动。这里要强调的是，谈判是对事，谈判策略调动是对人。

微课：商务谈判的方法

1. 建立满意感

在某种程度上，满足对方谈判组成员的个人利益，那么他与你或谈判组其他成员的特殊关系，就能建立起来，因此使得谈判组尤其是对方谈判组某个主要成员，通过你的行为能产生一定程度的满意感，这可能会改变谈判中出现的一些情况。

2. 差异性对待

对于对方谈判组整体成员，采用差异性对待的办法，希望谈判的整体的关系发生一些微妙变化，能够有不同倾向性产生，但可能会有一定的负面影响。

3. 恻隐术

采用示弱乞怜的做法，利用人类的某些特点，比如说恻隐之心人皆有之，谁也不愿以落井下石这样一种人性的特点，最终来达到自己的目标。这种办法效果与使用的次数成反比。

4. 宠将法

用表扬的办法让别人去做一些你想让他去做的事情。宠将法本身是说好听的话，让他在受到赞扬过程中产生一种舒服感，从而放松警惕，给你成功的机会。

5. 激将法

激起对方的潜能。认为别人能做的，我都能做得到；别人做不到的，我也能做到，只有这种情况，运用激将法较易生效。这种方法有很强的针对性，若对手属于争强好胜的，运用激将法是较容易奏效的。

6. 告将法

常采用的方法是越级上告，把谈判陷入僵局的责任和困难全推到你要告的这个人身上。告将法较消极，甚至某种程度上讲有一种消极的影响，有可能别人会转变长久以来对你积累的印象。

7. 泥菩萨战术

采用不发言的办法，消磨对方的自信心，达到自己的目的。因为没有反应比负面反应更让人捉摸不透。

（二）针对商务谈判内容调动的谈判策略

从针对所谈判的标的角度来看，同样有一些积极或正面的策略，也有一些比较负面消极的策略。

1. 挡箭牌策略

挡箭牌策略就是你可用各种借口来阻挡对方的攻势，其中较常用也是较有效的叫权力受限，无法作出决策。从谈判学角度讲，受到限制的权力是最有效的权力。第二种情况，利用资料受到限制来作为挡箭牌阻止别人进攻。第三种挡箭牌，如技术和商业机密。

项目九 开展研学旅行市场销售

2. 声东击西策略

也叫欲擒故纵策略。你为了达到某一目标,反而要装作很不在乎某个目标,而斤斤计较于其他目标,最终你才能达到本来目标。为达到自己的目的,不是直接盯着这个目标,而是拐弯抹角,最终达到自己真实的目的。

3. 空城计策略

是指价格与对手内心评估差距很大,而且通过一而再、再而三反复讲,对手会对原本的评估产生动摇。这不是服从于真理,而是服从于别人说了很多次的价格,动摇了对方的信心,最终达到本方的目的。

4. 针锋相对策略

在谈判中对每个问题都要坚持自己的意见,是针锋相对的,你提出来我肯定要驳回去。不仅要为每个问题准备针锋相对的说法,同时在情绪上也要准备一种极不快乐的爆发性反应,给对方施加压力。

5. 最后通牒策略

规定答复最后期限,过期限则停止谈判,已有的结论全部作废。这在自己处于强势,对方为谈判有大量投入,且多数问题形成一致,只是个别问题难于突破时采用。

6. 货比三家策略

货比三家是为了给对手造成同样的产品、服务上的竞争压力,让他能够做出相应的让步。有选择性地比较,用别人的长处去比较对手的短处,能比较好地达到目的。

7. 唱红白脸策略

也被称为"演双簧",是指在商务谈判过程中,气氛开始出现敌意的时候,一方可以让两个人分别扮演"红脸"和"白脸"的角色,诱导谈判对手妥协。

8. 化整为零与化零为整策略

化整为零是把一个整体项目或整体产品化解为一些环节,通过不同的谈判把不同的环节分给不同的商人,从而产生某种竞争效果。化零为整是把项目中的各环节整体打包,通过把整个项目打包,以在价格市场或技术上取得更优惠的条件。

9. 双赢的策略

就是强调谈判过程中的双赢,即把谈判当作一个合作过程,谈判双方通常在利益和需求上存在一定的矛盾,需要通过谈判来化解矛盾,并尝试和对手共同去寻找能够满足双方需要的方案,以使双方的利益最大化。

10. 顺手牵羊策略

即大的交易确定了还可以提一些小的要求,而对方也可能会给予一些让步，进一步巩固在大项目上取得的成果。

四、商务谈判的技巧

在现代的商业社会中，商务谈判越来越多。商务谈判对研学旅行企业的经营活动也起着越来越重要的作用。商务谈判的技巧不仅仅适用于公司与公司之间的谈判，同时也适用应聘者与公司、销售人员与顾客等。下面一起学习商务谈判中的 11 个技巧。

微课：商务谈判的技巧

1. 确定谈判态度

在商业活动中面对的谈判对象多种多样，谈判人员不能拿出同样的态度对待所有谈判，需要根据谈判对象与谈判结果的重要程度来决定谈判时所要采取的态度。

（1）如果谈判对象对企业很重要，如是长期合作的大客户，而此次谈判的内容与结果对公司并非很重要，那么就可以抱着让步的心态进行谈判，即在企业没有太大损失与影响的情况下满足对方，这样对于以后的合作会更加有利。

（2）如果谈判对象对企业很重要，而谈判的结果对企业同样重要，那么就要保持一种友好合作的心态，尽可能达到双赢，将双方的矛盾转向第三方。比如，市场区域的划分出现矛盾，那么可以建议双方一起或协助对方去开发新的市场，扩大区域面积，将谈判的对立竞争转化为携手竞合。

（3）如果谈判对象对企业不重要，谈判结果对企业也是无足轻重，可有可无，那么就可以轻松上阵，不要把太多精力消耗在这样的谈判上，甚至可以取消这样的谈判。

（4）如果谈判对象对企业不重要，但谈判结果对企业非常重要，那么就以积极竞争的态度参与谈判，以最佳谈判结果为导向。

2. 充分了解谈判对手

正所谓，知己知彼，百战不殆，在商务谈判中这一点尤为重要，对对手的了解越多，越能把握谈判的主动权，就好像预先知道了招标的底价一样，自然成本最低，成功的概率最高。

了解对手时不仅要了解对方的谈判目的、心理底线等，还要了解对方公司的经营情况、行业情况、谈判人员的性格、对方公司的文化、谈判对手的习惯与禁忌等，这样便可以避免很多因文化、生活习惯等方面的矛盾对谈判产生额外的障碍。还有一个非常重要的因素需要了解并掌握，那就是其他竞争对手的情况。比如，一场采购谈判，作为供货商，要了解其他可能和我们竞争的供货商的情况，还有其他可能和自己合作的其他采购商的情况，这样就可以适时给出相较其他供货商略微优惠一点的合作方式，那么将很容易达成协议。如果对手提出更加苛刻的要求，我们也就可以把其他采购商的信息拿出来，让对手知道，我们是知道底细的；同时暗示，我们有很多合作的选择。反之，我们作为采购商，也可以采用同样的反向策略。

3. 准备多套谈判方案

谈判双方最初各自拿出的方案都是对自己非常有利的，而双方又都希望通过谈判获得更多的利益，因此谈判结果肯定不会是双方最初拿出的那套方案，而是经过双方协商、妥协、变通后的结果。

在双方你推我拉的过程中常常容易迷失最初的意愿，或被对方带入误区，此时最好的办法就是多准备几套谈判方案，先拿出最有利的方案，没达成协议就拿出其次的方案，还没有达成协议就拿出再次一等的方案，即使我们不主动拿出这些方案，但是可以做到心中有数，知道向对方的妥协是否偏移了最初自己设定的框架，这样就不会出现谈判结束后，仔细思考才发现，自己的让步超过了预计承受的范围。

4. 建立融洽的谈判气氛

在谈判之初，最好先找到双方观点一致的地方并表述出来，给对方留下一种彼此更像合作伙伴的潜意识。这样接下来的谈判就容易朝着一个达成共识的方向进展，而不是剑拔弩张的对抗。当遇到僵持时也可以拿出双方的共识来增强彼此的信心，化解分歧；也可以向对方提供一些其感兴趣的商业信息，或对一些不是很重要的问题进行简单的探讨，达成共识后双方的心理就会发生奇妙的改变。

5. 设定好谈判的禁区

谈判是一种很敏感的交流，所以语言要简练，避免出现不该说的话。但是在艰难的长时间谈判过程中也难免出错，最好的方法就是提前设定好哪些话语是谈判中的禁语，哪些话题是危险的，哪些行为是不能做的，谈判的心里底线等。这样就可以最大限度地避免在谈判中落入对方设下的陷阱或误区中。

6. 语言表述简练

在商务谈判中忌讳语言松散或像拉家常一样的语言方式，尽可能让自己的语言变得简练，否则，你的关键词语很可能会被淹没在拖拉繁长、毫无意义的语言中。一颗珍珠放在地上，人们可以轻松地发现它，但是如果倒一袋碎石子在上面，再找起珍珠就会很费劲。同样的道理，人类接收外来声音或视觉信息的特点是：一开始专注，注意力随着接收信息的增加，会越来越分散，如果是一些无关痛痒的信息，更容易被忽略。

因此，谈判时语言要做到简练，针对性强，争取让对方大脑处在最佳接收信息状态时表述清楚自己的信息。如果要表达的是内容很多的信息，如合同书、计划书等，那么适合在讲述或者诵读时语气进行高、低、轻、重的变化，如重要的地方提高声音，放慢速度，也可以穿插一些问句，引起对方的主动思考，增加注意力。在重要的谈判前应该进行一下模拟演练，训练语言的表述、突发问题的应对等。在谈判中切忌模糊、啰唆的语言，这样不仅无法有效表达自己的意图，更可能使对方产生疑惑、反感情绪。在这里要明确一点，区分清楚沉稳与拖沓的区别，前者是语言表述虽然缓慢，但字字经过推敲，没有废话，而这样的语速也有利于对方理解与消化信息内容，在谈判中我非常推崇这样的表达方式。在谈判中想靠伶牙俐齿、咄咄逼人的气势压住对方，往往事与愿违，多数结果不会很理想。

7. 做一颗柔软的钉子

商务谈判虽然不比政治与军事谈判，但是谈判的本质就是一种博弈，一种对抗，充满了火药味。这个时候双方都很敏感，如果语言过于直率或强势，很容易引起对方本能的对抗意识或招致反感，因此商务谈判时要在双方遇到分歧时面带笑容，语言委婉地与对手针锋相对，这样对方就不会启动头脑中本能的敌意，使接下来的谈判不至于陷入僵局。

商务谈判中并非张牙舞爪、气势夺人就会占据主动，反倒是喜怒不形于色，情绪不被对方所引导，心思不被对方所洞悉的方式更能克制对手。柔者长存，刚者易损。想成为商务谈判的高手，就要做一颗柔软的钉子。

8. 曲线进攻

孙子曰："以迂为直。"普鲁士军事家、《战争论》作者克劳塞维茨也说过："到达目标的捷径就是那条最曲折的路。"由此可以看出，想达到目的就要迂回前行，否则直接奔向目标，只会引起对方的警觉与对抗。应该通过引导对方的思想，把对方的思维引导至自己的包围圈中，如通过提问的方式，让对方主动替你说出你想听到的答案。反之，越是急切地想达到目的，越是可能暴露了自己的意图，被对方所利用。

9. 谈判是用耳朵取胜，而不是嘴巴

在谈判中我们往往容易陷入一个误区，那就是一种主动进攻的思维意识。总是在不停地说，总想把对方的话压下去，总想多灌输给对方一些自己的思想，以为这样可以占据谈判主动。其实不然，在这种竞争性环境中，你说的话越多，对方会越排斥，能入耳的很少，能入心的更少；而且，你的话多了就挤占了总的谈话时间，对方也有一肚子话想说，被压抑下的结果则是很难妥协或达成协议。反之，让对方把想说的都说出来，当其把压抑心底的话都说出来

后，就会像一个泄了气的皮球，锐气会减退，接下来你再反击，对手已经没有后招了。更为关键的是，善于倾听可以从对方的话语中发现对方的真正意图，甚至是破绽。

10. 控制谈判局势

谈判活动表面来看没有主持人，实则有一个隐形的主持人存在，不是你就是你的对手。因此，要主动争取把握谈判节奏、方向，甚至是趋势。主持人所应该具备的特质是：语言虽不多，但是招招中的，直击要害；气势虽不凌人，但运筹帷幄，从容不迫，不是用语言把对手逼到悬崖边，而是用语言把对手引领到崖边。想做谈判桌上的主持人就要体现出你的公平，即客观地面对问题，尤其在谈判开始时尤为重要，慢慢对手会本能地被你潜移默化地引导，局势将向对你有利的一边倾斜。

11. 让步式进攻

在谈判中可以适时提出一两个很高的要求，对方必然无法同意，然后在经历一番讨价还价后可以进行让步，把要求降低或改为其他要求。这些高要求我们本来就没打算会达成协议，即使让步也没有损失，但是却可以让对方有一种成就感，觉得自己占了便宜。这时我们其他的，相比这种高要求要低的要求就很容易被对方接受。但切忌提出太离谱、过分的要求，否则对方可能觉得我们没有诚意，甚至激怒对方。先抛出高要求也可以有效降低对手对于谈判利益的预期，挫伤对手的锐气。

其实，谈判的关键就是如何达成谈判双方的心理平衡，达成协议的时候就是双方心理都达到平衡点的时候。也就是认为，自己在谈判中取得了满意或基本满意的结果，这种满意包括预期的达到、自己获得的利益、谈判对手的让步、自己获得了主动权、谈判时融洽的气氛等。有时谈判中的这种平衡和利益关系并不大，所以我们主张在谈判中可以输掉谈判，只要赢得利益，也就是表面上作出让步，失掉一些利益，给对手一种"攻城略地"的快感，实则是撒了遍地的芝麻让对手乐颠颠地去捡，自己却偷偷抱走对手的西瓜。

任务三　掌握销售技巧

一、让客户接受自己

（一）让客户放宽心

从事研学销售工作的时候，面对的对象主要是学校和家长等群体，经常会碰到客户举棋不定、犹犹豫豫的情况，这时候，销售人员应该想想客户的疑虑是什么，弄清楚客户的疑虑所在，然后具体问题具体分析，寻找对策，从根本上消除客户的疑虑。

销售的第一步是与客户进行销售沟通，而沟通的第一步则是帮助客户打消心中的疑虑、戒备和误解。无论客户的疑虑问题来自销售员本身，还是其推介和销售的研学产品，抑或企业的信誉度等，销售人员都有义务和责任为客户解决这些问题，而不应该轻易放弃，更不应该对客户产生抱怨和反感，这样会导致销售的失败。

微课：让客户接受自己

作为一个销售人员，在与客户洽谈时，如果客户出现犹犹豫豫的情况，销售人员就应该立即进行自我反思，想想自己在向客户介绍研学产品的时候出现了哪些问题，向客户介绍得是否足够清楚和明白，是否将产品的特色介绍了出来，是否引起了客户的共鸣。销售人员在交谈中必须研判客户的疑虑到底在哪里，客户的不确定因素是什么。一般来讲，客户的疑虑主要集中在产品质量、产品价格、交付能力、售后服务等方面，了解了这些，你的销售工作将会游刃有余。对于客户特别关注的技术性问题和专业性问题，必要的时候应该带领这方面的专家与客户进行对话，请专家对研学产品中的关键部分进行专业性讲解，这样会有效打消客户的疑虑。

对于成功的销售人员来说，千万不能对客户隐瞒产品的缺陷。并不是每一个客户对于即将选择的研学产品都一无所知，往往客户在进行销售咨询的时候提前做了功课，对于想要购买的产品有了一定的了解，同时拥有自己的一些

项目九　开展研学旅行市场销售

想法和期望。这个时候，如果自身的产品在某一方面有一些缺陷，比如说研学中住宿的酒店没有独立的淋浴设备，安排的帐篷看星星体验活动可能会因为下雨而取消等，都要如实跟客户讲清楚。如果不将缺陷讲清楚，不仅不能消除疑虑，而且可能会让客户对销售人员的信任度降低，甚至会让客户觉得不仅产品有问题，而且做人也有一些小问题，这样就有可能永远失去这个客户。

（二）做个有正能量的人

销售的门槛虽然很低，但销售本身是一项具有挑战性的工作。因为销售面对最多的可能是客户的拒绝，所以作为销售，要想让客户接受自己，需要不停地调整自己的心态。

美国国际投资顾问公司总裁廖荣典有个很有名的"百分比定律"。他认为假如会见10名客户，只在第10名客户处获得200元订单，那么怎样看待前9次的失败与被拒绝呢？他说："请记住，你之所以赚200元，是因为你会见了10名客户才产生的结果，并不是第10名客户才让你赚到了200元，而应该看成每名客户都让你做了200÷10=20元的生意。因此，每次被拒绝的收入是20元。当你被拒绝时，想到这名客户拒绝了我，等于让我赚到了20元，所以应该面带微笑，敬个礼，当作收入了20元。"

作为一名销售员，内心一定要坚强，做个有正能量的人，即使在面对挫折的时候，也要展现自己的阳光面，这样客户才能接纳你。销售一定离不开拒绝，销售成功是有一定概率分布的，关键就看销售人员能不能坚持到成功开始显现的那一刻。销售人员在向客户销售研学产品的时候，或者进行研学产品定制谈判的时候，或者报告定制研学产品方案的时候，遭到否定和拒绝是很正常的事情。这个时候，不要习惯性争辩，不要习惯性抱怨，更不能习惯性放弃。任何事情都有原因，找到问题的关键所在，然后去解决，你将有一个大的突破和进步。

美国销售员协会曾经对销售员的工作做了长期的调查研究，结果发现：有38%的销售员在第一次拜访遭遇挫折之后就退缩了；有25%的销售员在第二次遭受挫折之后也退却了；有12%的销售员在第三次拜访遭受挫折之后也放弃了；而15%的销售员在第四次拜访碰到挫折之后也打了退堂鼓；只有剩下10%的销售员毫不气馁，继续拜访。最后，他们赢得了全部成功销售中80%的比率，这都是10%的销售员连续拜访5次以上达成的。将拒绝视为成交的机会，你就成功地找到了销售的钥匙，从此你就能在销售的世界里如鱼得水，这是一个很大的道理，更是一个特别重要的技巧。做一个正能量的人，对于销售人员来讲十分重要，这往往能够让拒绝和失败转化为机会。

二、把握客户的购买心理行为

（一）把握客户喜欢被夸奖的心理状态

在市场销售的过程中，销售人员常常会碰到这种情况：自己已经使出浑身解数介绍研学产品的特点和优势，却还是费力不讨好，没有征服客户；而那些和客户说说笑笑、谈笑风生的销售同行，对研学产品也就是简单介绍，甚至是只言片语带过就成功地征服了客户，达成了销售协议。这里面很重要的原因就是销售人员能够把握客户喜欢被夸奖的心理状态。

微课：把握客户的购买心理行为

生活中，每个人都希望获得别人的正面评价，渴望得到他人的认可，所以如果你懂得夸奖和表扬客户，那么你的销售工作就会顺利很多。夸奖能够满足客户受到尊重和价值实现的心理，当你成功地抓住了客户的"心理满足点"，客户就会用实际行动来回报你的销售付出，在客户的潜意识中会对销售人员产生亲近感和亲切感，无形中增进了信任。这种信任可能会让客户成为你的长期客户，甚至是忠诚客户。

夸奖人的话每个人都爱听，看上去越是傲慢的顾客，往往越是喜欢听别人夸赞和恭维他的话。当然，有些人在你夸赞的时候，他可能会义正词严地跟销售人员说自己不喜欢被人直白地夸赞和恭维，只愿意接受批评。这些往往都是表面现象，如果销售人员真的信以为真直接地指出客户的一些错误和缺点，客户往往十分不痛快，这就会在客户的心目中留下不好的印象，最终影响销售沟通、销售谈判和销售成果。

送人玫瑰，手有余香。销售中经常夸赞客户，客户听着十分舒服，就会增进与客户之间的情感距离。但是，学会巧妙和真诚地夸赞别人才是一门艺术，也是销售人员在日常生活中的一项修炼。如果赞美客户的过程中总是无中生有、生搬硬套、夸大其词，不仅达不到理想的效果，往往还会引起客户的反感和厌恶。只有态度诚恳，实事求是，带有诚意，才能够取得预期效果，与客户建立信任，促进销售成功。

（二）把握客户的从众心理状态

当某商店门口排了一条长队时，路过的人也容易随之加入排队的行列。因为人们在这种情况下就会想：既然有那么多人在排队，就一定有利可图，不能错失良机。如此一来，排队的顾客就会络绎不绝，购买的队伍也会越来越长。而在这支队伍中，多数人可能并没有明确的购买动机，只是在相互影响、相互征服，即顾客宁愿相信顾客，也不愿相信自己，更不愿相信商人。

在生活中，人们常常是少数服从多数。因而在购买商品、选择酒店等日常行为中，人们也常常偏爱那些受到广泛好评的东西或地方，这就是从众心理。那么这种心理为何会产生呢？

一是较弱的识别判断能力。从众心理产生的其中一个原因是人在有限的理性信息中表现出对自己预料的不对称性和预期的不确定性的不自信的识别判断。

二是无可奈何。在客观事实面前，尤其是当人们面对公众认可的局面时，就不得不"从众"。例如，面对日出而作，日落而息这种规律，大家认知一致，遵从规律和客观事实，必须和大家一致，不能标新立异，否则会不被大家认可，甚至有可能寸步难行。

三是迫于压力。从众心理实质上是因为受到某个群体的影响而最终放弃己见，转变原本的态度，采取与多数人相一致的行为的现象。这种现象在工作中很常见。当你的想法和大多数人不一致的时候，你可能会迫于多数人无形的压力而感到左右为难、举棋不定，并且最终放弃了自己原本的想法。

四是对自己的判断缺乏信心。当你和朋友一同上街购物，与朋友意见不一致时，你可能会想：不买吧，自己左挑右选了很久未免有遗憾；买吧，大多数人都这样说了，恐怕真的是自己的观点有误，所以还是听朋友的意见。"从众"是一种常见的顾客购买心理和行为，也就是"人云亦云""随大流"，常表现为大家都这么认为，自己也就这么认为；大家都这么做，自己也不得不跟着这么做。这种做法虽然会求得一时的心理平衡或安全感，但往往会失去自己的个性。

人的消费行为既是一种个人行为，又是一种社会行为；既受个人购买动机的支配，同时又受购买环境的制约，因而个人认识水平的有限性是从众心理产生的根本原因。因此，大多数顾客会把别人的行为作为自己行为的参照，这就意味着只要准确把握住顾客的购买心理，就能销售出商品。研学旅行产品作为一种主要面向学生的产品，往往需要和学校负责人、家委会和家长进行销售沟通，有时候别人家孩子有的我们也要有，别人学校参加的研学活动我们也要参加，也是一种很重要的从众心理状态，这在客观上反映了家长、学校在研学活动甄选过程中表现出来的心理状态，销售人员有时候需要准确地把握这种心理状态。

把握客户从众心理，使用从众心理销售技巧有一定的优点：一是可以消除客户的疑虑，强化客户购买产品的安全感；二是可以使客户产生购买的紧迫感，引起客户的快速购买欲望；三是可以带动群体购买行为，形成连锁反应，带动销售。

（三）把握客户害怕失去的心理状态

"物以稀为贵"是个众所周知的生活常理，这句话出自唐代著名诗人白居易的《小岁日喜谈氏外孙女孩满月》，诗中有"物以稀为贵，情因老更慈"。在现实生活中，很多人对俯拾皆是的东西往往都不觉得稀奇，常常视而不见，只有当它突然变得很难得到时，才又把它当作宝贝，认为它很珍贵。这也就是所谓的"物以稀为贵"。

从心理学的角度看，这反映了人们的一种深层的心理，即害怕失去，或者说怕得不到的心理。而在消费购物方面，人们的这种心理也表现得很明显。越是买不到的东西，人们越想要它。商家也利用消费者的这一心理特点，开展一些促销活动，吸引消费者。作为研学旅行的销售同样需要利用这样一个心理状态，将研学旅行产品的独特性、稀缺性推介给客户，激发他们的购买欲望。

在研学产品销售中利用这种心理开展销售活动的时候需要注意：

一是客户确定购买研学产品的时候才要更加强调产品的稀缺性，这样会推动客户达成购买，并引导客户主动向他人推介产品。

二是要及时将购买客户变成影响力中心。在稀缺心理的刺激下，客户往往会有一种满足感，会更加愿意跟别人分享这种满足感，客观上起到对产品的宣传和推广作用，也就是我们通常所说的口碑营销。这样顾客就会变成一个影响力中心，影响和带动更多的消费者购买。

三、处理好客户的售后事宜

研学旅行产品具有生产和消费同步性的特征，这种特征决定了研学产品的消费过程给消费者带来的体验评价会有滞后性。客户消费结束之后的心理行为对于销售来讲有着很重要的作用，真正的销售始于售后。

（一）迅速处理客户的不满

微课：处理好客户的售后事宜

售后服务工作作为产品售出之后的一种服务，关系到企业产品后续的维护和改进，也是增强与客户之间交流的一个重要的平台。研学旅行产品与其他产品相比，具有其特殊性，研学旅行产品的主要消费者是研学学生,学生尤其是基础教育学段的学生消费群体,往往对研学产品的即时性评价不足,在消费结束之后往往会跟父母、老师分享自己的研学经历。父母、老师甚至学校将会成为研学产品售后的评价主体,他们的评价尤其是产生的不满会直接影响到企业的形象和根本利益。要做好售后服务,就要在第一时间了解研学后客户的意见和建议,及时发现不满,第一时间消除客户的负面情绪,第一时间处理客户的不满。

"迅速"是处理客户问题时最基本、最重要的原则之一。在出现问题之后,首先要作出尽快处理的承诺,同时要以最快的速度跟进处理,以此在心理上赢得客户的好感,同时也能够争取到客户的信任。跟进后根据实际情况启动相关的程序,提出相关的解决方案来提高客户的满意度。如果对于客户出现的不满甚至是投诉置之不理,不及时处理产品在售后中出现的问题,往往会带来客户更大的不满,直至损害企业的信誉和品牌。

(二)善于将失误变成机会

美国哈佛大学教授哈尔和萨瑟在《哈佛商业评论》上发表过一篇文章,其中有一句这样的话:"失误是服务的关键部分,无论多么努力,最出色的厨师也不能避免偶然会烤焦牛排。在服务业,失误是难免的。"鉴于服务有出现失误的客观性,必定会导致客户的抱怨,甚至投诉。为了尽可能地减轻客户的抱怨给企业带来的负面影响,如何把失误变成机会,就成为销售人员面对的难题。

处理失误尤其是售后处理失误最重要的问题是了解客户的真实想法。有时候,客户抱怨或者投诉企业的失误大多是希望能够得到一个说法或者补偿。这时候销售人员要充分理解客户的正常诉求,不能逃避责任,置之不理,甚至横加指责,这样只会引起双方的冲突。在安抚好客户情绪的基础上,站在客户的角度,正视出现的失误,客观分析出现失误的原因,心平气和地与客户进行真诚的沟通,了解客户的真实想法,积极承担企业应有的责任,在可能的条件下积极满足客户的相关要求,这样才能将失误转化为机会,得到客户的谅解,这样才有可能将抱怨的客户变成企业的忠诚客户。

(三)学会倾听有利于处理客户不满

作为一名服务人员,在面对客户投诉时,一定要先倾听,设法搞清楚客户的怨气从何而来,以便对症下药,有效地平息客户的抱怨。只有认真听取客户的投诉,才能发现实质性的原因。千万不要争辩,那样只会火上浇油,适得其反。行动胜过言语,主动倾听客户的讲话,事实上就是用一种无声的语言表达了你对他的尊重。一位优秀的销售员曾跟大家一起分享了他的成功经验:给客户4分钟时间来发泄他的不满。他说:"正是这4分钟的倾听令客户满意,让客户觉得自己存在的重要性,同时感觉自己被尊重。因此,他们才始终不离不弃地跟随我,使用我的产品,接受我的服务。"如果只是靠一张嘴告诉客户你尊重他,客户恐怕难以相信。而主动倾听才是遏制客户的怒气、缓和关系的法宝。

客户投诉,一开始肯定很激动和恼火,这时仔细倾听是非常重要的,销售员要充分调动自己的左右脑、直觉和感觉来听,比较自己所听到、感受到和想到的内容的一致性,用心体会、揣摩弦外之音。此时千万别打断客户的话,让客户把心里想说的话全说出来。如果中途打断他的陈述,可能会招致客户更大的反感。在这个时候,销售员除倾听外,还需要控制自己的情绪。总之要坚持一项原则:可以不同意客户的投诉内容,但不可以质疑客户的投诉方式。

倾听可以缓解客户的对抗情绪,从而使问题的解决变得更顺畅。相关统计数据显示:营销人员一般只能听到4%的不满顾客的抱怨,其他96%的顾客则默默地离去,而91%的顾客日后绝不会再光临。如果你还能听到客户不满的声音,那么很值得庆幸,你是那个非常幸运的人,因为仅有的珍贵的4%的声音已经传入你的耳朵,你一定要抓住这一良好的机会,为客户解决问题,赢得他们的信任。从心理学上来讲,客户一旦产生了不满情绪,总想找一个发泄通道,希望有人倾听他的"苦衷",希望能被人理解、被人关心。这时候,如果销售员非常愿意当客户的倾听者,必然会让客户感动,同时也会促进双方之间的感情。

项目思考与练习

一、单选题

1. 有效沟通的前提是( )

A. 专业度 B. 了解客户需求

C. 针对性的提供服务 D. 端正的态度

2. 商务谈判是( )的手段。

A. 企业获取市场信息 B. 企业开拓市场

C. 企业实现经济目标 D. 企业获取经济利益

3. 营销沟通按沟通目的划分,又可分为告知性沟通和( )

A. 奖惩性沟通 B. 激励性沟通

C. 说服性沟通 D. 劝退性沟通

4. 处理客户问题时最基本、最重要的原则是( )

A. 态度　　　　B. 重视　　　　C. 承诺　　　　D. 迅速

5. 通过多种方法突出（　　）的重要性，有利于增强组织的凝聚力，减少社会情绪性冲突。

A. 低级目标　　B. 高级目标　　C. 中级目标　　D. 核心人物

二、多选题

1. 当研学旅行销售人员去拜访了解需求的时候，学校关键决策人往往很难说清楚需求所在，这就需要研学旅行销售人员在（　　）方面做足功课。

A. 校训　　　　　　　　B. 学校所在地区

C. 学校历史　　　　　　D. 预算

E. 目的

2. 在谈判过程中，冲突双方通常会确立三个基本点：（　　）

A. 起始点　　B. 目标点　　C. 阻抗点　　D. 退让点

E. 最大利益点

3. 沟通有听觉方式（讲话及语调、非口头方式）、（　　）以及书面方式。

A. 身体语言　　B. 手语　　C. 超语言　　D. 触摸

E. 眼睛接触

4. 沟通侧重于可见的和可衡量的效果，并通过（　　）等手段进行传播。

A. 劝说　　B. 思考　　C. 分析　　D. 得出结论

E. 宣传

5. 在拟订合同条款时，应注意合同条款的（　　）

A. 完整　　B. 严密　　C. 准确　　D. 合理

E. 合法

三、名词解释

1. 冲突管理
2. 商务谈判

四、简答题

1. 商务谈判的技巧有哪些？
2. 研学旅行的销售技巧有哪些？

五、实操题

1. 完成一次小组角色扮演：2名同学担任学校研学旅行负责人，2名同学担任研学旅行销售人员，开展一次业务沟通会和一次商务谈判会议。

2.根据以下客户需求,完成一份研学旅行产品销售策划书。

一、客户需求

中小学生研学旅行已经走入广大学生的学习生活中,走出校门、走出家乡,用脚步丈量大千世界,研学是学子们社会实践学习的重要一环。假定你是某研学旅行公司销售人员,你所在城市某中学提出了研学旅行的需求,高一新生100名学子要开展一次研学旅行,本次研学旅行将作为他们步入高中生活的第一课。本次研学旅行既要感受中华传统文化,又要体悟社会主义建设最新成就,同时还要达到课程思政的教学目标。校方希望,学子一起通过本次研学旅行开启高中生活的成长与奋进,搏击青春的长空。

二、产品设计内容

研学旅行的产品名称、主题、产品设计基本思路、目标市场定位、研学课程特色、研学活动规划与内容、注意事项、销售推广方案、财务计划(产品价格、成本收益分析)、可行性分析等。

三、产品设计要求

1.遵循研学旅行产业发展规律,以目的地研学资源为依托,挖掘地域文化、历史渊源、重大事件等文化内涵和现实意义。将上述内容融入研学产品设计中,彰显特色。

2.产品主题鲜明,契合弘扬优秀传统文化和当代价值观的要求,以满足研学旅行者需求为基本原则,要有新颖、响亮并体现主题内容的销售推广方案。

3.研学产品安排设计科学合理,注明日程、研学内容、活动时间、活动方式、特色课程等具体细节。要在活动设计中体现"知行合一"的独特魅力,融入研学旅行的全过程中。

4.以文字表述为主,还可附上研学活动场地图片、研学线路示意图、研学活动相关资料等。

5.设计方案简明扼要,可行性高,力求具有创新性,同时兼顾研学产品的真实性、收益性和市场定位的准确性。

参考答案

项目 十

打造研学旅行市场品牌

全国中小学生研学实践教育基地——遵义会议纪念馆

项目导读

本项目主要学习品牌的概念、品牌营销概念、品牌管理概念，重点学习品牌营销的策略、要素，介绍旅游目的地研学旅行品牌的打造和品牌战略，介绍数字化时代研学旅行市场品牌管理的相关知识。

学习目标

了解品牌的内涵；了解品牌管理的概念；了解研学旅行产品品牌及其构成要素；熟悉品牌的价值；熟悉品牌的定位；掌握品牌管理的价值法则；掌握研学旅行品牌战略决策策略。

课程思政：工匠精神——"工具"里的奋斗与荣光

思维导图

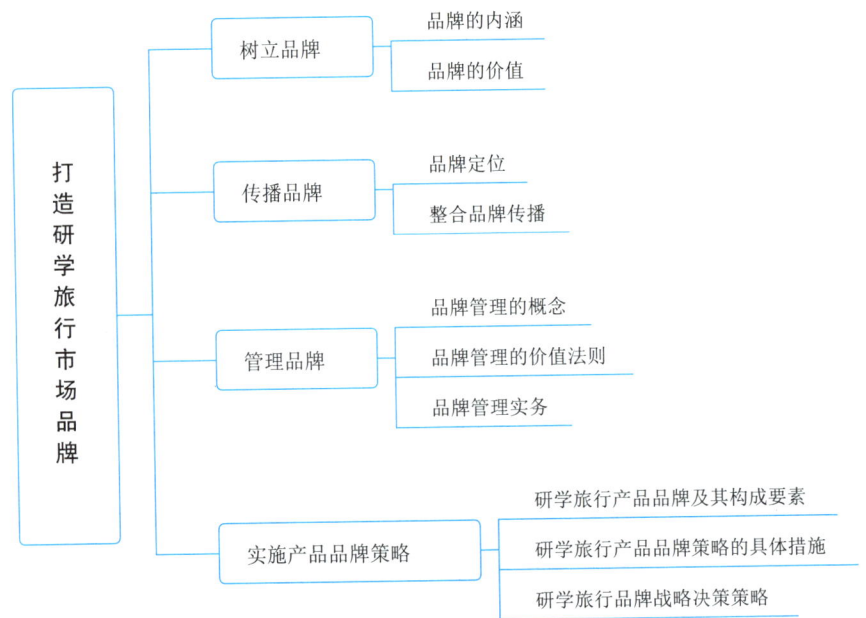

任务一　树立品牌

一、品牌的内涵

"现代营销学之父"科特勒认为，品牌是企业最持久也是最强有力的资产，在企业发展中处于核心战略地位。科特勒曾援引桂格前CEO约翰·斯图尔特的一句话："如果一定要拆分这个企业，我愿意放弃土地和厂房，只保留品牌和商标，我依然会做得比你好。"麦当劳的一位前任CEO也曾说："如果我们拥有的每一项资产、每一座建筑以及每一套设备都在一次可怕的自然灾害中被摧毁，只要

微课：品牌内涵与价值

还有品牌，我们就可以再融资，使这一切重新恢复。品牌的价值比这一切都贵重。"从这些可以看出，品牌对一个企业而言，它的价值胜过一切。

"品牌"这个词源于古挪威文字，其本意是"烙印"，它非常形象地表达出了品牌的含义——如何在消费者心中刻下烙印。品牌是一个在消费者生活中，通过认知、体验、信任、感受建立关系，并占得一席之地的、消费者感受的总和。科特勒先生在《市场营销学》中对品牌的定义为："品牌是销售者向购买者长期提供的一组特定的特点、利益和服务。"

品牌是被公众认可和接受的，包含某种特定利益或内涵的特征。品牌最持久的含义和实质是其价值、文化和个性；品牌是一种商业用语，品牌注册后形成商标，企业即获得法律保护拥有其专用权；品牌是企业长期努力经营的结果，是企业的无形载体。为了深刻揭示品牌的含义，还需要从以下六个方面透视。

（1）属性：品牌代表着特定商品的属性，这是品牌最基本的含义。

（2）利益：品牌不仅代表着一系列属性，而且体现着某种特定的利益。

（3）价值：品牌体现了生产者的某些价值感。

（4）文化：品牌附着特定的文化。

（5）个性：品牌也反映一定的个性。

（6）用户：品牌暗示了购买或使用产品的消费者类型。

> **相关链接**
>
> **三峡大坝研学基地——建创新研学品牌，担筑梦育人使命**
>
> 　　三峡大坝研学基地（长江三峡旅游管理区）隶属于中国长江三峡集团公司，是教育部评定的第一批全国中小学生研学实践教育基地。位于国家AAAAA级旅游区——三峡大坝旅游区内，毗邻西陵峡畔，绿化覆盖率达40%，总占地面积15.28平方公里，为封闭式红线区域，安全环境良好。距宜昌城区28公里，距宜昌三峡机场63公里，距宜昌东站47公里，交通十分便利。2017年，三峡大坝旅游管理区被教育部评为首批"全国中小学生研学实践教育基地"；2018年2月26日，被授予首批"宜昌市中小学生研学旅行基地"；2018年11月，被湖北省教育厅评为第一批"湖北省中小学生研学旅行实践教育营地"，吸引了来自全国各地近8万名学生前来进行研学旅行并获得广泛好评。
>
> 　　三峡大坝研学基地以现代水利文化为基础，同时涵盖地质、科学、历史、民俗、建筑、考古和生态环保等多项学科内容。逐步形成了"两馆+四中心+五大主题+七大研学点"的服务格局。"两馆"分别是三峡博物馆和展览馆；"四中心"分别是文化中心、培训中心、鱼保中心和急救中心；"七大研学点"分别是三峡工程展览馆、坛子岭、185观景平台、科普学堂、百问三峡园、截流纪念园、三峡建设者文化中心。
>
> 　　三峡大坝研学基地拥有住宿设施2处，酒店式学生公寓180多间，不同规格的培训教室25间，标准餐厅3处，可一次性满足1300名学生的住宿、用餐和课程需求。三峡建设者文化中心（多媒体馆）可容纳760人进行影片观看、剧场表演、主题班会及专家讲堂等活动。三峡大坝研学基地另拥有2个大型生态环保公园，室内体育馆、足球场、泳池等配套体育设施。
>
> 　　三峡大坝研学基地以回顾民族百年梦想成真的光辉历程为主线，按红色教育、生态环保、水利科普、科技文化、水情教育为五大教育主题，分别研发了适合小学和初、高中学生的定制化课程，如防洪、发电、航运、保护长江我行动，我心中的三峡大坝等28个课程。让学生在"动手""考察""实验""研究"等一系列的活动中发现和解决问题，提高自主学习能力，养成良好的科学思维模式和行为习惯模式，实现从知识的简单记忆到运用能力的转换，在"体验"和"探究"过程中，学会知识

项目十　打造研学旅行市场品牌

运用、自我管理，增强责任担当意识。通过"七大研学点"的教学，学生将完成从初识三峡，到置身三峡、解读三峡、趣学三峡、图说三峡、感悟三峡的过程，不仅丰富提升了学生的核心素养，也极大地提升了学生对家乡、对祖国的热爱和对中华民族的自信。

两年来，三峡大坝研学基地建设迈出了坚实的第一步。2019年，三峡大坝研学基地将趁势而上，加大项目规范管理、产品建设和课程开发、市场细分、资源整合、运营管理培训、政策支持、团队建设、营地建设力度，着力提升核心竞争力，不断提高社会满意度和服务满意度，把基地建设成为全国标杆研学旅行示范基地、全国中小学生研学实践教育基地第一品牌。

三峡大坝研学基地一直致力于研学旅行产品的开发，充分发掘区域内的文化资源，将其与旅游资源相结合，形成了独特的基地文化内涵。探寻真理之途、成长研学之路，未来三峡大坝研学基地将更注重企业社会责任担当，并开放三峡博物馆、鱼保中心，不断丰富研学课程内涵，增加基地体验教学；提升三峡研学品牌全国影响力，打造具有代表性的三峡研学旅行线路，助力青少年的课堂从一隅教室、三尺书桌，走向多彩社会、壮丽河山！

（资料来源：中国日报网）

二、品牌的价值

市场竞争可以分为四个高低不等的层次，分别是价格竞争、质量竞争、创新竞争，最后是品牌竞争。品牌竞争是最高层次的竞争。在科特勒看来，营销的最高境界是品牌经营。他非常推崇耐克，他认为耐克最成功之处是让激动与成就感附着于产品之上，拥有耐克的顾客会有成就感，这就是品牌的力量。消费者在选择商品时，品牌是一个关键的考虑因素，品牌浓缩了一切、集中了一切。企业要真正在市场中树立自己的地位和形象，进行品牌营销是最重要的一步。品牌能给企业带来实实在在的价值和利益，它的魔力体现在以下七个方面。

（一）聚合效应

拥有知名品牌的企业或产品更容易获得社会的认可，社会的资本、人才、管理经验甚至政策都会倾向名牌企业或产品，使企业能够聚合人、财、物等资源，形成并很好地发挥名牌的聚合效应。

（二）磁场效应

企业树立起品牌，拥有了较高的知名度，特别是较高的美誉度后，会在消费者心目中树立起极高的威望，消费者更容易在这种吸引力下形成品牌忠诚度，反复购买，帮助其宣传；而其他产品的使用者也会在品牌产品的吸引下开始使用此产品，并可能同样发展成为此品牌的忠实消费者，这样品牌实力进一步巩固，形成了一种高效益的良性循环。

（三）衍生效应

品牌积累、聚合了足够的资源，就会不断衍生出新的产品和服务。品牌的衍生效应能使企业快速地发展，并不断开拓市场、占有市场，形成新的品牌。例如，海尔集团首先在冰箱领域创出佳绩，成为知名企业、知名品牌后，再逐步将其聚合的资本、技术、管理经验等延伸到空调、洗衣机、彩电等业务领域。

（四）内敛效应

品牌会增强企业的凝聚力，它有助于在企业内形成一种企业文化和工作氛围。品牌的内敛效应可以聚合员工的才干、智慧与精力，使企业有一种积极向上的面貌。

（五）宣传效应

品牌树立起来后，企业可以利用品牌的知名度、美誉度传播企业名声，宣传地区形象，甚至宣传国家形象。

（六）带动效应

品牌的带动效应是指品牌产品对企业发展的拉动，品牌企业对城市经济、地区经济甚至国家经济都具有强大的带动作用。品牌的带动效应也可称为龙头效应，名牌产品或企业像龙头一样带动着企业的发展、地区经济的增长。另外，品牌对产品销售、企业经营、企业扩张都有一种带动效应，这就是所谓的"品牌带动论"。

（七）稳定效应

当一个地区的经济出现波动时，品牌的稳定发展一方面可以拉动地区经济；另一方面也起到了稳定军心的作用，使人、财、物等社会资源不至于流走。

一个品牌一旦打败另一个品牌,被打败的品牌很可能就会渐渐没落直至不复存在。在很多行业,外资企业进入中国市场后,采取的一个重要的竞争手段就是品牌竞争,先吞并国内企业的品牌,然后再占领其市场,继而让被吞并的品牌销声匿迹。举例来说,当年,国外曾有著名厂家与海尔谈合资,开出了天价,提出的条件是美方控股,打美方的品牌,张瑞敏的回答是:"其他条件可以随意,但必须是海尔控股,打海尔的品牌。"从这个例子也可以看出,品牌于企业而言,是居于核心战略地位的,企业要用心地创造、经营、保护并提升自己的品牌。

科特勒认为:"塑造品牌非常重要,当你最终发展出品牌概念,它就变成把4P结合到一起的黏合剂。品牌陈述成为设定4P的基础。一个品牌是你必须要履行的一个承诺。"对企业来说,只有强大的营销力才能托起强大的品牌,而提升营销力的过程其实就是打造4P的过程,企业有什么样的4P,就拥有什么样的营销力。

任务二 传播品牌

一、品牌定位

(一)品牌定位的含义

品牌定位是指企业在市场定位和产品定位的基础上,对特定的品牌在文化取向及个性差异上的商业性决策,它是建立一个与目标市场有关的品牌形象的过程和结果。换言之,即指为某个特定品牌确定一个适当的市场位置,使商品在消费者的心中占领一个特殊的位置,当某种需要突然产生时,随即想到的品牌,如在炎热的夏天突然口渴时,人们会立刻想到"可口可乐"红白相间的清凉爽口。品牌

微课:品牌定位

定位的理论来源于"定位之父"、全球顶级营销大师杰克·特劳特首创的战略定位。品牌定位是品牌经营的首要任务,是品牌建设的基础,是品牌经营成功的前提。品牌定位在品牌经营和市场营销中有着不可估量的作用。品牌定位使品牌与这一品牌所对应的目标消费者群建立了一种内在的联系。

品牌定位是市场定位的核心和集中表现。企业一旦选定了目标市场,就要设计并塑造相应的产品、品牌及企业形象,以争取目标消费者的认同。由于市场定位的最终目标是为了实现产品销售,而品牌是企业传播产品相关信息的基础,品牌还是消费者选购产品的主要依据,因而品牌成为产品与消费者连接的桥梁,品牌定位也就成为市场定位的核心和集中表现。

科特勒认为,营销人员可以从以下三个层次对其品牌进行定位。

首先,最低层次,是通过产品属性来进行品牌定位。比如,宝洁公司推出的帮宝适一次性婴儿纸尿裤,早期的营销重点就集中在吸水性、舒适性和一次性上。一般来说,产品属性是品牌定位最不可取的层次,因为竞争者可以很轻易地加以模仿;更重要的是,消费者从根本上而言,对企业产品的属性本身并不感兴趣,他们更关心的是这些产品属性能为自己带来什么样的利益。

项目十 打造研学旅行市场品牌

其次,在产品属性之上,企业可以将品牌名称与某种顾客渴求的利益联系起来,进行更好的定位。同样以帮宝适为例,帮宝适超越了产品的技术属性,而将重心放在皮肤健康上。"因为我们,全世界婴儿潮湿的屁股更少了。"这样一句话,显然比单纯的产品属性更能打动消费者。通过强调利益而成功打造出品牌的企业很多,如以安全著称的沃尔沃。

最后,比利益更高一个层次的是围绕产品给消费者创造的情感体验来定位品牌。还是拿帮宝适的例子来说,这款产品对于父母而言,并不仅仅意味着防漏和保持干爽,更意味着全面的婴儿护理。宝洁的首席市场官吉姆·斯登戈尔曾说:"回想过去,我们经常在基本利益上思考我们的品牌。现在我们开始近距离地倾听消费者的声音。我们想要成为一种品牌体验,我们想要伴随着孩子的成长和发展来支持父母和孩子。当我们把帮宝适从保持干爽转变为帮助妈妈关注孩子的发展后,我们的婴幼儿护理业务才开始快速增长。"

最强的品牌定位就是要超越产品属性或产品利益,直抵消费者的情感深处,将品牌定位到消费者的思想和精神中去,打动他们的内心。例如,星巴克、苹果等公司就是这方面的代表,它们围绕着产品为消费者创造出来的那种惊喜、激情、兴奋来定位。

相关链接

"山东十大国学之道"研学旅行品牌发布

为贯彻落实习近平总书记视察山东时的重要讲话精神,根据山东省委、山东省政府加强文化旅游融合发展、加快建成旅游强省的战略部署,山东省旅游局积极发挥产业优势,挖掘儒家文化精髓和国学精粹,策划创意了"山东十大国学之道"研学旅行产品品牌。此次发布的研学品牌分别为:

孔子的"为人之道":立足创建和谐社会,构建相互尊重、礼让、文明、有序的社会环境,以传播孔子"和"文化为主题,推广普及"仁者,爱人""已所不欲、勿施于人""勿以善小而不为,勿以恶小而为之"等孔子为人之道,打造孔子文化研学旅行品牌。

孟子的"民贵之道":以传播孟子"民为贵"和"修其身而天下平"思想为核心,结合开展党的群众路线教育实践活动,策划儒学讲堂、孟子书院等,组织聆听孟子为政之道,打造孟子文化研学旅行品牌。

老子的"自然之道":以崂山、泰山、昆嵛山丰富的道教文化资源为载体,以"道法自然""天人合一"等道教文化主体为核心思想,顺应尊重自然、绿色、科学发展的新理念，引导人们自觉维护生态平衡，推进自然养生，促进人与自然和谐发展，打造道教文化研学旅行品牌。

孙子的"韬略之道"：结合古近代经典战例和国内外经典商业案例，彰显孙子兵学思想在经济、社会、文化建设等各个领域的应用价值，打造谋略文化研学旅行品牌。

荀子的"法治之道"：结合"齐国故都"文化旅游目的地品牌打造，恢复稷下学宫盛况，宣传推广荀子"隆礼重法"理念，引导人们重视社会礼道，遵守行为规范，建设和谐社会，打造礼道文化研学旅行品牌。

鲁班的"精工之道"：突出发明创造、手工制作和鲁班精工创新，挖掘山东历史上的能工巧匠和科技发明，推出一批当代鲁班代表性人物和工艺，在全社会推崇创新和精益求精精神，打造鲁班文化研学旅行品牌。

水浒的"大义之道"：以水浒故事发生地为主要载体，整合水浒遗存，策划"游水浒故里、读《水浒传》名著、感悟人间大义"专项旅游产品，引导社会公平正义，传播正能量，打造水浒文化研学旅行品牌。

王羲之的"书法之道"：充分利用王羲之现存各类书法作品，策划举办王羲之书法研讨会、王羲之书法培训班等活动，传承书法艺术，提升游客艺术修养，打造研学旅行品牌。

诸葛亮的"智慧之道"：整理三国故事中的诸葛亮典型案例，梳理诸葛亮在谋略、用人、料事等方面的智慧，体验参与性强的智慧之道，打造三国文化研学旅行品牌。

贾思勰的"农耕之道"：挖掘优秀的农业传统文化和生产习俗，充分利用现代农业产业技术和园区，《齐民要术》研讨会、贾思勰农业科技进步奖等，让游客感受我国古老的农业文明和现代文明，打造农耕文化研学旅行品牌。

为打造并宣传推广"山东十大国学之道"研学旅行产品品牌，山东省旅游局将面向全社会征集相关产品，并对优秀产品或策划创意方案给予奖励。据了解，此次围绕国学之道研学旅行品牌为主题，参加评选的可以是现有产品也可以是具有创意的新策划产品，山东省旅游局将把优秀的产品或策划方案纳入全省旅游产业创新奖励范围。

（资料来源：齐鲁晚报网）

（二）品牌定位的内容

1. 品牌区隔的建立

品牌区隔就是要让你的品牌（产品）在消费者的心智中实现区隔，抢占心智资源。简单来说，定位＝区隔。拥有一个特性是建立品牌区隔最好的方法。

2. 品牌作用、方向和消费者心理

品牌作用、方向及消费者心理显然是影响企业商标使用决策的重要因素，这些因素也是品牌定位的依据。这里不妨以洗发水领域采乐抗击海飞丝的经验为例加以介绍。在洗发水领域，去屑是非常重要的宣传目标和市场定位导向。在该领域，海飞丝占据了绝对优势，采乐难以突破。但是，采乐发现在药品市场则尚未有如此诉求。于是，公司开发了去头屑特效药，将采乐品牌定位于药品领域，并通过广告等形式强化这种市场和消费者定位。例如，宣称头屑是由头皮上的真菌过度繁殖引起的，只有清除头屑才能杀灭真菌。而一般的洗发水仅能洗掉头发上的头屑，而其产品则能杀灭头屑上的真菌。在药品市场，很多受头屑困扰的消费者对该产品自然青睐有加。通过抓住目标消费者的心理需求，采乐获得了一个新的目标市场。

3. 品牌重新定位

随着市场状况变化、消费者对商品爱好的转向，企业应对品牌态势进行调整，如改变产品的品质、包装、设计配方。为此，企业应当考虑品牌重新定位的收益、风险等情况。品牌重新定位是企业适应经营环境、市场竞争的需要，也是企业实施经营战略的需要。通过重新定位，企业及其产品在消费者心目中的形象得以改变，"旧桃换新符"，能够使企业获得更大的生命力。

（三）品牌定位的步骤

在企业品牌重新定位的实施策略上，要了解品牌重新定位需要经过以下三个步骤。

1. 调查与分析评估，明确企业的竞争优势

在分析与评价企业原有品牌需要改变的原因基础上，从竞争对手、企业本身实力、消费者行为和市场状况等方面分析企业目前所面临的市场环境；同时，还要重视消费者对品牌的认知和评价。

2. 选择最具有品牌竞争力的定位

企业确立新的品牌定位，需要在调查分析的基础上，以获得最大限度的竞争优势为根本指针。为此，企业需要对重新定位的品牌在消费者中的认可度、与企业形象的匹配度和是否便于确立在竞争中的优势等方面加以权衡。

3. 制订整合营销传播方案，在不断传播中强化新的品牌形象

企业可以通过广告、促销、公关等多种手段和形式树立新的品牌理念，以使重新定位后的品牌形象尽快扎根于消费者心目中。

二、整合品牌传播

整合品牌传播（Integrated Brand Communications，IBC）观念认为，从单一的战略平台上整合地使用各种媒体工具，比以往独立地使用媒体进行传播会带来更大的投入回报。一种整合了多种传播活动的整体传播战略，包括公关、广告、投资者关系、互动或内部传播——用以管理公司的宝贵资产——品牌。整合品牌传播源自品牌价值管理，它的核心理念是通过品牌管理实现整合品牌传播价值的最大化。

微课：整合品牌传播

整合品牌传播的首要价值，在于它提供了一种全过程的管理，用以协调品牌资源，维持和促进企业发展。要制订一个整合品牌传播计划，首先需要采用一个战略方法，这种方法强调建立和客户或者消费者之间更为稳固的联系。以下是成功实施整合品牌传播的步骤。

（一）明确品牌在企业中充当的角色

品牌通常定义为通过培养顾客的忠诚度，以确保未来收入的一种关系。由此，整合品牌传播的起始点包括分析品牌所充当和能充当的角色，以确保获得更高的忠诚度。要评估品牌的价值，对企业战略的审视，以及顾客、雇员和关键股东等因素，都需要考虑进去。这个步骤对传统意义上关于商业发展关键驱动要素的假定提出了挑战。这些传统理念包括："价格是我们唯一的附加价值""我们仅仅是一个产品提供商""我们不能疏远了分销伙伴"，等等。这些理念需要根据其可能性，而不是它曾经怎样发挥过良好效果来进行重新审视。

（二）理解品牌价值的构成要素

执行管理层一直在寻求一个可以对营销传播的投资回报进行量化的工具，而得到的结论是无法单独地获得这类数据。在整合品牌传播的范式下，这种情况将会得到改观。整合品牌传播计划给管理人员提供了一套和企业其他投入的资产相关的、用以判断品牌资产投资绩效的工具。一些公司通过品牌价值评估的方式来判断投入的绩效，这种方式得出一个以基准（benchmark）品牌价值为目标的测量方法。但是,在整合品牌传播过程中的价值"评估"并不需要计算出原始的数字,因为品牌价值评估可以识别出品牌价值的作用要素,它可以帮助显示或测量传播活动对品牌价值的影响效果,或者进行预测。通过对一个周期到另一个周期品牌价值相对变化的测量,可以客观地对建立和促进品牌方面所进行投入的回报进行量化,从而评估整合传播计划的整体效果。

(三)明确谁是品牌信息期望到达的人群

品牌的角色明确之后,接下来至关重要的一步是要找出关键的目标受众。要区分这种努力的优先次序,辨别出哪些是驱使企业成功的受众,哪些是对企业的成功起一定影响作用的受众。有时候,如果你成功地影响了核心受众,由此获得的企业绩效足以强大到激发那些起一定作用受众的关注和反应。首要的挑战,在于要设计一个联系核心受众的品牌战略,和一个联系功能受众的传播计划。

(四)形成"大创意"

"大创意"是指独特的价值诉求。传播千篇一律的信息是对资源的一种浪费,而传播意味深长的独特性的信息则是成长的催化剂。"大创意"源于对受众需要、市场动态以及本企业商业计划的一种清楚理解。"大创意"与企业用以迎合关键受众需要的策略是相匹配的。伟大的创意需要符合以下四个基本的标准:符合受众需要,诉求区别于竞争对手,诚实可信,并且具备能够随着企业业务的发展而发展的内在张力。要明确怎样才能通过改变认知来获得"大创意",一旦顾客形成了和品牌的忠诚关系,受众将逐渐被纳入这个过程中。在这个过程中,新形成的感知可能妨碍对品牌独特承诺的反应能力。这种"感知障碍"需要有所突破,以传达"大创意"。在这些障碍中,有一部分显得尤其难以克服。如果这种障碍是和认知关联的,可以通过增加信息的曝光度来解决这个问题;但是,如果遇到的是信任方面的问题,就需要改变目标受众看待品牌价值的态度。

(五)通过信息传播改变消费者的认知

改变消费者对品牌的认知并不是件容易的事情,它需要一种传播上的努力,这种努力需要具有穿透消费者每日因接触过载信息所形成的"防卫墙"的能力。要想获得他们的注意,传播者必须通过精心准备的信息以消除混乱,并促使消费者改变心理预设。一个携带"大创意"的驱动性信息,可以在媒介预算适度的情况下获得良好的传播效果。在媒介投放之前,务必确认信息的准确性，这将有助于优化投入回报。

（六）理解单个媒介在改变认知态度和维持发展势头中的作用，一旦获得"大创意"，就需要使用合适的传播媒介

通常，在每一个投入的阶段都需要使用个性化的媒介来适应受众的需要。广告和公关是建立品牌认知的有力工具，它们对品牌相关性的形成也有潜移默化的作用。接触频率高的媒体，间接的、直接的或者是互动的，对于品牌相关性和逐渐形成独特价值的感知，也很有帮助。一旦购买决策形成，直接的互动是形成满意度和忠诚度最有效的手段。但是这么做也有一定的挑战性，需要平衡各种媒体的作用力量，以建立一种整合的、可以最有效地传播信息的媒体解决方案。

（七）确定最佳媒介组合

执行最根本的挑战，在于确定最佳媒介组合，以促使目标受众形成强烈的品牌忠诚度。诀窍是在有限的媒介预算的前提下，优化信息传播的力量，这将有助于产生一种驱动性的投入回报，并确保未来的收益。创造性的媒介计划，用以合理使用媒介预算，将是影响成功的一个非常重要的技巧，特别是在头一年。另外，作为一个示范性的结果，在接下来的第二年及再往后，这将成为进行品牌投入的一个预算参考。

（八）效果测量

投入需要在清楚了解事实的前提下进行。在和其他投资的比较中，要使人相信整合品牌传播上的投入，是一种投资而非花销，就需要展示一个相应的令人满意的投入回报。通过定量的方法了解信息和媒体的传播效果，将有助于在接下来的几年中优化传播效果。

（九）从第五步开始，重复整个过程

整合品牌传播是一个有机的过程，通过积极的深入展开，可以使之得到滋长并变得更加强大。测量了首次效果后，返回到整合品牌传播活动的初始，并考虑进一步提升的机会。重新回到对信息的考量上，探求使它们更具有驱动性的机会；重新回到媒介计划上，考量是否到达目标受众；重新回到媒介预算上，考量这些预算是否被合理配置；最后，重新回到评估工具上，确定它们是否有助于对推动和管理计划进行深入了解。

项目十 打造研学旅行市场品牌

任务三　管理品牌

一、品牌管理的概念

品牌管理是营销管理的重要组成部分，是指针对企业产品和服务的品牌，综合运用企业资源，通过计划、组织、实施、控制来实现企业品牌战略目标的经营管理过程。

研学旅行作为带有很强的教育特征的一种旅游新业态产品，服务的对象具有特殊性，承担的研学活动具有公益性，尤其需要品牌管理，为社会提供更好的研学产品和服务，为国家的素质教育贡献力量。

微课：品牌管理的概念与价值法则

二、品牌管理的价值法则

（一）最优化的管理

遵循这一法则的企业追求的是优化的管理和运营，它提供中等好的产品和服务以最好的价钱和最方便的手段和客户见面。这样的企业不是靠产品的发明或者创新，或是同客户建立的亲密关系来争取市场的领袖地位的，相反，它是靠低廉的价钱和简单的服务来赢得市场的。

（二）最优化的产品

如果一个企业能够集中精力在产品研发上，并不断推出新一代的产品，它就可能成为产品市场的领袖。企业对客户的承诺是不断地为客户提供最好的产品。当然，并不是靠一个新产品就可以成为产品的领袖，而是要年复一年地有新产品或新功能来满足客户对产品新性能的要求。

（三）最亲密的客户关系

遵循这一法则的企业把精力放在如何为特定客户提供所需的服务上，而不是放在满足整个市场的需求上。企业不是追求一次性的交易，而是为了和选择性的客户建立长期、稳定的业务关系。只有在建立了长期、稳定关系的情况下才可以了解客户独特的需要，才可以满足客户的特殊需求。这些企业的信念是：我们了解客户要什么，我们为客户提供全方位的解决方案和售后支持来实现客户的远景目标。

相关链接

山东推出"见识齐鲁"研学旅游品牌

"……行有所见，见有所识，识而开智，智而善行……"16名少年倾情合诵《见识齐鲁赋》，8名少年现场挥毫写下"好客山东 见识齐鲁"——这是4月25日下午举行的2024山东省文旅产业高质量发展大会开幕式上的惊艳一幕。这场融合了歌赋、书法、古风、古乐等的演绎，宣告着研学旅游大省山东诞生了一个研学旅游品牌——"见识齐鲁"。

古典文言体《见识齐鲁赋》为"见识齐鲁"主题品牌量身创作，不仅道出了山东省深厚的历史文化底蕴，也彰显了"知行合一，博学通识"的研学旅游主张和情感价值。

据悉，该研学品牌将构建"尼山圣境"（儒家文化）、"稷下学宫"（齐文化）、"蒙山沂水"（红色文化）、"黄河入海"（黄河文化）等研学旅游地标品牌矩阵，策划推出主题线路产品。

项目十　打造研学旅行市场品牌

"见识齐鲁"旨在倡导一种"超旅游的旅行"态度、情感和价值，突出和强调回望历史现场，回溯文化源流，回归民俗生活，把山东省定义为一座没有围墙的开放式课堂、情景式课堂、全域化课堂，以研学的方式，把更多的山东优质文化资源转化为可见、可识、可知、可感的体验性场景和产品，让每一处研学旅游空间都成为"见识课堂"，让每一次研学旅游体验都能够"见识齐鲁"，让每一个研学旅游参与者都通过增长见识而探知文化，研有所感，学有所获，旅有所知，游有所得。

（案例来源：北京日报）

三、品牌管理实务

（一）品牌强化

科特勒指出："企业应该谨慎地管理自己的品牌。"品牌资产必须妥善地加以管理才不至于贬值。品牌不能止步不前，而应该朝着正确的方向不断向前。

品牌强化，最重要的不是重金砸广告，而是为顾客创造完美的品牌体验。现在的顾客可以通过广泛的联系接触点来了解某个品牌，这既包括广告，也包括对该品牌的亲身体验、口碑传播、企业网页以及其他方式。企业要强化

微课：品牌管理实务

自己的品牌，就必须管理好每一个接触点。管理好顾客的品牌体验可以说是建立品牌忠诚度最重要的要素。顾客每一次满意的体验，都能够对品牌起到强化作用。

企业还必须让全体员工都参与到品牌强化这个长远的工程中来，开展内部品牌建设，帮助员工理解企业的品牌承诺，并对其保持热情。另外企业还可以培训和鼓励分销商和经销商为顾客提供优质服务。

品牌强化是一场持久战，需要企业在品牌定位和传播方面不断地坚持，去传播品牌的理念，让品牌深入人心。要让消费者记住一个品牌的核心理念是需要时间和巨大的传播费用的。坚持核心品牌主张在一定时期内持续不变的情况下，在传播策略和方法上不断进行微创新，这才是品牌传播之道。

（二）品牌活化

科特勒指出："消费者品位和偏好的变化、新的竞争者和新科技的出现或

者是营销环境的任何新发展都可能影响到一个品牌的命运。"科特勒说:"很多曾经著名的、受尊敬的品牌都曾经历过困难时期甚至因此消失,但经过品牌活化,其中的一些品牌得以重新归来,并散发出重生一般的新活力。"例如,瑞士四大钟表制造商之一的真力时(Zenith)、大众等都经历过低谷,而最后也都成功扭转了其品牌命运。

科特勒建议企业,当品牌走到"山重水复疑无路"的境地时,不妨考虑"重回基础",也就是回到最初的定位上,重新起步;如果原有的定位不再可行,那么企业可以尝试着进行"重新创造",也就是根据实际情况和企业的发展规划,来确定新的定位。无论采取哪种方式,其最终的目的都是一样的,那就是让品牌重新"活"起来。

事实上,激活老品牌的办法很多,消费者在不断演变,品牌也必须不断求新求变,要跟得上市场背景和消费者的消费行为。就像迪士尼公司的一位前任CEO所说的那样:"品牌是一个有生命的独立体,它会随着时间流逝而逐渐衰弱。"要让品牌摆脱或者延缓这种衰老的趋势,企业就必须在品牌活化上下工夫。

(三)品牌延伸

科特勒指出:"品牌延伸就是把一个已有的品牌名称使用到一个新类别产品。"这种策略可以帮助企业将自己的知名品牌或者具有市场影响力的成功品牌扩展到与成名产品或者原产品不尽相同的新产品上,借着成功品牌的名气来推广新产品。

品牌延伸一般有两种形式。

第一种形式是产品线延伸,也就是借助母品牌在目前已经形成的产品类别中增加新产品,这可以通过改变风味、形式、颜色、成分或包装等来实现。比如,一个方便面品牌旗下可推出不同口味的产品,如老坛酸菜牛肉面、鲜虾鱼板面、老坛泡椒牛肉面、红烧牛肉面等。

第二种形式是特许商品,这是指企业的品牌特许给实际生产某产品的其他制造商使用,如吉普公司,拥有600种左右的产品和150家被特许的商家,从婴儿车到服装都有吉普公司的特许商品。

品牌延伸策略具有多种优势,借助于已经成功的品牌,可以让新市场迅速接受新产品,从而达到吸引新用户、扩充经营范围的目的。日本索尼公司前总裁盛田昭夫就深谙此道,他将所有新的电子产品皆冠以"索尼"之名,产品一上市就可以快速赢得消费者认可,因为消费者早已熟悉索尼这个品牌,并将索尼的品牌与质量可靠、功能先进等特征联系在一起,形成了极强的品牌忠诚度。这使得索尼公司在后来的发展过程中得以迅速扩充实力,不断占领、开发新市场，一举成为世界知名企业之一，品牌延伸策略的效力之强可窥一斑。

品牌延伸为营销者提供了一个品牌增值的新途径，它可以节省用于促销新品牌所需的大量费用，还能使消费者迅速认识新产品。对企业来说，打造一个品牌是一个长期的、艰巨的任务。企业为了市场的推广需要，常会采用"一顶帽子大家戴"的品牌延伸策略，尤其对于资源有限的中小企业来说，这是一个让新产品尽快进入市场的好方法。但是，品牌延伸策略也不可以滥用，龙永图曾经说过："一顶帽子大家戴也不能够瞎戴，瞎戴可能会砸了你这个品牌。""一顶帽子大家戴"是一个必须慎重运用的策略。

营销者需要从多个方面对品牌延伸进行谨慎衡量，包括消费者的哪些需求尚未得到满足，品牌的现有认知状况和潜在正面和负面认知情况，以及品牌的长期发展战略等，要站在消费者和市场前景的角度去作出理性的判断和决策。

（四）联合品牌

科特勒指出："企业可以将旗下的某个品牌与自己的其他品牌或者其他公司的品牌捆绑起来，形成联合品牌。"联合品牌最大的优势是一个产品可能汇聚了多个品牌的优点，因而更能吸引消费者，也更能让消费者信服。

品牌联合是在瞄准同一个市场，但没有构成直接竞争的企业间进行战略整合。它通过把时间、金钱、构想、活动或演示空间等资源整合，为任何企业，包括家庭式小企业、大企业或特许经营店提供一个低成本的渠道，去接触更多的潜在客户。

品牌联合需要寻找和企业服务同类顾客的其他企业，统一战线，以合作的方式来更好地吸引现有和潜在的顾客，更好地开拓共同的市场。

两个企业建立联合品牌伙伴关系，能使各自的潜在客户量翻一番。这种策略是一种省钱省时、颇有成效的营销方式。

通过品牌联合，一个品牌可以嫁接另一个品牌的优势，一个企业可以跟另一个企业强强联合进行互补。由于原来的品牌在不同的产品类别中已经打下了一定的基础，所以联合后的品牌将创造对消费者更强的吸引力和更高的品牌资产。

联合品牌还可以使企业将现有品牌扩展到新产品类别中，比起单独进入某个新市场，难度和风险都降低了很多。

任务四　实施产品品牌策略

一、研学旅行产品品牌及其构成要素

（一）研学旅行产品品牌

研学旅行产品品牌，是指用以识别某研学旅行产品（包括目的地的研学旅行基地或营地、研学线路、研学的课程设计、单项研学服务等）的名称、标记、符号、图案或其组合，以便研学者能识别研学旅行运营企业或研学基（营）地的产品和服务，将其与竞争对手区分开来，获得研学旅行者的购买与前往参与。对于研学旅行的市场而言，品牌最持久的特性是研学旅行产品的价值、文化和个性。

微课：研学旅行产品品牌及其构成要素

（二）研学产品品牌构成要素

一个优秀研学旅行品牌的构成要素应包含以下六个方面。

1. 品牌属性

研学旅行品牌首先代表着特定产品的某种属性，能给研学者带来特定的价值和体验。

2. 品牌利益

品牌不仅代表研学旅行产品的一整套属性，还意味着特定的利益。研学者在购买研学旅行产品时，不仅仅是为了购买相应的研学旅行产品属性，更是为了得到某种独特的利益。

3. 品牌价值

研学旅行产品品牌在一定程度上展现了研学目的地的政治、经济、文化状况和自然历史人文风貌，以及研学旅行运营企业特定的需要，以及向客户表达的思想、情感和行事风格，这些都可以归结为研学旅行品牌的价值观。

4. 品牌文化

品牌文化是企业文化的重要组成部分。

5. 品牌个性

品牌代表了一定的个性，形成了特定研学旅行产品与其他研学旅行产品相区别的重要因素。

6. 品牌使用者

不同的地域、年龄、性别、受教育程度、性格特征的客户，根据教学计划和课程体系会选择不同的研学地、不同的研学旅行运营企业服务，选择不同组合的研学旅行套装行程，参与不同类型的研学旅行活动项目，这些都体现了研学旅行产品品牌和研学者特定的对应关系。

二、研学旅行产品品牌策略的具体措施

（一）研学旅行品牌化决策策略

研学旅行品牌化决策，是指研学旅行运营企业决定是否给研学旅行产品起名，是否设计标识、图案、符号等形象识别系统，研学地是否进行研学形象设计，以及是否开展研学口号创作、会展营销、整合营销等一系列活动的决策活动。

微课：研学旅行产品品牌策略的具体措施

对于旅游业来说，饭店业的品牌化战略无论是对于星级饭店、经济型饭店还是中小型饭店，都是不可回避的必然趋势；对于其他旅游企业，如旅行社、航空公司、邮轮公司、餐饮企业、旅游景区等来说，品牌化也是其增加产品在市场的辨识度、认可度，促使消费者购买，形成消费者对产品的忠诚度的必然选择；对于旅游城市和乡村或古镇来说，采取各种形式的措施，塑造良好的旅游形象，提高在市场上的知名度、美誉度，打造地区品牌，不仅是发展旅游业，也是经营城市、改善投资环境的必然选择。

尽管研学旅行品牌化是研学旅行市场竞争的大势所趋，但对于小型研学旅行运营企业和不知名的研学旅行地和研学旅行基（营）地来说，是否使用品牌，还必须考虑研学旅行产品项目和地区经济、研学旅行资源禀赋的实际情况。因为在获得品牌带来好处的同时，建立、维持、保护品牌也要付出巨大成本，如包装费、广告费、活动策划咨询费、活动举办费用和法律保护费（聘请法律顾问和诉讼费用）等，同时还有较大的风险。

（二）研学旅行品牌使用者决策策略

研学旅行品牌使用者决策，是指研学旅行企业决定使用本企业（制造商）的品牌，还是使用经销商的品牌，或两种品牌同时兼用。对于研学旅行行业来讲，制造商和经销商品牌使用博弈主要体现在研学旅行产品生产者和销售渠道之间，也就是在饭店、景区和研学目的地等研学旅行产品生产者，和旅行社、旅游电子商务网站等研学旅行产品销售渠道之间进行。

（三）研学旅行品牌名称决策策略

研学旅行品牌名称决策，是指研学旅行运营企业决定所有产品使用个别品牌或几个品牌，还是不同研学旅行产品分别使用不同的品牌，大致有以下四种决策模式。

1. 研学旅行个别品牌名称

研学旅行个别品牌名称，即研学旅行运营企业决定每个研学产品使用不同品牌，采用个别研学旅行品牌名称。为每种产品寻求不同的市场定位，有利于增加销售额和对抗竞争对手，还可分散风险，使研学旅行运营企业整体声誉不至于因某种研学旅行产品表现不佳而受影响，目前大多数国际饭店管理集团都是采取此种策略。

2. 研学旅行统一品牌名称

研学旅行统一品牌名称，就是对所有研学旅行产品使用共同的品牌名称，即研学旅行运营企业所有研学产品都使用同一种品牌。对于享有高声誉的著名企业，全部产品采用统一研学旅行品牌名称策略可充分利用其名牌效应，使研学旅行运营企业所有研学产品畅销；同时，企业宣传介绍新产品的费用开支也相对较低，有利于新研学旅行产品进入市场。

3. 研学旅行大类品牌名称

研学旅行大类品牌名称，就是各大类研学旅行产品使用不同的品牌名称，一般是为了区分不同大类的研学旅行产品，一个产品大类下的产品再使用共同的品牌，以便在不同大类产品领域中树立各自的品牌形象。

4. 研学旅行个别品牌名称与研学旅行运营企业名称并用

即企业决定其不同类别研学旅行产品分别采取不同的品牌名称，且在品牌名称之前都加上研学旅行运营企业名称，此策略多用于新研学旅行产品开发。在新研学旅行产品品牌名称上加上研学旅行运营企业名称，可以使新研学旅行产品享受研学旅行运营企业的声誉；而采用不同的品牌名称，又可使各种新研学旅行产品显露出不同特色。

三、研学旅行品牌战略决策策略

（一）研学旅行产品线扩展策略

研学旅行产品线扩展指企业现有的研学旅行产品线使用同一品牌，当增加该研学旅行产品线的产品时，仍沿用原有的品牌。这种新研学旅行产品往往出于对现有产品进行局部改进，如增加新的课程、地点，线路和主题的改变等。

微课：研学旅行品牌战略决策策略

（二）研学旅行多品牌策略

在相同的研学旅行产品类别中引进多个品牌的策略称为研学旅行多品牌策略。一个研学旅行运营企业建立品牌组合，实施研学旅行多品牌战略，往往出于回避和减少风险的考虑，并且这种研学旅行品牌组合的各品牌形象间既有差别又有联系，组合的概念蕴含着整体大于个别的意义。

（三）研学旅行新品牌策略

研学旅行新品牌策略是为研学旅行新产品设计新品牌的策略。当研学旅行运营企业在新研学旅行产品类别中推出一个产品时，可能发现原有的品牌名称不适合它，或是对研学旅行新产品来说有更好更合适的品牌名称，促使研学旅行运营企业设计新品牌。

（四）研学旅行合作品牌策略

研学旅行合作品牌也称为研学旅行双重品牌。研学旅行合作品牌策略，是两个或更多的研学旅行品牌在一个研学旅行产品上联合起来。每个研学旅行品牌都期望另一个研学旅行品牌能强化整体的形象或购买意愿。研学旅行合作品牌的形式有以下两种。一种形式是中间研学旅行产品合作品牌，还有一种形式是研学旅行合资合作品牌。在研学旅行行业发展中，主要表现为研学旅行地之间的合作，共同打造整体研学旅行品牌。

（五）研学旅行品牌再定位决策策略

是指一种研学旅行品牌在市场上最初的定位也许是适宜、成功的，但后期研学旅行运营企业可能不得不对其重新定位。原因是多方面的，如竞争者可能推出其他研学旅行品牌，削减了对方研学旅行运营企业的市场份额；顾客偏好的转移，使研学者对研学旅行运营企业品牌的需求减少；或者公司决定进入新的研学旅行细分市场等，都需要企业对其产品进行再定位。

（六）研学旅行品牌延伸决策策略

是将某一成熟的研学旅行品牌或某一具有较大市场影响力的成功研学旅行品牌使用到其他的研学旅行产品上。研学旅行品牌延伸并非只借用表面上的品牌名称，而是对整个研学旅行品牌资产的策略性使用。

（七）研学旅行品牌更新策略

是指随着研学旅行运营企业经营环境和研学者需求的变化，研学旅行品牌的内涵和表现形式也要不断变化更新。研学旅行品牌更新策略包括：形象更新，定位的修正，研学旅行产品更新换代，研学旅行管理创新等策略。

（八）研学旅行品牌联盟策略

是指若干家研学旅行运营企业共同使用统一品牌，利用自身的资源优势生产同一研学旅行产品或者系列研学旅行产品，形成较大的研学旅行品牌联合体。在研学旅行品牌联合体之下，可以共享研学旅行销售渠道、广告推销，极大地降低成本，并使研学旅行产品进入市场的周期缩短。

项目思考与练习

一、单选题

1. 以下选项属于市场竞争最高层次的是（　　）
 A. 价格竞争　　B. 质量竞争　　C. 创新竞争　　D. 品牌竞争
2. 下列选项中属于品牌定位内容的是（　　）
 A. 品牌区隔的建立
 B. 品牌作用、方向和消费者心理
 C. 品牌重新定位
 D. 品牌推翻定位
3. 下列选项中不属于品牌定位的内容的是（　　）
 A. 品牌区隔的建立
 B. 品牌作用、方向和消费者心理
 C. 品牌重新定位
 D. 品牌推翻定位

4.企业应该谨慎地管理自己的品牌是（　　）提出的。

A.科特勒　　　　B.马克思　　　　C.德鲁克　　　　D.麦卡锡

5.在相同的类别中引入多个品牌的策略被称为（　　）

A.再定位策略　　　　　　　B.合作品牌策略

C.新品牌策略　　　　　　　D.多品牌策略

二、多选题

1.品牌价值管理的法则有哪些（　　）

A.最优化的管理　　　　　　B.最优化的产品

C.最亲密的客户关系　　　　D.最强的团队

2.研学产品品牌构成要素有哪些（　　）

A.品牌属性、品牌利益　　　B.质品牌价值、品牌文化

C.品牌个性、品牌使用者　　D.品牌决策、品牌创作

3.研学旅行产品品牌策略的具体措施有哪些（　　）

A 品牌化决策策略　　　　　B.使用者决策策略

C.个性化决策策略　　　　　D.名称决策策略

4.品牌价值的魔力主要体现在以下方面（　　）

A 聚合效应　　B.磁场效应　　C.衍生效应　　D.内敛效应

5.品牌延伸一般有两种形式（　　）

A 渠道延伸　　B.产品线延伸　　C.特许商品　　D.特许经营

三、名词解释

1.品牌管理

2.品牌定位

四、简答题

1.品牌策略的具体措施？

2.如何开展品牌管理？

五、实操题

1.根据品牌定位，结合区域研学发展状况，写一份专业的区域研学品牌定位报告。

2.根据品牌价值的认识，选取红色研学产品，写一份专业品牌价值调研报告。

参考答案

参考文献

[1] 菲利普·科特勒. 旅游市场营销学[M]. 北京：旅游教育出版社，2002.

[2] 谷慧敏. 旅游市场营销[M]. 北京：旅游教育出版社，2002.

[3] 李天元，曲颖. 旅游市场营销[M]. 北京：中国人民大学出版社，2013.

[4] 石媚山，肖靖. 旅游市场营销[M]. 广州：广东旅游出版社，2013.

[5] 苏英. 旅游市场营销[M]. 北京：北京师范大学出版社，2011.

[6] 徐惠群. 旅游营销[M]. 北京：中国人民大学出版社，2009.

[7] 陈娇. 科特勒的营销哲学[M]. 北京：北京联合出版公司，2019.

[8] 乔瑞·范·登·伯格，马蒂亚斯·波赫尔. 品牌年轻化[M]. 王琼，朱敏，汪雅文，译. 北京：中信出版社，2019.

[9] 刘晓明. 旅游市场营销[M]. 2版. 上海：上海交通大学出版社，2011.

[10] 莫莫. 销售力：如何成为气场强大、内心淡定的销售翘楚[M]. 北京：北京理工大学出版社，2014.

[11] 营销铁军. 短视频营销[M]. 天津：天津科学技术出版社，2020.

[12] 曲颖，李天元. 旅游市场营销[M]. 2版. 北京：中国人民大学出版社，2018.

[13] 赵毅，叶红. 新编旅游市场营销学[M]. 北京：清华大学出版社，2006.

[14] 刘亚轩，贺红茹. 旅游市场营销[M]. 桂林：广西师范大学出版社，2017.

[15] 刘书羽. 从"钉钉求饶"事件看新媒体时代的品牌公关[J]. 视听，2020（3）.

[16] 李胜桥，李凡，焦云宏. 全国研学旅行指导师培训基地与高职研学旅行专业协同建设探析[J]. 现代商贸工业，2020（1）.

[17] 李胜桥，李凡，李兵. 新时代研学旅行实践育人的运营模式及优化发展路径探析：以云南省为例[J]. 资源开发与市场，2019（3）.

[18]杨定兵.研学旅行课程的内容性质、框架及组织方法[J].学习与科普，2019（4）.

[19]高学功，杨帆.我国中小企业品牌管理现状及对策分析[J].商业研究，2020（1）.

[20]廖四成.互联网时代品牌管理创新策略探究[J].大众科技，2020（2）.

[21]王荆晴.对品牌管理的探究[J].财经界，2019（5）.

图书在版编目（CIP）数据

研学旅行市场营销 / 石媚山主编. -- 2 版. -- 北京：旅游教育出版社，2024.8（2025.7重印）. -- （研学旅行管理与服务系列教材）. -- ISBN 978-7-5637-4739-9

Ⅰ．F590.75

中国国家版本馆CIP数据核字第20246AQ732号

研学旅行管理与服务系列教材
研学旅行市场营销（第2版）

主编　石媚山

副主编　朱丽男　郑晓堂　杨　栋　周海磊

总 策 划	丁海秀　李岑虎
执行策划	施云峰
责任编辑	施云峰
出版单位	旅游教育出版社
地　　址	北京市朝阳区定福庄南里1号
邮　　编	100024
发行电话	（010）65778403　65728372　65767462（传真）
本社网址	www.tepcb.com
E - mail	tepfx@163.com
排版单位	北京旅教文化传播有限公司
印刷单位	北京柏力行彩印有限公司
经销单位	新华书店
开　　本	710毫米×1000毫米　1/16
印　　张	18.25
字　　数	278 千字
版　　次	2024 年 8 月第 1 版
印　　次	2025 年 7 月第 2 次印刷
定　　价	59.80 元

（图书如有装订差错请与发行部联系）